数字化管理创新系列教材

数字管理

——浙江省大学生经济管理案例竞赛优秀案例精选

主　编　周　青　王　雷　陈畴镛
副主编　李风啸　丁志刚　许雪琦　杨　敏
　　　　洪宇翔　沈　渊　高纪平　刘　瑶

西安电子科技大学出版社

内 容 简 介

随着数字时代的到来，应用数字技术助推企业转型及提升企业生产和管理水平已经成为必然趋势。本书收录了 8 个浙江省大学生经济管理案例竞赛优秀案例作品，主要介绍了婚礼纪线上线下一体化运营模式、信网真数据赋能创新模式、冻品在线"快速、精准、低成本"的冷链运作模式、杭州萧山供销市场开发管理有限公司的"互联网+"农贸模式、瓦栏网的"互联网+"纺织印染平台经营模式、口袋高校的四维流量管理矩阵模式、濮院物流的"3＋5＋6"智慧物流平台业务协同模式和嘉科的智慧养老服务模式。每篇作品后均有该作品指导教师的点评。通过优秀案例作品的呈现，以期为从事数字化管理创新的研究者提供案例素材，为致力于企业数字化转型的管理类人员提供理论指导和实践样本。

本书既可作为经济管理类相关专业的教材，也可为参加大学生经济管理案例竞赛的同学提供参考。

图书在版编目(CIP)数据

数字管理：浙江省大学生经济管理案例竞赛优秀案例精选 / 周青，王雷，陈畴镛主编. --西安：西安电子科技大学出版社，2024.4

ISBN 978－7－5606－7139－0

Ⅰ.①数…　　Ⅱ.①周…　②王…　③陈…　　Ⅲ.①高等学校—经济管理—案例—浙江
Ⅳ.①F2-4

中国国家版本馆 CIP 数据核字(2024)第 032818 号

策　　划　陈　婷
责任编辑　雷鸿俊
出版发行　西安电子科技大学出版社（西安市太白南路 2 号）
电　　话　(029)88202421　88201467　　　邮　　编　710071
网　　址　www.xduph.com　　　　　　　电子邮箱　xdupfxb001@163.com
经　　销　新华书店
印刷单位　陕西博文印务有限责任公司
版　　次　2024 年 4 月第 1 版　2024 年 4 月第 1 次印刷
开　　本　787 毫米×1092 毫米　1/16　印张 10.5
字　　数　240 千字
定　　价　35.00 元
ISBN 978－7－5606－7139－0 / F

XDUP 7441001-1

＊＊＊ 如有印装问题可调换 ＊＊＊

序

　　数字经济是继农业经济和工业经济后的主要经济形态，加快适应数字经济时代的管理是经济社会高质量发展的必然选择。在数字化改革的探索中，浙江走在了全国前列，全方位纵深推进数字化改革已成为浙江经济社会发展的重要驱动力。当前，浙江正以数字化改革引领系统性变革，加速打造数字变革新高地，驱动实现"两个先行"。在全面数字化改革过程中，在浙江大地上催生了大量的数字化改革应用场景和许多高质量发展的企业数字化管理创新实践案例。这些生动的案例和应用场景值得我们去深入探索，总结其管理经验和做法，提炼出可资借鉴的模式和路径。

　　浙江省大学生经济管理案例竞赛自 2014 年创办以来就以引导大学生扎根实践案例开展深入思考，提升大学生创新创业能力为目标，探索构建商科大学生培养过程中管理实践、管理专业知识和学科竞赛联动的人才培养模式。该赛事于 2015 年被认定为省级 A 类学科竞赛，已经成为浙江省内高校商科大学生理论教学与实践应用深度融合的人才培养互动平台。经过 8 年的竞赛积累，该赛事参赛本科院校数量从 33 所增长至 72 所，参赛队伍从 189 支增长至 500 余支，积累了千余个优秀的竞赛案例，其中将近 70%的案例是扎根于企业数字化转型管理创新的优秀作品。这些优秀作品是对优秀企业管理经验和典型做法的系统总结，也是竞赛指导教师和参赛学生共同努力探索与研究的成果。

　　为了更好地展示这些优秀的案例成果，浙江省大学生经济管理案例竞赛委员会决定将部分优秀作品结集出版。案例集分别以数字管理、数字制造、数字营销等为主题，将浙江省大学生经济管理案例竞赛中获得一等奖的部分优秀作品通过改编、整理和完善后编辑成册。为了帮助阅读者更好地理解和掌握案例研究逻辑与研究成果，每个案例后面还专门增加了案例竞赛指导教师的点评。案例集的出版一方面可以更好地呈现案例竞赛中企业数字化转型和管理创新的实践成果，为从事数字化管理创新的研究者提供丰富的案例素材；另一方面也可为今后准备参加大学生经济管理案例竞赛的同学提供学习和参考样本，帮助他们更加科学高效地选择研究对象、开展案例调研和撰写案例竞赛文稿。

我相信本案例集的出版将有利于推动商科大学生理论学习和实践教学的良性互动，能够有效引导商科大学生更加关注数字经济时代企业数字化转型的现实场景，有助于他们加强数字化认知、激发数字化思维和了解更多的数字化技术，提高商科大学生适应数字经济新形态的创新创业能力。

是为序。

中国工程院　机械与运载工程学部　院士
　　　　　　工 程 管 理 学 部

2023 年 10 月

前　言

数字时代的到来深刻改变着我们的生产生活及学习方式。在经济管理专业的人才培养方面，我们不断思考如何能够让在校生能在企业经济管理的实践中体验"身体在场"，如何让学生的专业所学与企业实践实现"无缝衔接"，如何引导学生灵活运用理论来指导实践的"举一反三"。带着这些思考，我们在浙江省大学生经济管理竞赛的参赛文本和答辩赛场上找到了答案。

作为浙江省 A 类学科竞赛，浙江省大学生经济管理案例竞赛至今已正式举办 8 届，每年都会吸引全省各高校的 3000 余名学生参赛。8 年来，竞赛积累了一千余份优秀的获奖案例作品。为充分展示竞赛的优秀成果，提升经管案例竞赛作品质量，为企业管理者提供成功经验，为高水平案例教学提供支持，应广大参赛大学生和指导教师的要求，竞赛委员会决定将部分优秀获奖案例作品结集出版，实现以赛促学、以学促用的目的。

企业是数字经济的"排头兵"，面对汹涌而来的数字化浪潮和日益复杂的市场环境，很多优秀企业在经营管理的各方面开展了数字化应用实践，并已经取得了卓著的成果。依托案例竞赛，大学生在教师的指导下，深入企业进行实地调研，详细描述了企业数字化应用的具体实践，并运用管理学理论分析提炼了经验得失，这对企业未来的发展是弥足珍贵的财富。在案例竞赛获奖作品中，七成以上是探索数字化改革场景下企业的生产、营销和管理的数字化创新实践。此系列案例集分为三册，分别以数字制造、数字营销和数字管理为主题，每册各收录和编辑 8 个优秀案例作品。每篇作品后均有该作品指导教师的点评。通过优秀案例作品的呈现，既可以让读者深入了解案例竞赛作品，提高研究选题、调研企业、撰写文本等的效率，有的放矢地把握案例竞赛备赛进程等，又可以为经管学科人才培养的案例教学工作提供丰富的素材支持。

感谢多年来关心和支持浙江省大学生经济管理案例竞赛的师生朋友们！感谢中国工程院院士刘人怀老师为此书作序！希望此系列案例集，能提升经管学科学子对当下数字时代的认知，激发其数字思维，助力当代青年成为数字中国的创造者和主力军。

编　者

2023 年 10 月

目　录

案例一　婚礼纪线上线下一体化运营模式①

数字化经济发展的背景下，企业纷纷向数字化管理转型。在产业互联网化思维的驱动下，婚礼纪公司(简称婚礼纪)采用线上线下一体化经营模式，打造了全国首家一站式备婚服务平台。它搭建了集"线上展示交易＋内容社区＋线下体验＋垂直电商＋智能 SaaS 系统"于一体的服务平台，更精准地服务顾客和商家，推动婚嫁产业从单体、传统型经营不断地向着数字化、个性化、平台一体化升级前进。

1.1 引　言

全球数字化经济发展背景下，产业互联网化将成为婚庆产业未来的发展方向。在这样的婚庆行业背景下，婚礼纪率先采用线上线下一体化模式打造的一站式备婚服务平台，解决了用户和商户之间高频率的沟通需求问题。截至 2019 年 3 月，婚礼纪已经服务了 4000 多万对新人；婚礼纪线上入驻商家已超 20 万家，累计注册用户超 5000 万人次，覆盖全国 400 多个城市和地区。

婚礼纪搭建的"线上展示交易＋内容社区＋线下体验＋垂直电商＋智能 SaaS 系统"平台模式，正不断拓宽垂直领域的边界。通过整合全国的品牌和商家，婚礼纪搭建了极度深耕产业链和需求链的服务交易平台，提供了精准又全面的产品展示以及线上支付、大数据支持等服务；通过婚礼纪，用户可以制定个性化结婚需求，精准匹配最适合的优质商家。

简言之，婚礼纪推动着婚嫁产业从单体、传统型经营，不断地向着数字化、个性化、平台一体化升级。

---

① 该案例获得 2019 年浙江省大学生经济管理案例竞赛一等奖。作者：郭沁雨、周欣怡、何乐浩、郑瑞凡。指导教师：许雪琦。

1.2 婚礼纪公司介绍

1.2.1 婚礼纪公司概况

婚礼纪是由杭州火烧云科技有限公司于 2013 年创立的综合性互联网结婚服务平台。该平台的创立打开了婚庆行业数字化升级的大门，不仅为婚庆行业带来了全新的模式和机遇，也为行业商家提供了新型商业平台。

目前，婚礼纪开发方已经成为婚庆产业垂直市场的龙头科技公司。2019 年年初，婚礼纪再次明确企业角色定位，即"婚嫁产业整体解决方案的提供商"。业务也从最初的商家展示平台，发展为以服务交易为核心的，链接内容社交、线下体验、智能工具、婚品电商等业务模式的垂直生态化平台。平台通过口碑沉淀大批用户，又通过强大的研发、开拓、运营、营销、服务能力，为商家解决了精准获客等难题。下一步，婚礼纪还将深入 AI 技术以及行业大数据的研究和应用。

截至 2019 年 3 月，婚礼纪平台已经有超过 20 万家结婚全品牌、全品类商家入驻，覆盖全国 400 多个城市和地区，商家涵盖与结婚有关的各个环节：婚礼策划、婚纱摄影、婚纱礼服、婚宴预订、婚车租赁、婚车布置、珠宝钻戒、喜糖请帖、摄影摄像、司仪、化妆、旅拍等。

婚礼纪受到备婚人群的信赖，成为该群体的首选平台。平台累计注册结婚用户数占每年全国结婚注册人口的 80%。据 2018 年 5 月艾瑞发布的相关数据显示，婚礼纪在结婚服务领域移动端覆盖率占比为 75%，稳居全国第一。

2019 年 1 月，婚礼纪完成 7000 万美元的 D1 轮融资，连续 7 轮获得融资，成为迄今为止国内结婚服务垂直领域融资最高的互联网企业。

1.2.2 婚礼纪公司产品和服务

婚礼纪统筹线上服务和线下体验，将产品与服务分为结婚服务平台、"新娘说"社区、婚品电商、线下体验店、结婚工具、SaaS(Software as a Service，软件即服务)系统海草云和婚礼大数据中心七个部分。

1. 结婚服务平台

婚礼纪平台通过整合全国品牌和商家，搭建了极度深耕产业链和需求链的结婚服务平台，在移动端、PC 网站、小程序、自媒体矩阵等媒介上，为合作伙伴提供精准又全面的产品展示、引流获客、线上支付、大数据支持、智能工具协助、顾问式销售服务等具创新性又有效的解决方案。

在结婚服务平台上，用户可以按照结婚环节、地域、风格、价格等个性化需求进行浏览、咨询、下单、交易。婚礼纪站在用户需求角度，为用户精准匹配优质商家，提高了商家与用户的满意度，使商家与用户的合作更轻松、更高效。

2. "新娘说" 社区

婚礼纪 "新娘说" 社区采用 "直播＋精选＋问答＋图库" 的形式，产出数亿条直播、短视频、文章、帖子、问答、评论等内容，是国内最大的 "婚事" 内容分享社区。

3. 婚品电商

婚礼纪大数据中心通过对平台用户的消费行为进行分析，优选了最受用户喜爱的婚品类目、款式和品牌，包括婚纱礼服、珠宝配饰、婚房用品、婚床喜铺、喜糖食品、美妆护肤、礼盒礼品等，使用户不用再海淘，就可以轻松选出 "你想到和没想到" 的全部婚品。

4. 线下体验店

婚礼纪体验中心是婚礼纪为提升平台商家和用户全方位体验而设置的线下空间，通过开创 "结婚统筹师＋大数据智能推荐＋沙龙婚博日" 体验模式，充分发挥信息、社交、体验与平台间的融通优势。体验中心现已落地杭州、南京、宁波、湖州等城市的主要商圈和购物中心。婚礼纪努力加快新零售步伐，在全国布局精品、主题直营店，同时开放加盟，计划在全国一、二线城市开设 300 家体验中心。

5. 结婚工具

结婚工具是专门为每一对新人研发的实用性、个性化、可记录的结婚小工具，包含结婚任务、结婚记账、电子请帖、我的宾客、结婚吉日、婚礼墙、新婚贷、结婚预算、结婚登记处、新娘日记等功能。

6. SaaS 系统海草云

SaaS 系统海草云是首个专门针对婚庆行业研发的智能 SaaS 系统，是全国互联网领域领先的、专注解决婚庆行业商家问题的云计算及智能管理工具。通过服务端与需求端的高效匹配，运用平台、技术和大数据为商家提供从网络获客到售后服务的全面解决方案，以降低商家获客成本，带领婚庆行业从单一、传统化经营模式向平台化、智能化、数字化全面升级。

7. 婚礼大数据中心

婚礼大数据中心主要研究结婚用户的备婚周期、新娘问答和消费习惯等需求和行为，针对平台、商家、品牌的结婚产品或服务进行优化和创新，定期发布品牌榜单、消费榜单等大数据报告，为品牌商家和结婚用户提供时下潮流、最新爆款、未来趋势等方面的客观参考。

1.2.3 婚礼纪发展历程和取得的成果

1. 品牌释义和品牌文化

婚礼纪以象征时间留念的 "纪" 字为基调，旨在向用户传达 "让那些跟婚礼有关的日子能成为值得一生回味的纪念" 的理念。它以犀牛为品牌标识(如图 1-2-1 所示)，一方面犀牛是一种体形庞大却形象憨萌的动物，让人联想到爱情中的暖男，强大又温暖，满满的安全感；另一方面，在传说中犀牛是一种灵兽，犀牛角中

图 1-2-1 婚礼纪品牌标识

的白纹如线，感应灵敏，故称为灵犀，寓意爱情中的男女能心有灵犀，心心相印。

婚礼纪想要给新人带来愉快又值得纪念的婚礼体验，为实现这一目标，它以"满足结婚一切所需"为企业使命，以"服务好两代人"为企业愿景。

2. 发展阶段

婚礼纪的发展分为起步、初创和发展三个阶段，三个阶段的标志性事件如下。

■ 第一阶段：起步阶段。

2013 年 7 月，婚礼纪 1.0 正式上线；获得青松基金数百万元人民币天使投资。

2013 年 11 月，婚礼纪 2.0 发布，引入商家模块，升级为结婚电商服务平台。

2014 年 9 月，"新娘说"社区板块上线，获得祥峰投资数百万美元的 A 轮融资。

2014 年 12 月，支付系统搭建完成，支持在线交易。

2015 年 4 月，获得经纬创投领投的千万美元 B 轮融资。

2016 年 3 月，获得 B+ 轮投资，由复星昆仲领投，经纬创投和祥峰投资继续跟投，两轮融资总共达 3000 万美元。

2016 年 7 月，发布结婚行业首款 SaaS 系统"云蝌"。

2016 年 8 月，接入金融入口，支持分期付款项目"新婚贷"。

■ 第二阶段：初创阶段。

2016 年 10 月，在杭州开设结婚行业首个依托大数据平台的新体验模式店——婚礼纪体验中心。

2017 年 1 月，注册用户数突破 3000 万人。

2017 年 12 月，婚礼纪体验中心促成交易额突破 5000 万元人民币。

2018 年 3 月，完成由兰馨亚洲领投，经纬中国、复星集团跟投的 6500 万美元 C1 轮融资，并计划发起 2 亿元人民币产业投资基金，布局上下游产业链，基于大数据深度融合，形成有效的产业协同。

2018 年 6 月，获得 2000 万美元 C2 轮融资，由上合资本领投，老股东兰馨亚洲、经纬中国继续跟投。

2018 年 7 月，举办首届"金犀奖全球结婚产业潮流峰会"，创立的"金犀奖"被行业和媒体评为最重要的商家评级指南。

2018 年 10 月，注册用户数突破 4000 万人。

■ 第三阶段：发展阶段。

2018 年 12 月，婚礼纪相继获得创业邦 2018 "中国创新成长企业 100 强"、2018 创业黑马"新消费产业独角兽"品牌、2018 中国美好生活 100 品牌。

2019 年 1 月，获得 D1 轮融资，由老股东兰馨亚洲、经纬中国联合跟投，融资金额达 7000 万美元。

2019 年 3 月，注册用户超过 5000 万人。

3. 取得的主要成果及荣誉

婚礼纪取得的主要成果及荣誉如下：

- 获 2013 年中国创新创业大赛 TOP10；
- 获 2014 年中国年度创新成长企业 100 强；

- 获腾讯应用宝 2014 优质新兴应用；
- 获 2015 年度中国互联网+ 创新奖"最具成长力奖"；
- 获 51 信用卡新灵兽之夜"商业新灵兽奖"；
- 获 2016 年度中国婚嫁行业"互联网+"创新奖评选"最具影响力企业"；
- 获 2016 创业黑马 TOP100"中国最具潜力创业公司"；
- 获 2018 亿邦社交电商逆生长 TOP50；
- 获 2018 年度亿欧创新奖"中国最具投资价值企业"、创业邦 2018"中国创新成长企业 100 强"；
- 2018 获创业黑马"新消费产业独角兽"。

1.3　案例主体——婚礼纪 O2O 运营模式探索

1.3.1　婚礼纪 O2O 业务战略思考

1. 婚庆行业的发展现状

随着婚嫁产业链向一体化方向发展，现有的消费结构将发生改变，服务性消费将上升，整体消费结构趋于均衡。以下是对婚庆市场发展现状的分析。

中国婚庆行业是一个泛消费市场，婚庆被通俗地称为"大幸福产业"，与结婚相关的消费都可以计入该产业。婚庆产业包含婚宴、婚纱、摄影、婚礼策划、礼服和婚车以及蜜月旅游、喜糖喜酒、珠宝首饰和家电家纺，甚至涵盖了金融、保险、房产、家装、旅游以及母婴和健康等多领域的幸福产业。婚庆行业是万亿级的市场，是推动经济社会持续发展的重要力量。婚礼的预算排名中，倾向于花费 4～6 万元办婚礼的前三名省市是北京(37%)、广东(29.7%)和四川(29%)；愿意花费 6～8 万元办婚礼的前三省是四川(50.5%)、江苏(34.6%)和陕西(30.8%)；愿意花费 10 万元以上举办婚礼的省市中，上海一枝独秀(19.2%)。据婚庆市场统计，国内每对新人婚礼的平均开销为 7.6 万元。据此测算，2016 年狭义婚嫁市场规模约为 8610 亿元。未来婚庆行业市场规模将稳健扩大。

2. 婚庆行业发展特征

(1) 婚庆服务基本上是一次性消费。一次性消费的特点意味着即便服务再好，也不会让消费者形成二次消费，婚庆公司必须不断地挖掘新的消费者。为了使公司能够保持盈利，一次性消费就要求每单消费必须有较高利润，以保障公司运营成本和盈利空间。虽然婚庆市场一直被视为高利润行业，但随着市场竞争的激烈，消费者开发成本的增加，市场收费的透明化，利润空间将被逐步蚕食。

(2) 婚庆公司运营管理成本高。一方面，商铺租金成本、活动物料成本和员工工资成本不断上涨；另一方面，随着市场竞争的日益激烈，开发新客户的成本不断攀升，广告推广成本也越来越高。为了争夺消费者，公司之间的竞争最后往往成为砸钱、砸广告的竞争。很多婚庆公司在管理方面也存在问题，如产业链分散、缺乏资源整合、内部人员工作分配不均，外部人员管理混乱；订单追踪不到位、成单率低等，这些都增大了婚庆公司的运营成本。

(3) 婚庆服务专业化程度不够。首先，婚庆市场从业人员流动性较大，很多人在公司待过一段时间后就选择自立门户或转行从事其他工作。大量临时人员充当着婚庆公司员工的角色，而专业从事婚庆服务的人员数量很少，也就难以保证婚庆服务朝着规范化、制度化的方向前进。其次，行业从业人员素质良莠不齐，行业收费不规范，甚至存在一些欺诈行为。最后，婚庆市场具有很强的个性化需求，使婚庆服务无法提供统一的服务标准和收费标准，这些都是造成婚庆市场混乱的主要原因。

(4) 婚庆服务具有本地属性。至今，具有全国覆盖范围的婚庆服务企业屈指可数，很大原因在于婚庆服务的本地化属性。根据对婚庆市场发展现状的分析可知，地区间文化、习俗不一样，其婚嫁服务也有所差异；同时，婚庆服务即使覆盖至全国，每个地方合作的婚纱摄影地、婚庆举办场地等依然不会统一。婚庆服务的全国性统一可能仅存在于宣传推广层面。区域间的差异，使得跨区域复制扩张难度增大。

(5) 婚庆行业具有明显的淡旺季。根据对婚庆市场发展现状的分析可知，每年的下半年特别是国庆节和春节期间都是结婚的高峰期，而上半年婚庆市场一般会比较冷清，这就给婚庆公司带来了一定的负担。首先，淡季婚庆市场有可能一个月甚至几个月都没有客户，公司在婚庆市场淡季如何实现正常运营和盈利是其面临的最大的难题；其次，一般婚礼都会选择在酒店举办，而合作酒店的抽成也是婚庆公司收入的来源之一，酒店在旺季时的需求已经饱和甚至超饱和，而婚庆公司如何在自己的旺季与酒店的旺季间进行需求的协调，以及怎样保证能够以优惠的价格预订到酒店，这都是婚庆公司需要解决的问题。

目前，婚庆产业已成为我国一个新兴的、充满巨大商机和前景的朝阳产业。婚庆产业的发展对于促进广大人民群众的精神文化生活必将起到重要的作用。

3. 一体化服务成为发展趋势

婚庆作为新兴产业，已逐渐成为热门产业。一方面，婚庆行业市场规模不断扩大吸引了越来越多的资本投入其中；另一方面，婚庆服务的品质要求不断提高。未来婚庆行业发展的趋势是分工越来越细，需求越来越个性化。这一行业的产业链较长，且产业链各个环节比较分散，大多呈现单打独斗的状态。因此，行业若要继续发展壮大，就应注重与上下游的合作，增加与其他行业的交流，互补行业局限，形成产业一体化，向消费者提供贯穿结婚登记到蜜月旅行全程内容的"一体式服务"。随着中国经济增长进入换挡期，婚庆产业的发展步伐与全国经济形势一致，将从高速发展向高质量发展转变。该行业已经进入了品牌竞争时代，已经从区域、类别、局部上升为品牌的立体战。

随着互联网的发展，婚庆公司也通过互联网手段改变了婚礼经营模式，并引入竞争机制以提高婚庆从业人员的专业素养与服务质量，迎合新人日益增长的品质追求与个性化需求。目前，线上线下的结合是网络化大势所趋，"互联网＋婚庆"已经成为婚庆公司的标配模式。

婚礼纪作为一站式备婚平台，是从电子请帖起步的。在其成立初期，用户规模还不是很大，婚礼纪已开始为用户免费制作电子请帖。新人下载婚礼纪 App 后，就可以免费制作专属于自己的电子请帖。电子请帖做好后，新人可将这份饱含其甜蜜爱情的请帖发给亲朋好友。当亲朋好友包括和新人同龄的备婚人士看到这份精美的电子请帖后，或许会觉得这份请帖很漂亮并产生兴趣。这时，他们就有可能会在手机上下载一个 App 以进一步了解。

通过电子请帖的方式，越来越多的人了解了婚礼纪，并不断地把婚礼纪推广开来。在积累了一定量的用户之后，婚礼纪这一平台吸引了越来越多的商家入驻。

如果只是实行线上服务，那么用户将无法精准地制定适合自己的结婚产品，而婚礼纪也就无法推广出去。于是，婚礼纪开设了线下体验店，让没有听说过婚礼纪的人在逛街时能看到这个门店，当其想要筹办婚礼时，就可能会想到这个平台并下载 App，从而不断扩充婚礼纪的用户。

1.3.2　构建婚礼纪 O2O 服务体系

1. 构建线上推广体系

婚礼纪将传统营销(口碑营销、问答营销等)与新型营销(流量导入、直播营销等)相结合，构成多种营销模式，依托用户大数据精准投放，形成整体的网络营销策略，如图1-3-1 所示。

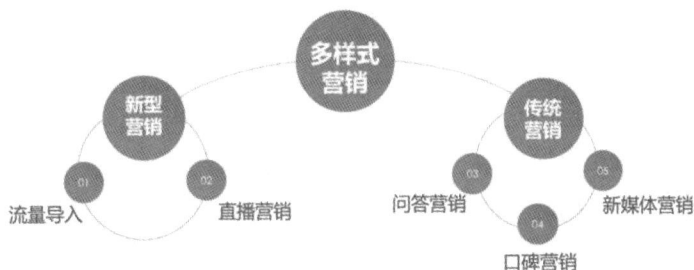

图 1-3-1　多种营销模式相结合

(1) 口碑营销。婚礼纪的企业文化要求公司注重顾客的体验满意度，产品需从顾客的需求出发，这个顾客不仅是 C 端(指消费者或个人用户，即 Consumer)，也是 B 端(指企业或商家，即 Business)。婚礼纪每年投入大量的竞价费用用于线上引流，通过与以搜索引擎公司为代表的互联网企业合作，结合行业关键词排名和本地口碑两方面，对婚礼纪品牌进行整体包装，从产品质量、服务质量、专业能力、基础设施等方面进行多方位多角度的推广宣传，将硬广告与软文相结合，达到互联网全面覆盖。婚礼纪在各知名媒体上的相继报道与曝光，使用户品牌造势和曝光明显，具有极强的正面促进作用，进而提升了客户关键词的排名和客户官网的线上转化率。

从 2013 年创立到 2018 年 11 月，婚礼纪平台数据显示，已有超过 10 万家结婚全品类商家入驻，注册用户超过 4000 万人，促成近 120 亿元年交易额。五年中，在没有大规模投放广告或借助炒话题、上综艺、请明星等流量效应的情况下，婚礼纪平台用户基本都是依靠口碑积累而来的，商家数和用户数每年都呈倍数增长。2018 年 5 月艾瑞发布的数据显示，婚礼纪在婚庆服务领域移动端覆盖率占比近 75%。

(2) 新媒体营销。新媒体是近几年互联网传媒发展的一个重要趋势，微信公众号更是重点媒介，它极大地改变了人们接受信息的习惯，将人们带入社交网络时代。婚礼纪正是精确地把握了时代的脉搏，将自己的营销手段融入社交化媒体的大潮之中。

婚礼纪不仅推出了不同功能的公众号，以便为不同需求的用户推送信息，同时也开发出各种小程序以满足不同需求的用户。

(3) 问答营销。问答营销一直是口碑营销中重要的一环，婚礼纪通过与百度知道、知乎等问答平台合作，以一问一答的形式对自身产品进行描述与推广，同时注重舆论公关。现如今，婚礼纪用户往往会通过他人的评价或测评了解产品。在使用产品前通过问答平台来了解产品已经成为一种互联网时代的消费习惯。因此，问答营销的重要性不言而喻。

问答营销的方式主要有两种，分别是自问自答和他问我答。不管是哪种形式，目的都是通过搜索引擎获取更多流量，同时，提高用户的兴趣程度或引起广泛讨论，从而提升网络的曝光度和知名度，实现线上线下信息互通，提高用户转化率和市场份额。

(4) 内容营销。婚礼纪本身便具备"新娘说"经验分享平台，若一个用户通过以上三种方式下载 App 并打开使用就算成功引流，但这并不是终点。增强用户黏性需要通过内容营销的方式来实现。

婚礼纪的"新娘说"板块本质是一种知识分享社区。婚礼纪聘请专业的社区运营管理人员，帮助社区进行活动策划，并最终以颁发大奖的形式激励用户分享，这不仅提升了用户活跃度，而且可帮助婚礼纪进一步吸引新用户。

"新娘说"融合了微博的特点，使用户能够在该板块中分享自己的结婚过程，与他人互动，同时也具备问答功能。

由于婚庆行业用户的单向流失性，老用户在举办完婚礼，或是分享完结婚心得并与少量用户互动之后，往往会离开平台。因此，婚礼纪也在寻求更加全面的社区搭建环境，未来会逐步扩展内容，改善社区结构，提升社区的趣味性，形成一整套体系。

(5) 网页和 App 联合推广。婚礼纪在线上开发了 App 端和网页端，用户在手机上下载婚礼纪 App 后，不仅可以随时随地挑选心仪和适合的物品和服务，还可以免费设计电子请帖。

2. 搭建线下服务体系

婚礼纪在行业内具有一定的知名度，吸引了数百万的商家入驻。线下作为 O2O 体系中最为重要的一环，婚礼纪也非常重视线下门店的建设。2016 年 10 月，婚礼纪在杭州西溪银泰城开设第一家线下体验店，并逐步布局线下新零售体系，且每家线下体验店都有专业的产品规划师。截至 2019 年 2 月，婚礼纪已经在杭州、南京、宁波、湖州等城市落地了 45 家线下体验店，并计划在未来 3 年内在全国其他一、二线城市开设约 300 家店。用户在线下体验店不仅可以更为直观地感受线上无法准确判断的产品，还可以免费享受一对一的婚礼顾问服务。公司资料显示，婚礼纪体验中心平均每家店的年促成交易额能达到 4000～5000 万元人民币，新人用户服务满意度达 90%以上。

(1) 线下体验店。以杭州为例，婚礼纪在萧山区和武林广场都开设了线下体验店。婚礼纪的线下体验店几乎全部位于中高档购物中心，单店面积达 500 m² 以上。其中，商品展示、资讯服务以及新娘教学、备婚课堂、花艺甜品课堂、小型婚博会等常规体验区域占到全店面积的三分之一，且配有专业的需求分析师(BD)给新人制定合适的结婚方案；同时，专业的导购师会为新人推荐合适的商家，并会择机带新人去参观，这一过程中导购师不收取费用。

(2) 举办大型活动。2019 年 9 月 7—8 日，婚礼纪潮婚节于杭州白马湖国际会展中心举办。此次活动开启了别开生面的潮婚玩法，从买买买现场闪烁着的钻戒光芒到调动新人五官六感的婚宴甜品台，再到许多的网红打卡点，吸引了大量即将迈入婚姻殿堂的新人。国潮、前卫、异域……众多潮牌商家利用这些新鲜和活跃的因子吸引了一部分潮婚青年的注意力。此外，许多优惠活动和抽奖活动也吸引了大量人群。婚礼纪希望通过此次活动向社会传递一种帮助千万新人贴心备婚的理念。

3. 线上线下一体化的融合

婚礼纪融合线上与线下，推动线上线下同步发展，加快实现线上线下一体化，如图 1-3-2 所示。婚礼纪一边连接着用户，一边连接着商家。线上为用户提供营销、咨询、交易服务，并增加商家曝光度，帮助商家筛选合适的用户群体、处理商家和用户间的纠纷；线下体验店专业 BD 和新人一对一免费交流，提供合适的备婚方案，推荐合适的商家。

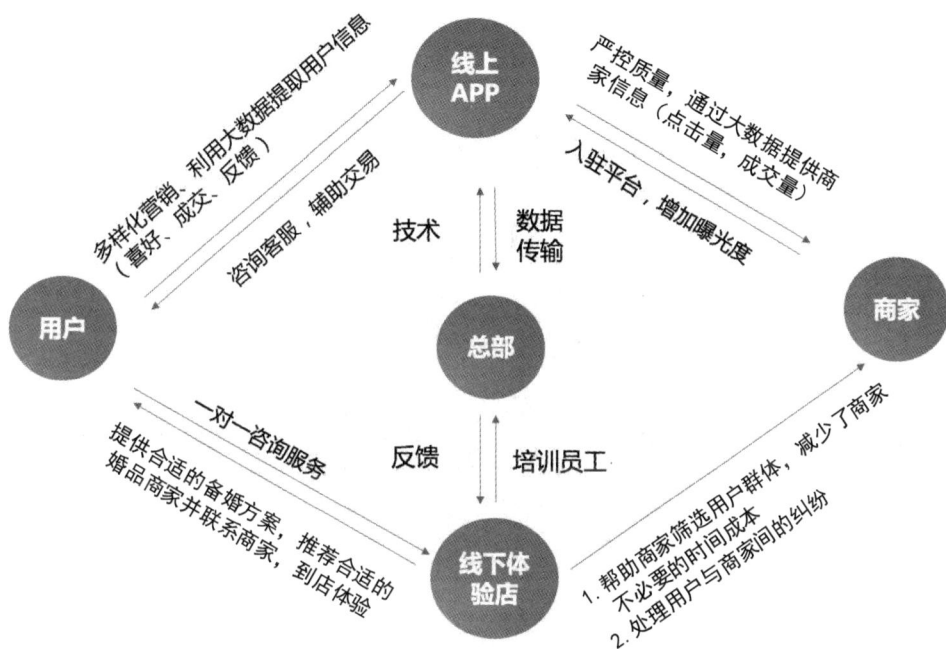

图 1-3-2　婚礼纪线上线下信息融合

新人下载婚礼纪 App 并注册成功后，就会有客服给新人致电询问新人是否在备婚，或者现在婚礼筹备到什么程度。如果新人在备婚，婚礼纪可将新人信息对接给线下专业的产品规划师，产品规划师会和新人约定见面时间。当新人按照约定的时间来线下体验店时，产品规划师通过与新人的面对面交流，了解新人的预算以及希望的风格，给新人制定适合的结婚方案，包括婚车、婚纱、婚纱照拍摄以及婚礼策划等。

在婚礼纪公司总部门口有一块电子显示板，上面时刻更新着婚礼纪线上使用人数、实时热门婚纱拍摄景点、各城市商家 TOP10 等信息。技术人员通过大数据算法为每一位客户提供当下最热门的婚礼策划方案，以便新人选择。

婚礼纪开辟了直播板块，品牌商打开了营销的"任意门"，通过线上直播将线下门店展现在新人眼前。其中，唯一旅拍公司的反应较为迅速，其组建了专门的"策划＋导播"直播团队，以社交化、互动化、场景化的内容营销方式让他们取得了不俗的战绩。唯一旅拍运营负责人表示，"在现场直播的同时，能够直接连线到三亚、巴厘岛等世界各地的拍摄现场，让用户了解现场真实的拍摄状态，消费体验非常好，90、95 后的客户更愿意通过这种方式下单，到目前，围观量已经累计超过百万人次。"线上直播的形式带给新人更加真切的感受，在一定程度上促进了新人的婚礼消费。

1.3.3　婚礼纪 O2O 配套服务支撑体系

婚礼纪在实行 O2O 过程中有十分完善的配套支撑体系，如图 1-3-3 所示。在服务规范化方面，婚礼纪筛选优秀平台，系统化管理客户。在服务丰富化方面，婚礼纪通过电话客服将线上和线下完美地连接在一起。在服务创新化方面，婚礼纪开拓了"新娘说"社区。在服务智能化方面，婚礼纪有先进的 AI 智能客服、魔镜 AI 修片选片系统、水镜·门店展示系统。

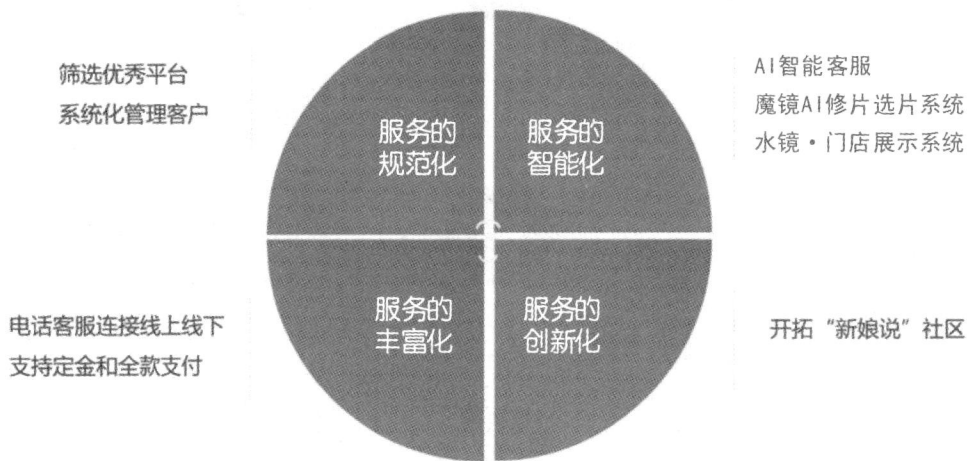

图 1-3-3　婚礼纪服务系统

1.4　基于 SICAS 理论的案例分析

O2O 线上线下一体化不断发展，婚礼纪在结合当前国内互联网婚庆行业的不足和借鉴相关行业 O2O 模式发展的基础上，不断地探索和发展。运用 SICAS 模型(SICAS 模型 = Sense(感知) + Interest & Interactive(兴趣与互动) + Connect & Communication(联系与沟通) + Action(消费购买) + Share(分享))从时间角度对婚礼纪 O2O 一体化发展模式下的企业经营成效进行系统分析，具体如图 1-4-1 所示。SICAS 模型涵盖了用户从接触婚礼纪到产生兴趣、和婚礼纪进行联系和沟通、产生消费意愿进行消费购买，最后通过分享反馈进而吸引更多潜在用户消费的全过程，形成了"引流－转化－消费－评价－留存"这一完整的交易闭环，同时开始新一轮的消费循环。以下将基于 SICAS 模型，分别从线上、线下、一体化三个阶段来进一步总结和阐释婚礼纪 O2O 线上线下一体化发展的成效。

图 1-4-1　SICAS 模型下的婚礼纪交易流程

1.4.1　感知

感知(Sense)阶段是企业与用户通过"互联网+"技术和强大的数据库，相互之间建立起了一种交互式的感知联系。感知价值是影响消费者购买决策的决定性因素，因此婚礼纪通过 SOR 模型(即 Stimulation(刺激)—Organism(机体)—Reaction(反应)理论，简称 SOR 理论)来分析消费者感知价值的提升路径，从而吸引消费者发生购买行为。同时，婚礼纪利用线下投放广告、开设线下体验店的具体实践与 TAM(Technology Acceptance Model，技术接受模型)相结合，总结出带有婚礼纪特色的 UTM(user Acceptance Model，用户接受模型)。基于感知易用性和感知有用性来把握消费者接受度，从而使消费者感知企业的产品、服务和形象，最终作出购买决策。

1. SOR 模型下的线上企业形象构建

要在线上实现用户感知，首先要从感知价值着手。在移动互联网背景下，内、外部环境的刺激因素影响着网络消费者的感知价值，当网络消费者的感知价值大于或等于其心中的预期时，他便会做出购买某种商品或服务的行为。消费者感知价值包括质量价值、情感价值、功能价值以及社会价值四个维度。

基于消费者行为理论的刺激(Stimulation)—机体(Organism)—反应(Reaction)理论(以下简称 SOR 理论)能够很好地解释移动互联网背景下的内外部因素对感知价值产生的影响和

消费者购买某商品或服务的行为倾向。因此，将 SOR 理论与感知价值相结合，重点从企业形象及声誉和 App 实用性及趣味性着手分析，探索消费者感知价值提升路径，引导消费者作出购买的决策，如图 1-4-2 所示。

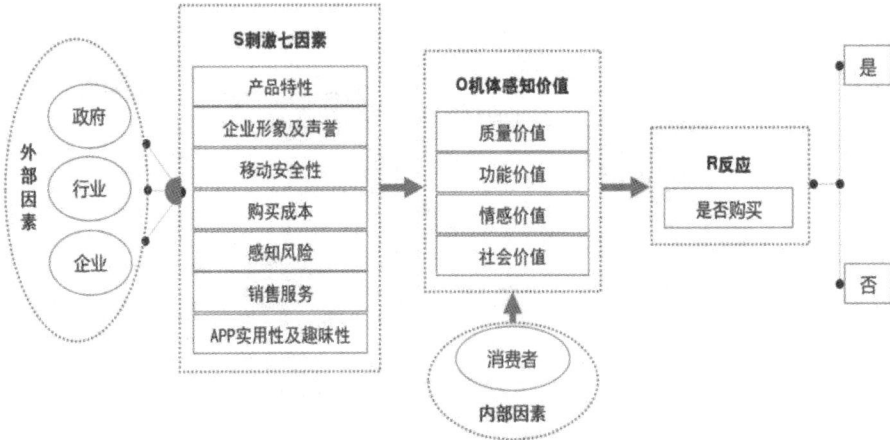

图 1-4-2   基于消费者行为的 SOR 理论

首先，塑造企业形象，吸引用户，让用户对企业产生深刻的印象。在消费者感知价值提升方面，企业是核心。因此，企业要利用线上平台营销建立与用户的良好沟通和信任关系，使用户对企业线上平台产生一定的依赖感，增加用户对平台的黏性。在塑造企业形象方面，婚礼纪的 LOGO 设计是一只可爱的"犀牛"，在视觉感官上做到了个性化，与企业品牌形象相符合，便于用户形成一定的品牌认知。婚礼纪以"服务新人"为使命，致力于帮助相爱并决定共度一生的男女轻轻松松办一场有仪式感的婚礼。

其次，从感知消费者需求角度出发，整合婚礼纪 App 的功能，增强消费者感知，增加消费者与 App 的黏性。使消费者在购物时既能享受到线上购物的便捷、高效，又能避免因诚信问题引起的欺诈行为。

(1) 依靠最佳体验感，赢得消费者青睐。婚礼纪在同类型 App 的竞争中，依靠更全面的商家和商品供给，以及更完善的"7×24 小时"客服咨询服务，使消费者在多款同类型的 App 中因其最佳体验感而最终选择婚礼纪。

(2) 精准定位，把握目标用户群。婚礼纪有着清晰的企业用户定位，在推广宣传的社交平台上，都有着精准的考量。目前，婚礼纪线上提供全品、一站式备婚服务，面向低中高端用户群体。但根据婚礼纪对已有用户数据的统计分析，发现中端用户是婚礼纪消费的主力，因此，婚礼纪也将稍侧重于对中端用户的服务提供与宣传推送。

(3) 利用新创意，丰富用户的使用体验。在 App 相似的环境下，如果用户黏度较低，就很难加深用户的认知。经过调查发现，用户对其他用户的购买心得、优惠促销信息以及商品的介绍和推荐较为关注，即用户关注产品特点，且已消费用户的体验对营销效果影响较大。因此，婚礼纪提供了"新娘说"和"直播"模块，通过已消费用户的经验分享、讨论、直播等形式与新进入平台用户进行持续互动，增强用户认知和使用体验，逐渐赢得用户信赖，进而增强用户黏性。

(4) 拓展营销渠道，增加用户流量。婚礼纪每年投入大量的竞价费用于线上引流，从产品质量、服务质量、专业能力、基础设施等多方位、多角度进行线上推广宣传，并且在知乎、微博等拥有庞大用户流量的平台上注册官方账号，增加曝光度，从而达到吸引更多用户的目的。

2. UAM 模型下的线下用户感知实践

尽管互联网覆盖面广、效率高的特点对提升线上用户感知具有极大的优势，但是传统的线下模式对于用户购买行为选择的影响仍不容小觑。这主要是因为大部分消费者的购买态度偏向保守，更青睐于传统的线下购物消费。将技术接受模型(Technology Acceptance Model，TAM)和婚礼纪的线下具体实践相结合，总结提炼出带有婚礼纪特色的用户接受模型(User Acceptance Model，UAM)，如图 1-4-3 所示。

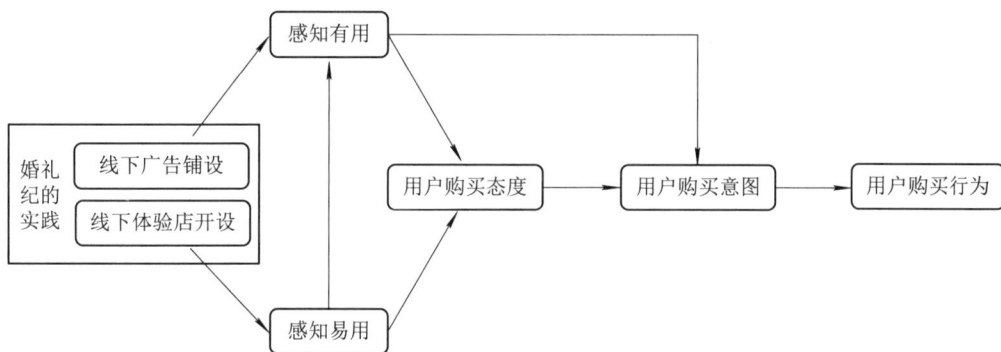

图 1-4-3　UAM

感知有用性和感知易用性是 TAM 中影响信息系统使用的两个关键因素，通过外部变量影响用户的内部信念(感知有用性、感知易用性)，进而影响接受态度与行为意图，最终影响其对信息技术的实际使用行为。将 TAM 与婚礼纪的具体实践相结合，形成了改良版的UAM (用户接受模型)，从而可有效解释用户购买行为以及用户对婚礼纪服务的接受程度。

根据 UAM，用户购买意图由用户购买态度决定，而用户购买态度的直接决定性因素是感知有用性和感知易用性，这二者都由外部变量所决定。

婚礼纪的线下实践作为 UAM 的外部变量，主要体现在以下两个方面：

(1) 线下铺设广告。相对于线上广告，传统的线下广告交叉效应尤其显著，它能给消费者留下深刻的印象。同时，线下广告投放具有亲和力和较大的影响力，从而达到更好的宣传效果并获得消费者信任。婚礼纪利用线下广告对婚礼纪线上线下服务的宣传使消费者能够感受到婚礼纪在新人备婚中所起到的作用，以影响消费者的感知有用性，进而促成其购买意图，最后影响其购买行为。

(2) 开设线下体验店。相比于线上的营销宣传，线下实体店对于消费者而言有着更深的感知和更高的接受度。一方面，实体店的商品具有可见性和真实性，使得消费者对商品的质量更放心；相反，线上平台与消费者建立信任是很难的，需要很长的时间。另一方面，实体店商品一目了然，消费者能获得更全面、更真实的信息；线上平台关于商品的实物信息则有限。因此，进入婚礼纪线下体验店，尤其是通过与专业 BD 接触，消费者能更容易地了解到想咨询的信息并得到一些合适的意见，从而引发消费者的感知易用性。

3. 信息转移发力一体化整体运营模式

线上、线下各有优势，线下和线上信息的结合，会使得营销、物流、库存和体验等资源得到共享，并将成为最有前景、最具竞争力的电子商务发展模式。

婚礼纪在线上、线下同时进行着营销信息的传递，主要体现在以下几方面：

(1) 线上挖掘用户信息，线下进行针对性营销。婚礼纪的每笔交易都有记录并可以追踪，能对其他消费者起到宣传和推广的效果。一方面，用户在婚礼纪 App 上进行线上支付，婚礼纪就可以通过支付数据对用户信息进行挖掘和研究，从而掌握用户数据，建立针对不同消费者个性化的营销策略。另一方面，婚礼纪的线下体验店可以让用户对所想选择或尝试的婚品进行亲身体验和感受，从而放心购买，提高用户对商品的信任度。

(2) 线上、线下的资源相互转移与相互利用。婚礼纪通过"线上平台＋线下体验店"的形式，把线上和线下的优势充分发挥出来、互为补充。用户可以在网上浏览、选择自己所喜欢的商品，但是不必在线购买，可以记下商品的编号，然后通过婚礼纪全程覆盖的网络找到相应地址的商家，到线下实体店亲身体验。这种方式对于消费者来说既可以满足用户的体验需求，又降低了用户在线购买商品而被骗的风险。

1.4.2   兴趣与互动

兴趣与互动(Interest & Interactive)阶段是指企业借助各种营销手段建立动态感知网络，使用户对企业产生关注和兴趣。同时，为了更好地提升用户的兴趣，企业应当对目标客户有较为清晰的定位和了解。企业通过积极应用 O2O 的形式开展多样化的营销活动，充分激发用户兴趣，与用户建立良好的关注联系，实现感知用户到兴趣用户的转变。利用漏斗模型可对企业在该阶段的营销策略进行分类与分层，从而洞悉用户从知道到使用的转变过程。首先在线上阶段采用漏斗模型，对线上 App 的营运方式进行系统化分析。其次，在线下互动的营销模式下，分别对实体店和婚博会的互动方式进行阐释说明。

1. 基于线上 App 的社会化媒体营销模式

在线上激发用户兴趣阶段，企业最为重要的战略就是通过多样化的营销方式提高产品或服务的知名度。对于一个互联网企业而言，最为重要的便是线上曝光度。

为此，我们采用了漏斗模型对线上 App 的营销方式进行深度剖析，尝试找出婚礼纪在营销方面成功的秘诀，如图 1-4-4 所示。

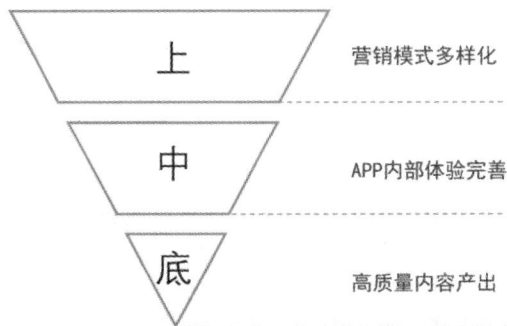

图 1-4-4   漏斗模型

(1) App 营销模式多样化，增大漏斗上部筛选范围。婚礼纪在目前的 App 营销中，基本上采用三大模式：外部 App 广告模式、分享营销模式、婚礼纪内部广告模式。外部 App 广告模式是 App 营销中最主要的模式，方式为将广告植入比较热门的 App 中，如知乎、百度、微博、抖音等。

一方面可通过 App 营销中的图片、文字、视频等用户感兴趣的内容吸引其关注，并通过引导用户分享等手段，扩大接受信息的用户量，吸引更多的潜在用户，并将其转化为直接用户。另一方面，企业也需要从用户真实需求出发，把握各种热点，设计对消费者而言具有独特价值和实用性的内容。

婚礼纪尝试在各大受众平台上通过广告植入的方式，给用户推送商品和服务信息，有效地把人与信息连接起来。这样做不仅扩大了广告的受众面，还拉动了消费者的主动关注，实现了企业与消费者的互动连接。

同时，基于亲友间分享电子请帖的营销模式，也能吸引已有用户周围的潜在新用户，这是由于新用户作为婚礼的见证者，能够更加直接地感受到婚礼纪的服务水平。

(2) 完善 App 内部体验，提高用户留存率，做大做实中部漏斗。App 的设计特性可以分为互动性、易用性、生动性、艺术性和适度性。

不管从哪个角度考虑，婚礼纪的 App 都尽可能地考虑到了用户的使用习惯，增加了众多实用功能，帮助新用户使用，降低学习成本；包括简便的手势操作、便捷的探索功能、简约的导航系统设计等，都是为了能让用户拥有更好的、更简单的互动体验。同时，婚礼纪也保持了足够的克制，没有铺天盖地的广告宣传，给予了用户一定的自由空间。使用 App 是正式了解该产品的第一步，由于用户具有非常强的主观性判断，如若设计构建不当，用户必然会因失望而流失。婚礼纪深谙该道理，因此对于界面 UI 的设计和操作逻辑从未懈怠，依然在寻求突破。

(3) 提高内容质量，增加客户转化率，做尖底部漏斗。婚礼纪打造的"新娘说"社区，包含了新娘圈、私房话、问答三个大板块。新娘说是婚礼纪最为核心的内容平台，包括商家的宣传资料、用户间的相互讨论和问答。婚礼纪非常注重内容的质量，因而会对平台上的内容进行筛选。质量高的内容或是关注度高的话题会冲上顶部，让更多用户看到，并激发用户兴趣，进而了解、沟通、交流，最终实现价值的交换。

2. 基于线下体验店的互动化营销模式

消费者认可度数据显示，美国线上消费只占 8%，线下消费的比例高达 92%；在中国的比例则分别为 3% 和 97%。虽然网上购物省时方便，但大多数消费者更愿意在实体店里购买商品。可见，线下依然是企业的重要阵地，而婚礼纪线下的模块主要是实体店和婚博会。

于实体店而言，消费者能够在线下实体店得到比线上更为完善的服务，满足其全感官的体验。与消费者的线下互动不仅能增添他们对品牌的好感度，也能使公司对消费者的喜好与需求更加了解，使公司与消费者之间有更直接的互动联系。

结婚流程涉及的婚品种类繁多，且各商家线下门店开设位置也并不集中。如果让顾客自己去一家家店铺体验，最后的体验结果并不一定令其满意，这种方式显然不现实且费时费力。基于此，婚礼纪开设了线下体验店，由中间人帮助客户与婚庆公司沟通。婚礼纪的线下体验店在众多 O2O 模式的电商备婚平台中是首例，也是在同类产品市场竞争中的一项优势所在。婚礼纪线下体验店一般开设在人流较多的购物中心,为顾客提供免费一对一的独家婚礼顾问服务。

对婚博会而言,以杭州为例,杭州婚博会举办地位于杭州白马湖畔面积 20 000 m² 的 2 层展馆内,集结了"八大潮牌汇馆"和"五大潮婚实验室"。婚礼纪携手结婚行业知名品牌和小众个性的潮牌商家们,为杭城的潮流 CP 呈现出一场妙趣横生的沉浸式"边玩边买"的结婚消费新体验,将年轻感、创意感、幸福感融入结婚消费,打造更贴合年轻一代需求的"潮流玩法"。

婚礼纪平台资源全域覆盖,辐射核心及周边人群,为行业知名品牌和个性潮婚商家提供线上联动线下、营销促动交易、技术加持内容的多维度消费场景,从而拉近与用户的距离,让更多的年轻人知道,"原来婚礼还可以这么办"。

3. 基于大数据,破除线上线下的枷锁之道

大数据驱动营销革命,精确的营销越来越可能成为现实,特别是在社会化媒体平台、互联网的时代。因为我们生活在一个关系社会,关系的强度决定着媒介营销的产值。强关系带来信任,弱关系带来信息传递,关系约等于商业利润,"关系"在媒体社会化进程中主要通过"分享"来实现。大数据分析从个人分享、共用分享、公共分享、公民分享四个不同层次影响着社会化媒体的发展,对社会化媒体的整个发展进程有着持续的影响力。因此,经营社会化媒体营销必须借助大数据来实现。而大数据的体量大、速度快、真实性、多样性四个属性,又能够帮助企业研发自身的 AI(人工智能),这不仅能提高营销的精确度,也可以增强企业的运转效率。

婚礼纪开发的海草云系统,专注于使用人工智能技术和大数据技术解决在传统经营模式的条件下,商家和用户之间的低效沟通、工作分配不均等问题。由于婚庆行业的特殊性,其市场问题也具有独特性。例如,传统婚庆公司营业时间往往与客户咨询时段不对称。晚上 8 点到 10 点是客户咨询高峰期,而商家客服人员很难长期在这个时间段保证快速且专业的回应。再如,婚庆行业淡旺季忙碌差别明显,淡季商家们无所事事,但到了需求激增的旺季,商家和品牌服务又跟不上客户需求,则会进入口碑下滑、接单困难的恶性循环。

为此,海草云智能客服对话系统、智能信息提取系统、自定义最佳服务流程等一整套从网络获客到售后服务的全方位解决方案成为婚礼纪打破枷锁的法宝。

依托婚礼纪庞大的社交大数据分析,海草云能够提供最垂直、最专业、最精准、最人性化的智能云服务。为了实现客服系统的交互闭环,海草云还将沟通过程中的关键信息进行储存分析,将客户的姓名、联系方式、喜好风格、个性化需求、后续服务建议等一系列需求跟踪、评估结果反馈到后台,最终生成客户资料卡片。

1.4.3 联系与沟通

联系与沟通(Connect & Communication)阶段是企业与用户从感知互动升级到消费互动的重要阶段。在此阶段,企业应当与用户建立紧密的联系和有效的沟通交流,为用户提供良好的体验感,从而建立用户的偏好认知。由于认知体验和情感体验是影响用户体验感的两个重要维度,因此,在用户与婚礼纪线上联系、线下沟通的过程中,婚礼纪在线上注重营造良好的用户情感体验,在线下不断优化用户的认知体验。

1. 基于线上社会临场感，促进消费偏好

为使在线用户了解、接触众多同类型的互联网一站式备婚公司后能够选择婚礼纪，婚礼纪注重为在线用户提供满意的服务，使用户获得良好情感体验并形成消费偏好。情感体验是消费者在线联系和沟通、了解商品和服务过程中所体验的情绪反应。

同时，当消费者充分了解商品信息进而内心认可商品质量时，内心感到的"真实""亲切"，就会在购物过程中产生愉悦和信任情感。人性化、社会化的网络购物氛围，如"有人在协助我了解商品"都会让消费者有身临其境的心理状态，促使情感体验上升，从而刺激消费者社会临场体验感的形成。社会临场感是指消费者在与线上媒介联系的过程中产生的一种"身临其境"的感受。

社会临场感对消费者的愉悦感和信任感有着积极作用，而产生了愉悦感和信任感的消费者将会形成强烈的在线购买意愿和推荐意愿。下面将 SOR 模型和情感体验所形成的社会临场感相结合，具体分析婚礼纪在促进消费者行为意愿方面所做的具体实践。

(1) 婚礼纪利用"先入为主"的优势，优先建立消费者的偏好认知。婚礼纪 App 作为较早进入电子商务中的一款一站式备婚服务平台，进入市场之初就通过"免费制作电子请帖"的方式，利用"先入为主"的优势在用户群体中迈出宣传推广的第一步，占据了竞争的有利地位。之后又通过不断完善服务、提供更为全面的婚品、更高质量的入驻商家，使用户得到愉悦的情感体验，促进用户的购买意愿。同时，进一步积累了良好的口碑，和一定的用户流量。

(2) 婚礼纪利用线上沟通的低成本优势，完善线上客服咨询服务。在 O2O 模式下，线上沟通的成本要远低于现实中的沟通成本，也更加便利，具体表现如下：

① 婚礼纪利用人工智能技术，实现每周"7×24小时"全时段的线上客服咨询服务，随时接待用户。

② 在涉及服务流程的用户需求沟通时，AI 会自动收集，不遗漏任何一条服务诉求。

③ 用户可以从微信朋友圈、公众号、小程序、微博、婚礼纪 APP 或官网等多种渠道接入婚礼纪线上服务，并且每个渠道都可以直接获取销售线索。

④ 多渠道的会话实行统一管理，支持客服团队成员共同协作回复。

这种全方位完善的线上客服服务，在及时与用户沟通解惑的同时，也让用户切身感受到婚礼纪对用户的重视程度，从而产生对婚礼纪的信任感，使婚礼纪与用户之间建立起良好的关系并赢得用户青睐。

2. 基于线下认知体验，提供个性化备婚方案

受虚拟环境的局限，网络购物降低了消费者的认知体验，婚礼纪开设了线下体验店，店内专业的商务拓展专员(BD)可以免费一对一为新人提供个性化的备婚方案，规划合适的备婚流程，帮助形成用户认知体验，从而形成用户偏好。

(1) 婚礼纪根据顾客需要的个性化方式，提供个性化婚礼定制方案。现今90后逐渐成为结婚的主力军，"个性化"婚礼越来越成为新人的共性诉求。婚礼纪为增加用户个性化需求服务，适应消费者多方面需求，新人可在婚礼纪线下体验店得到专业的个性化婚礼定制方案及建议，包括为顾客提供相应风格的婚礼策划、婚纱摄影和酒店预订等。也会根据抖音、小红书上流行的婚礼风格和时下流行的音乐等为用户提供紧跟潮流的婚品。同时，婚礼纪会根据市场的变化将相应的市场变动趋势告知商家，帮助商家根据新人喜好的变化走向来提供相应商品。

(2) 线下体验店产品规划师会为顾客梳理备婚内容，规划备婚流程与备婚预算。除了"个性化"外，规划师们也会考虑"稳"。在和顾客沟通之后，根据顾客的结婚预算和顾客在不同婚品中的支出意愿与偏好，会向顾客推荐合适的备婚规划方案与明细清单以及合适的商家。同时，线下体验店的专业产品规划师也会在流程优化、父母接受度上给出顾客专业合理的建议。

3. 打破信息不对等，营造诚信经营环境

不管是在线用户，还是 O2O 模式下的经营企业，在用户对接商家、企业把控市场的过程中，最大的挑战便是线上线下信息不对等的问题。因此，一体化模式发展的关键就是要让线上信息与线下服务对称。不仅要保障线上信息及时地推送给用户，更为重要的是，线下提供产品/服务的能力要跟得上线上交易的速度，线下服务质量要与线上描述相符合。

一方面，用户与一系列所需婚品的众多商家之间缺少交流与互动，也不了解婚庆市场的行情，导致客户和商家之间的信息不对称，增大了潜在的欺诈机会。另一方面，由于很多商家的线下管理往往无法应付线上的交易，面对线上纷至沓来的咨询和订单时，无法及时回复，交付质量也无保障，给用户造成了不好的体验。

而婚礼纪在把握婚庆市场大环境的基础上，为顾客提供了众多的商家选择和商家信息。除了线上 24 小时完善的客服咨询服务外，还会为用户提供一对一的免费咨询服务，帮助顾客深入了解目前婚庆行业的走势以及合适的商家信息，同时提供用户与商家对接服务，促进商家和消费者之间的了解和信任，减少了任何一方被欺诈的可能性。

1.4.4　消费购买

消费购买(Action)阶段是企业和消费者之间产生互动的重要过程，这个过程完成了商品价值的交换，是交易最为重要的一环。

1. 线上依据商品陷入性属性刺激需求

从使用的角度来看，在进行购买—互动营销阶段，App 的操作界面应该更加便捷，同时 App 营销中还应当根据不同产品和服务特性推出不同的刺激购买和互动策略。

根据 App 营销对象的不同，可以将其划分为低陷入性商品和高陷入性商品。低陷入性商品通常价格不高，功能和使用方法等比较简单明了，如常见的生活用品等快速消费品。对于这类商品，利用 App 展开营销时引起消费者的购买冲动是关键环节，这时可以采用一些常规的促销手段在 App 上进行展示说明；同时，也可以采用一些简单的游戏互动方式来促使消费者购买。

高陷入性商品通常价格比较高，功能和使用方法较复杂，消费者一般不会轻易通过冲动购买来获取。对于这类商品，在购买决策中通过 App 的互动交流和大量的信息咨询与搜集是促成交易的重要因素。一方面可以通过 App 平台提供专业的咨询和交流，增强消费者的正面认知。另一方面，消费者会通过 App 平台中其他消费者的评价与反馈来强化或弱化认知，比如其他消费者对商品的评价高、好评率高，正面认知就会被进一步强化，最后促使消费者产生购买行为；反之，购买行为无法实现。因此，对于高陷入性的商品，利用 App

平台构建一个"正面认知—正面评价—促成购买"的互动循环路径是实现购买的关键。

婚礼纪对于入驻商家的风险控制，在最大程度上确保了服务和产品的质量保证。同时，婚礼纪针对不同价格的商品也会有不同的管理模式，对于低陷入性商品采取一定的促销活动来保证销量。对于高陷入性商品，婚礼纪安排了数量充足的客服，在第一时间为客户提供满意的答复。

2. 线下基于 ABC 态度模型的定价购买策略

基于 ABC(认知、情感、行为)态度模型，婚礼纪制定了线下的定价购买策略，如图 1-4-5 所示。

图 1-4-5　基于 ABC 态度模型的定价购买策略

心理经济学家认为，产品溢价是买卖双方之间的理性交易，消费者愿意通过支付溢价来确保产品质量，经营主体把获得的溢价作为提供高品质产品的成本和利润。1960 年，霍夫兰和卢森堡提出 ABC 态度模型，认为态度由认知、情感和行为三种成分构成。认知是指个体在受到外部刺激之后，通过感知、注意等对态度对象产生的认识，是产生情感和行为的基础；情感是指个体在认知之后对态度对象产生的各种主观感受，不同性质的情感对人的行为起不同的作用，积极的起推进作用，反之起阻碍作用。行为是个体在认知和情感产生后主动作出某种行为或行为表现的可能性。认知、情感和行为三者之间相辅相成，进而完成一个心理活动过程。该模型尤其重视认知、情感和行为之间的循环统一关系。

婚礼纪线下体验店作为一个直接展示的窗口，协调服务本身必然会对用户造成或多或少的冲击，造成一系列的认知障碍。但是得益于专业 BD 的可靠沟通，用户可以对其选择的服务进行调整，从而消除认知障碍。其次，因为 BD 和用户始终是一对一对接的，因此从服务开始到服务结束，往往是一个长距离陪跑的模式，所以用户与 BD 间往往会形成较为深刻的情感关系，最终转换到行为上。就是用户愿意为服务付费，从而在心底里坦然接受，最终转变态度，使消费者认知、消费者感情、溢价支付意愿无不坦然。因此，婚礼纪始终坚持"客户至上"的原则，帮助客户选择合适、合理、合心的服务。

3. 购买一体化完善服务体系

线上线下一起搭建成的购买体系可以保证用户在任何时候都能享受到良好的服务，给了用户选择权，其既能选择线上，也能前往线下体验店。

线下门店能够在任何时候为用户提供最为完善的服务。线上的客服和店铺则能为用户提供 24 小时在线服务。

婚礼纪是做平台的，它在线上是平台，铺设在线下的体验店依然是平台。用户有需要，那就值得去做，轻模式的优势是发展迅速，重模式的优势是壁垒强。不得不说的是，线下和线上的相互补充使得婚礼纪的发展更加稳重。

1.4.5　分享

分享(Share)阶段是在互联网环境下，消费者在消费之后对消费场景的体验、对消费满意度的感知和对企业认同的阶段。通过新人的正面在线评论使婚礼纪拥有良好的口碑，从而吸引新用户进入，促进婚礼纪新一轮的传播与交易。婚礼纪通过线上搭建"新娘说"讨论平台，线下解决新人与商家可能存在的矛盾与分歧，令线下体验反馈进一步带动线上的宣传推广，吸引新的潜在消费者，形成交易的良性循环。

1. 线上互动评价机制打造优质社区

随着互联网的发展，用户在网络上发表评论的意愿日趋强烈，在线评论内容广泛存在于社区、论坛、贴吧中。在线评论是用户生成内容的一部分，是用户对已购买的产品的相关评论，内容相对真实，可信度较高，对之后的消费者有一定的指导作用。在线评论作为先验用户的阐述，兼具了理性和非理性的内容，满足了用户心理的诉求，消费者在作出购买决定前，常常会参照网上在线评论的内容。因此，正面的在线评论营造下的企业在线口碑会极大地影响用户的购买选择。下面，我们从在线口碑的质量、数量、效价和强度四个方面来分析如何通过在线评论打造良好的企业在线口碑。

(1) 在线口碑的质量。在线口碑是否真实、可靠，与所谈论的产品特征密切相关，能否为消费者提供充足的信息，提供的信息是不是对消费者有用，这些特点决定了口碑信息对消费者的影响力。高质量的口碑信息是指评论内容具体、清晰，并用论据支持的观点；而低质量的口碑信息是指内容主观、情绪化，没有详尽论述理由的评论。高质量的评论信息比低质量的评论信息更有说服力。

(2) 在线口碑的数量。口碑信息越多，说明产品越重要和越流行，就会有越多的消费者知道该品牌。品牌评价和购买意向会随着在线口碑数量的增加而提高，会使得消费者合理规划自己的购买决策，并认为自己购买了正确的商品。显然，在线口碑的数量越多，消费者从中获取相关有用信息的概率就越大，就越有利于消费者了解产品，因而对消费者购买决策过程的影响就越大。

(3) 在线口碑的效价。在线口碑的效价是指口碑信息所表达出来的积极或消极态度，可以将口碑信息的效价划分为正面、中立和负面。正面的和负面的口碑都能影响消费者的品牌态度以及购买行为。正面的口碑会提供有利于该品牌的信息，提高消费者选择该品牌的可能性；负面的口碑将损害品牌形象，降低消费者购买的可能性。研究表明，负面口碑的影响力大于正面口碑时，消费者往往更信任负面的信息。

(4) 在线口碑的强度。在线口碑的强度是指口碑信息所传达态度的强烈程度。口碑信息表达的强烈程度直接影响了口碑的效果。如果口碑信息表达了非常强烈的正面或负面态度且语气坚定，就会给消费者留下较为深刻的印象，从而对消费者产生较强影响。

婚礼纪对在线口碑的打造具体策略如下：

(1) 婚礼纪构建的"新娘说"互动讨论平台，通过用户正面的真实体验分享更易获取其他用户的信任，因此，在用户浏览和传播的过程中会使婚礼纪在用户之间建立一个良性循环的口碑。

(2) 婚礼纪会根据用户对体验婚品的评价以及已有用户数据，在平台首页向用户线上推送同一时间段内点击率多、成交量多的婚品商家。同时，根据用户的反馈结果，对商家的诚信指数进行分级和量化管理，并且实时跟进测评。做到严格把关入驻线上平台的商家质量，最大限度地为用户提供满意的服务，使其得到最佳消费体验，进而得到用户的满意评价以及对正面口碑传播产生正面的扩大效应。

2. 线下公正处理商家与用户间的矛盾

当用户投诉、负评出现时，O2O 平台应在最短的时间内调查情况的真实性并做出相应的处理。若存在商家诚信有亏、服务人员态度恶劣等问题，应及时做出处理以保证平台的良好信誉和有序经营。

婚礼纪作为用户与商家的公证人、中间人、协调者，在用户与商家之间出现矛盾，诸如投诉、差评之类时，应及时与商家和用户进行联系、沟通和处理。因为现实情况下，在出现差评时，不一定就是商家的错，所以作为一个不偏不倚的第三方协调者，婚礼纪会及时与商家和用户进行良好的沟通，协调并解决双方矛盾。

3. 线下体验反馈引导线上宣传

线下的体验和反馈可以为线上的宣传和推广提供导向作用，拓展线上的消费群体，可以让线上新一轮的推广变得更加有针对性。

婚礼纪根据用户的线下体验消费反馈不断优化婚礼方案及推荐流程。在线上入驻商家的质量把控和实时监管、设定新入驻商家的入驻门槛、婚礼纪 App 功能优化等方面，根据用户的反馈结果不断改进优化。同时，在线上平台为受用户偏好的商家增加曝光量，推动线上交易的成功。

此外，通过分析用户数据和反馈分享，婚礼纪将针对主要用户消费群体，或当用户在各大浏览器上搜索相关内容的信息时，为其推送婚礼纪的广告和宣传，最大化利用资源效益，对婚礼纪进行针对性宣传。

1.5　案例总结

本案例主要利用 SICAS 模型来研究分析婚礼纪线上线下一体化的经营模式，牢牢把握用户从"感知"到"兴趣与互动"，再到"联系与沟通"，最后到"消费购买"的整个交易流程。同时，利用"分享"形成新的"感知"，开始新一轮的交易循环。

婚礼纪利用智能 AI 客服、大数据精准推荐、完善 App 功能和版面以及线上服务；多渠道营销，提高平台入驻商家门槛，保证商家的数量和质量，打造优质口碑；开设"新娘说"社区、直播、线下体验店，提供专业 BD 免费一对一咨询服务并且推荐给新人合适的个性化备婚方案，从而打造婚礼纪独特的竞争优势。

在对婚礼纪进行优秀案例分析的过程中，本案例从每一个交易环节来依次展开分析婚礼纪线上线下一体化的经营模式。

在"Sense(感知)"阶段，通过 SOR 模型来分析消费者感知价值的提升路径，从而吸引消费者发生购买行为。同时，利用线下投放广告、开设线下体验店的具体实践与 ATM 模型相结合，总结出带有婚礼纪特色的 UTM 模型，通过把握感知易用性和感知有用性来把握用户接受度，从而使用户感知企业的产品、服务和形象，最终作出购买的行为选择。

在"Interest & Interactive(兴趣与互动)"阶段，通过线上采用漏斗模型，对线上 App 营运方式进行系统化分析。同时，线下推出互动化营销的模式，分别对实体店和婚博会的互动方式进行阐释说明。

在"Connect & Communication(联系与沟通)"阶段，尝试在线上将愉悦感和信任感引入社会临场体验感，结合 SOR 模型具体分析婚礼纪在促进消费者行为意愿时所做的具体实践。同时在线下以提供基于个性化的备婚方案为主线，帮助客户定制婚礼。

在"Action(消费购买)"阶段，依据商品陷入性的高低来定价，并利用 App 平台构建一个"正面认知—正面评价—促成购买"的互动循环路径。在线下依据 ABC 态度模型，依靠专业 BD 销售，坚持"客户至上"的原则，帮助客户选择合适、合理、合心的服务。

在"Share(分享)"阶段，坚持打造互动评价机制，打造优质社区。线下处理好商家与用户间的矛盾，保证用户体验，使线下体验反馈引导线上宣传。

SICAS 模型的应用较为全面地阐述了互联网时代婚礼纪的竞争优势。从可移植性和可替代性方面来说，该理论模型适用于大多数电商化的互联网公司，也值得许多发展滞后的 O2O 企业借鉴。

案例点评

该案例选择了线上线下一体化的经营企业中的典范——婚礼纪，以 SICAS 模型为分析基础，从每一个交易环节依次展开婚礼纪的经营模式：在 Sense(感知)环节，基于线下投放广告、开设线下体验店并进行顾客行为分析，通过感知易用性和感知有用性提升用户接受度，从而提升企业的产品、服务和形象，激发用户的购买行为；在 Interest & Interactive(兴趣与互动)环节，基于对线上 App 营运方式以及线下互动式营销的模式分析，揭示实体店和婚博会的互动方式内涵；在 Connect & Communication(联系与沟通)环节，将线上体验的愉悦感，结合线下临场体验的信任感，促进消费者行为意愿，并以个性化的备婚方案为主线，帮助客户定制婚礼；在 Action(消费购买)环节，利用 App 平台构建"正面认知—正面评价—促成购买"的互动循环，坚持"客户至上"的原则，从线上线下两方面帮助客户选择合适、合理、合心的服务；在 Share(分享)环节，坚持打造互动评价机制和优质社区，线下处理好商家与用户间的矛盾，保证用户体验，同时提升线上体验反馈，并引导线上宣传。

SICAS 模型的应用，使该案例核心问题的表述更为清晰，深入地阐述了互联网时代婚礼纪的竞争优势。该理论模型也适用于大多数电商化的互联网公司，具有较好的应用价值，值得相关的 O2O 企业借鉴。

随着互联网和数字经济的发展，结婚产业从单体、传统型经营，不断向数字化、个性化、平台一体化方向升级。基于线上线下的一体化运营模式，改变婚礼人的经营模式，引入竞争机制，提高婚庆从业人员的专业素养与服务品质，提升婚礼的品质，迎合新人日益增高的品质追求与个性化需求，才是"互联网＋婚庆"的正确发展方向。

　　对于传统行业 O2O 模式的经营企业来说，在用户对接商家、企业把控市场的过程中，最大的挑战便是线上线下信息不对等。因此，一体化模式发展的关键是将线上信息与线下服务对称。该案例的分析明确提出了相关行业的数字化转型趋势：服务规范化、服务丰富化、服务创新化、服务智能化。围绕用户消费的全过程，作者提出在婚庆业电子商务的发展中，信息传递关键是线上挖掘用户信息、线下进行针对性营销，同时，线上线下资源应互相转移和相互利用。

　　该案例总结并提升了传统经营企业的一体化运营模式的转型方案，即通过"线上展示交易＋内容社区＋线下体验＋垂直电商＋智能 SaaS 系统"的平台模式，不断拓宽垂直领域的边界，值得当前平台体系构建不完善、陷入发展困境的 O2O 模式企业借鉴。

点评人：许雪琦(杭州电子科技大学副教授)

案例二　信网真数据赋能创新模式①

《数字生态产业助推共同富裕发展白皮书》显示，近年来我国数字经济持续增长，已成为国民经济中最为核心的增长极之一。数字化治理引领生产关系深刻变革是数字经济发展的保障。信网真作为国内领先的云计算、信息安全综合服务提供商、大数据综合服务商和大数据产业领军者，其大数据产品及解决方案已广泛应用于城市大脑、智慧文旅、智慧交通、智慧海洋、智慧环保等领域。本案例以"爱游湘湖"智慧文旅项目为例，探究信网真大数据可视平台运营模式及数据赋能过程。

2.1　引　言

数字经济已成为国民经济中最为核心的增长极之一。2019 年，在国际经济环境复杂严峻、国内发展任务艰巨繁重的背景下，我国数字经济依然保持了较快增长，各领域数字经济稳步推进、质量效益明显提升，数字经济向高质量发展迈出了新的步伐。我国数字经济增加值规模由 2005 年的 2.6 万亿元扩张到 2019 年的 35.8 万亿元，2005 年至 2019 年我国数字经济占 GDP 比重由 14.2%提升至 36.2%。数字经济占 GDP 比重逐年提升，在国民经济中的地位进一步凸显。

目前，以数据价值化为基础、数字产业化和产业数字化为核心、数字化治理为保障的"四化"协同发展数字经济生态已经形成。数据正在为"城市大脑"注入智慧能量。2016 年，杭州市政府公布了一个"疯狂"计划——给杭州这座城市安装一个人工智能中枢：杭州城市数据大脑。事实上，阿里云和杭州市政府已经开始着手布局。以交通为例，数以百亿计的城市交通管理数据、公共服务数据、运营商数据、互联网数据被集中输入"城市大脑"，这些数据将成为城市大脑智慧的起源。2020 年初暴发的新冠疫情中，杭州城市大脑已为人类抗疫作出了巨大贡献。

数据要素对国民经济产生革命性影响，推动大数据产业向纵深发展。党的十九届四中全会提出将数据与资本、土地、知识、技术和管理并列作为可参与分配的生产要素，这体

---

① 该案例获得 2020 年浙江省大学生经济管理案例竞赛一等奖。作者：张键、高杰、韩依杰、封奕雯、孙淑雯。指导教师：杨敏。

现出数据在国民经济运行中变得越来越重要。数据对经济发展、社会生活和国家治理正在产生着根本性、全局性、革命性的影响。2020 年 4 月，《中共中央、国务院关于构建更加完善的要素市场化配置体制机制的意见》提出"加快培育数据要素市场"，进一步强化了数据作为生产要素的重要性。

浙江信网真科技公司成立九年来，由一家科技型初创公司快速发展为一家股份制企业，并成功转型为国内领先的云计算服务提供商、信息安全综合服务提供商、大数据综合服务商。公司斩获了国家高新技术企业、浙江首批数字经济新锐企业样本、杭州市高新区瞪羚企业、杭州市现代服务业先进企业、杭商品牌案例等诸多荣誉和资质，在全国拥有数千家客户。旗下子公司华量软件被列为 2019 年中国大数据行业最具影响力企业、2017 年中国大数据最佳行业实践案例、2016 年中国大数据行业领军企业等。通过案例研究发现公司的成功之道，运用数字经济理论对其数据赋能过程进行深入剖析，总结经验、提出建议，以供投资者、创业者、管理者、学者、学生等学习借鉴，为我国发展数字经济、推动大数据产业发展贡献智慧力量。

2.2 信网真科技公司介绍

2.2.1 概况

浙江信网真科技股份有限公司(以下简称"信网真")是一家基于信息安全、大数据、云计算、物联网、人工智能等技术，为政企客户提供 IT&DT 融合解决方案和大数据综合服务的国家高新技术企业。公司秉承"真诚、务实、激情、感恩"的核心价值观，以自主研发能力、行业解决方案能力、系统集成能力为核心，凭借专业技术的先进性和项目实施管理的丰富经验，给出相关产品和解决方案在企业、政府等组织和旅游、交通、海洋、商业、环保等领域得到广泛应用。公司旗下的杭州华量软件有限公司(简称"华量软件")成立于2015 年 3 月，是一家海外高层次人才归国创业企业，专注于大数据技术及应用创新，是国内领先的新型智慧城市大数据综合服务商。旗下的另一控股公司，杭州西湖大数据运营有限公司成立于 2018 年 12 月，经营范围主要包括云计算技术、大数据处理技术、计算机软硬件的技术开发等。

信网真这个名称中的"信"代表信息，是公司所属的行业，也代表信任。"网真" (TelePresence)是一种前沿的技术，能使远隔千山万水的人们获得"面对面"交流体验，合起来意思是"相信前沿的技术"。企业的经营理念是"以客户的需求为导向，提供专业的系统集成服务，让客户放心"。企业的管理理念是"奋斗、贡献、成长"。企业的使命是"科技创新的深耕者"。企业的愿景是"智慧点亮城市梦想 数据缔造美好生活"。

2.2.2 产品及业务

信网真以自主研发能力、行业解决方案能力、系统集成能力为基础，在云计算、信息安全、大数据处理等方面更是位居行业领先行列，其中核心业务主要包括大数据技术产品与解决方案。代表性业务包括数据中台和解决方案，如图 2-2-1 所示。

图 2-2-1 智慧海洋大数据解决方案架构

1. 数据中台

数据中台定位为数据底座，是一套可持续"让数据能够为社会服务和创造价值"的机制，旨在归集各业务线的数据，进行治理后把数据变为一种服务能力，并反哺业务，不断循环迭代，实现数据可视、可用、可营。数据中台围绕"五横两纵"体系总体架构为核心进行建设。其中"五横"包括数据集成能力、数据存储与计算能力、数据治理能力、数据资产能力和数据服务能力；"两纵"包括数据统一标准体系和数据运营安全体系。

数据中台的价值主要体现在：一是打破信息系统间的壁垒，跨领域、跨行业、跨系统将结构化数据、半结构化数据、非结构化数据按需进行批量离线或实时采集，从而有效打破系统间的壁垒。二是提升数据存储计算能力，充分激发分布式集群的高速运算和存储能力，能够实现对 PB(拍字节，$1\ PB = 10^6\ GB$)级异构数据的离线和实时处理，并且容错性高、扩展性强。三是数据治理使数据资产化，基于对数据全生命周期管理的理念，从源头到终端的全面认知、管理，从而使数据形成可见、可懂、可用的数据资产。四是数据服务激发数据价值，公司数据中台能够快速、灵活地为数据资产赋能，响应上层应用的需求，从而使业务更快地产生价值。

2. 解决方案

解决方案包括智慧文旅、智慧交通和智慧海洋。

(1) 智慧文旅。大众旅游的蓬勃发展对旅游业"发现新知识、创造新价值、提升新能力"提出了更高要求。在数据已成为战略资源的今天，大数据是快速把握旅游业运行规律，开展业务和服务模式创新，引领产业转型升级的必然选择。公司以数据资产管控思维，基于自主研发的标准化大数据产品，打造智慧文旅大数据资源管理中心。智慧文旅大数据资源管理中心整体架构实现了对海量多源异构的文旅行业数据、政务部门数据、互联网数据的采集、处理、分析和共享，为文旅行业管理、景区服务质量提升、文旅精准营销提供数据支撑，满足文旅行业运营机构及行业管理部门的需要。

(2) 智慧交通。如何对交通大数据进行统一管理，如何在整个交通大环境下实现数据资源的交换共享，是现阶段交通运输行业管理部门的迫切需要解决的问题。交通运输行业大数据解决方案旨在以"大数据管理"为核心，全面落实运输行业数据整合、科学决策等综合性业务及数据一体化协作平台，即一切业务数据化、一切数据业务化的交通运输行业大数据平台。公司通过智慧交通的建设，能够对海量、多源、动态、异构的交通数据所蕴含和所能提供的信息内容进行统一管理，在整个交通大环境下实现数据资源的交换共享，满足交通运输行业管理部门的需要。

(3) 智慧海洋。海洋大数据解决方案由多维多基立体化海洋监测网、智慧海洋数据大脑和智慧海洋大数据应用组成。海洋大数据是基于多源观测手段，对海洋现象和要素等进行快速实时获取，对具有多元化、大体量、高价值、跨时间和空间多维度管理等特征的海洋数据进行分析和应用的理论和技术。海洋大数据可以在海洋环境保护、渔船渔港安全、渔业资源管理、海洋防灾减灾等多个领域发挥重要作用，如图 2-2-1 所示。

2.2.3 发展历程

浙江信网真科技股份有限公司成立于 2011 年 6 月，主要经历了三个阶段。

1. 2011—2013 年(开疆扩土，寻找企业立足点)

2011 年 11 月 24 日，信网真科技与 Cisco、深信服合作举办首届 INT 企业网络峰会，迅速打开了浙江市场。信网真科技在打开市场后迅速把握机会，开疆扩土，成立安全事业部，开启信息安全业务，为公司积累了信息安全业务经验和相应的专业人才。之后开始提供网络整体解决方案的服务，这期间企业一直在寻找自己在市场上的立足点，并拓展自己的业务范围，整体处于积累和夯实经验的阶段。

2. 2014—2016 年(另辟蹊径，深耕科技创新)

从 2014 年 9 月开始，信网真成立了研发部，深耕科技创新，进军云计算和大数据领域，且重点探索智慧企业、智慧政务。服务的客户群体也从单一企业走向了政企客户，公司正式确定了自己"云计算、大数据、信息安全"三驾马车齐驱的经营战略。这个阶段是信网真科技发展的重要阶段，基本确定了公司发展的方向和路径，且深谙经济发展必须依靠科技创新的道理，找准了公司科技创新的方向。

3. 2017 年至今(明确定位，专注大数据领域)

从 2017 年开始，信网真科技就将公司定位为新型智慧城市大数据服务商，专注于大数据领域的发展，且专门发展智慧政务、智慧交通领域，结合在大数据领域所做的技术开发与科技创新，升级公司的大数据产品，从而更好地满足客户的需求以及给予客户更好的服务体验。

2.2.4 业绩

信网真通过不断的技术创新和商业探索，已拥有近 50 项软著和专利，共获得国家高新技术企业、杭州市高新区瞪羚企业、计算机信息系统集成三级资质、信息安全服务一级资质、ISO9001 质量管理体系认证、已落地"云安全技术研究开发中心"与杭州市院士专家工作站。公司特别注重企业生态建设和产学研政合作，目前已与国内外多所高校、研究院、企业等建立战略合作关系。公司的大数据产品及解决方案，已广泛应用于城市大脑、智慧文旅、智慧交通、智慧海洋、智慧环保等领域。截至目前，公司已累计服务浙江省生态环境厅、浙江省文化和旅游厅、浙江省水文局、广西壮族自治区交通运输厅、四川省武胜县旅游局、杭州市西湖风景名胜区管委会、宁波市海洋与渔业局、云南省丽江公路局、浙商银行、吉利集团等数千家用户。

近三年来，信网真业绩保持稳定的增长趋势，2017 年度总收入为 1455.67 万元，2019年度增长到 1820.34 万元。在研发投入方面，公司也保持在年均 20%左右，这在同行中位于前列。其子公司华量软件也处于高速增长之中，年度毛利率平均在 60%以上，年度总收入每年则以翻倍的势头上升。同时，华量软件在研发方面投入也较大，保持年均 40%左右的水平。

近年来，公司凭借先进的技术优势和行业经验，已荣获"中国大数据行业最具影响力企业""中国大数据行业领军企业奖""中国大数据最佳行业实践案例""中国大数据 BI/决策支持全国第 4 名""政府大数据高成长企业 TOP40""中国大数据优秀解决方案提供商TOP50""中国大数据优秀应用案例 TOP50""中国大数据优秀解决方案 TOP50"等诸多荣誉，并入选中国大数据投资价值百强榜、中国大数据产业地图、中国大数据企业榜、工信部指导的中国大数据产业生态地图。

2.3　案例主体——信网真基于 DIKW 的数据赋能模式探索

DIKW(Data Information Knowledge Wisdom)体系是关于数据、信息、知识及智慧发展演变的理论模型。美国管理学家罗素·艾克夫在《从数据到智慧》一书中，按照数据的加工处理程度，将 DIKW 体系划分为数据、信息、知识、智慧四个层次，并对每一个层次赋予各自不同的特质。DIKW 体系中数据、信息、知识及智慧之间的关系如图 2-3-1 所示。

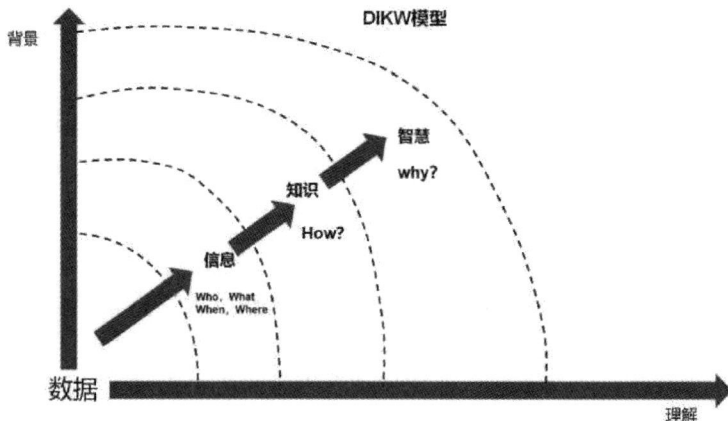

图 2-3-1　DIKW 体系理论模型

依托 DIKW 体系，信网真的主营业务(关于大数据技术的信息资源服务)包含：基于数据采集、探索与存储服务的大数据资源中心；基于数据加工、计算处理、数据湖建设的大数据基础平台；实现数据分析和挖掘的大数据智能分析平台和实现数据实时动态可视化展现的大数据可视化平台。通过四个服务层次，面向政府企业(B 端)提供数据治理决策与管理支持，面向个人用户(C 端)提供智能服务推送与精准营销等体验。下文以"爱游湘湖"智慧文旅项目为例进行分析。

2.3.1 平台定位

杭州湘湖景区的核心优势之一是国家级旅游度假区的金字招牌，其内部旅游度假资源非常丰富。在前期智慧旅游建设中，已建设有微信公众号，能定期主动推送内容丰富、形式多样的新闻、活动、资讯等信息，并为游客提供导览、服务、消费等功能，满足游客基础服务和体验需求。但目前相应的旅游度假产品均分别通过不同平台进行销售，同时旅游资源主体也是以不同渠道或形式进行品牌营销，未形成合力。随着数字湘湖建设提上日程，智慧旅游亟待深化。信网真通过"爱游湘湖"智慧平台的实施，对湘湖景区旅游服务与管理起到了直接的提升作用。

"爱游湘湖"智慧平台面向游客、景区管理公司、景区商业机构、湘湖管委会等，提供旅游信息发布、交流、共享服务、电商服务以及管理服务的综合性移动端门户，通过全方位整合整个湘湖及其周边的旅游度假资源，借用先进网络媒体进行全域宣传，利用高新技术实现智能化、无感化的旅游体验，打造了"吃、住、行、游、购、娱"的全功能服务平台。

2.3.2 平台主要功能规划

"爱游湘湖"智慧平台可以实现度假区范围内旅游相关企业数据共享、系统互联。平台主要包含四大版块(资讯版块、服务版块、体验版块、商城版块)和三大体系(会员体系、支付体系、积分体系)，如图 2-3-2 所示。

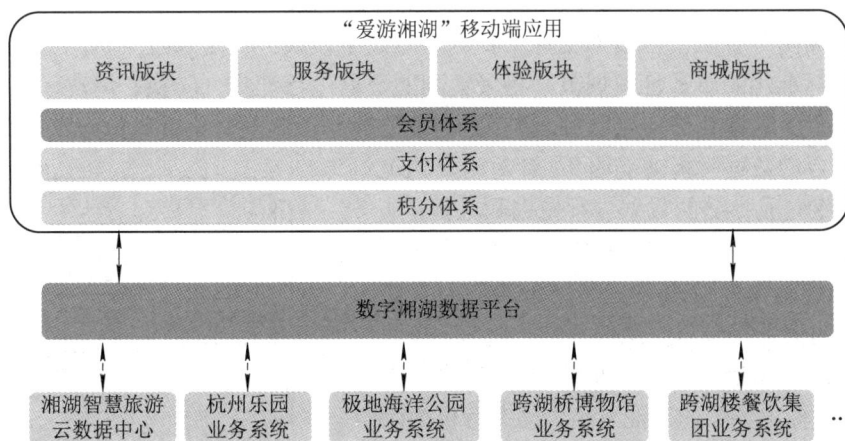

图 2-3-2 "爱游湘湖"智慧平台功能架构

"爱游湘湖"智慧平台功能主要体现为：一是数据采集全局化，汇集湘湖景区旅游信息资源、旅游产业监测及预警、旅游数据分析于一体，多维度、全局化的数据监测及即时展现。二是数据治理高效化，可帮助用户随时随处轻松掌握旅游产业当前运行状态、实时应急指挥调度决策、监测景区综合管控情况，摆脱时间和场所局限，管理更智能、更高效、更方便。三是数据管理移动化，手机与 PC 同步，支持多入口的一站式移动工作台，提供天气预报、旅游交通、景区资讯、景区舒适度、VP 漫游、电子导游、游记攻略、推荐预订等服务，为游客提供游前、游中、游后一站式、全方位、多方面的贴心旅游服务体验。四是数据服务精准化，利用大数据实现"深度挖掘，重视感知，即刻分析"的精准化营销和敏捷式的运营增长体系。凭借产品的良好功能，开展各类营销活动，从点到面辐射，并迅速验证效果，不断迭代策略，小步快跑持续增长。

2.3.3 "爱游湘湖"智慧平台主要技术支持与数据来源

通过大数据技术，对海量数据进行采集、存储、分析及决策管理。通过数据挖掘和各种分析方法，为用户构建各种信息资源之间的知识服务网络，并按用户需求为其提供信息融合的知识和智慧服务。由此，构建智慧文旅平台的数据整合模块，如图 2-3-3 所示。

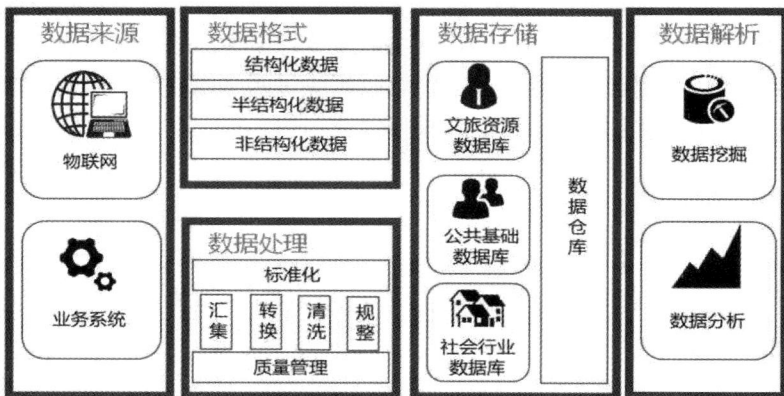

图 2-3-3　智慧文旅平台的数据整合模块

"爱游湘湖"智慧平台技术支持主要分为三大子模块：一是通过平台的数据处理功能服务，根据标准化的质量管理规范，将采集到的数据进行汇集、转换、清洗和规整处理；二是通过平台的数据存储功能服务，将完成处理的数据存储至文旅资源数据库等数据仓库；三是通过平台的数据解析功能服务，针对用户的个体化需求，将完成存储的数据进行挖掘和分析，从而获得理想的信息资源。在此基础上，进一步构建面向用户的定制化专业服务，在平台的能力支撑下，将用户的信息需求与信息服务结合起来，按照科学创新与对知识信息的需求规律，对数据进行采集、整合，挖掘出数据的专业价值，动态有机地满足用户的专业化信息需求，构建智慧文旅的数据应用模块，如图 2-3-4 所示。

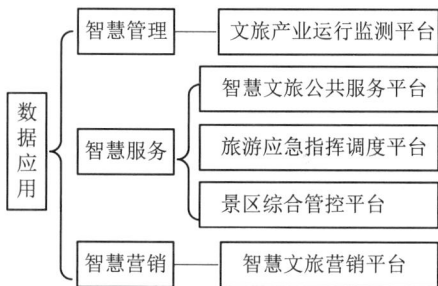

图 2-3-4　智慧文旅的数据应用模块

　　"爱游湘湖"智慧平台的数据来源分为纵向部门、横向部门和第三方。纵向部门数据的对接来源具体如表 2-3-1 所示。

表 2-3-1　纵向部门数据的对接来源

序号	数据信息目录	数据来源部门或平台	数 据 内 容
1	旅游基础资源数据	市级旅游管理部门	基础数据
2	各个景区客流量数据	各景区	景区闸机数据或手机信令数据
3	各景区停车场动态数据	各景区	停车场停车位总数、已占用数量、可停数量等
4	旅游投诉数据	省旅游投诉咨询平台	旅游方式、旅游类别、投诉咨询对象、投诉咨询事由、上传证据、投诉咨询人信息、投诉咨询人证件信息、投诉咨询人性别、投诉咨询处理结果等
5	景区视频监控数据	各景区	视频监控内容
6	省旅游局系统数据	省旅游局信息中心	管理部门、旅行社、住宿设施、景区、乡村旅游的旅游业务统计汇总数据

　　横向部门数据的对接具体要求如表 2-3-2 所示。按照准实时接口进行设计,一般频率为至少 30 分钟更新一次,若数据源无法提供,则将根据实际情况进行自适应调整。

表 2-3-2　横向部门数据的对接来源

序号	数据信息目录	数据来源部门	数 据 内 容
1	住宿(酒店、农家乐、民宿)登记数据	公安部门	身份证号码/护照号码/港澳台通行证、入住时间、离开时间等(脱敏提供)
2	景区周围交通路况数据	交通部门	高速收费站的车流量、车牌、车型等数据(不包含危货品),景区周边的道路交通视频(脱敏提供)
3	公交数据	交通部门	实时显示到景区各路公交车的运行情况
4	气象数据	气象部门	景区一周的天气预报数据、景区实时天气情况等
5	工商登记处罚数据	工商部门	处罚对象、执法部门名称、行政处罚决定书文号、作出行政处罚的日期、案件名称、违法事实、处罚的种类及依据、处罚的履行方式和期限等
6	卫生检查评级数据	卫生局	卫生检查评级数据
7	环保数据	环保局	水质、空气质量等
8	游客出行数据	火车站、高铁站、汽车站、机场	火车站、高铁站、汽车站、机场旅客数据
9	公共停车场数据	住建局	周边公共停车场等

　　第三方数据对接如表 2-3-3 所示。

表 2-3-3   第三方数据的对接来源

数据信息目录	数据来源部门或平台	数据内容
游客来源数据	运营商	游客景点分布统计数据、游客来源地统计数据
游客消费数据	银联数据	游客在各个涉旅企业(银联消费)的消费占比以及消费数量,包含全县的涉旅企业(银联消费)消费占比和消费数量
游客线上预订数据	主流 Ota(Online Travel Agency,主流在线旅行社)	全域游客客源地、性别、家庭构成、年龄、提前预订天数占比、停留时间占比、交通方式占比;酒店预订排名、类型;景区订票排名等
舆情数据	微博、论坛、新闻网站	以网络为载体,抓取旅游事件,广大游客、媒体在网络上的情感、态度、意见、观点等数据

2.3.4   体验与实施效果

智慧平台运用大数据、人工智能、VR 等一系列先进技术,实现景区治理、游客服务、体验和营销的数字化与智能化。

1. 自动采集,数据共享

基于数字湘湖数据中台实现度假区范围涉旅数据整合,并面向游客提供服务,使得数据不局限于单个单位使用,而是通过数据的共享、开放、流动发挥数据价值。例如智慧平台不仅拥有不同景点的客流数据、停车场车位数据、视频监控数据等,还会采集湘湖的生态环境数据、周边道路车流数据等。这些数据根据需求实时提供给景区管理者和游客。通过将数据发布到移动端应用,游客可以方便地获取这些信息。通过无感停车支付、刷脸坐船坐车等科技手段的引入,提升移动端应用的智能化和实用性,提升客户体验。通过数据采集和分析处理,实现自动监测功能,如图 2-3-5 所示。

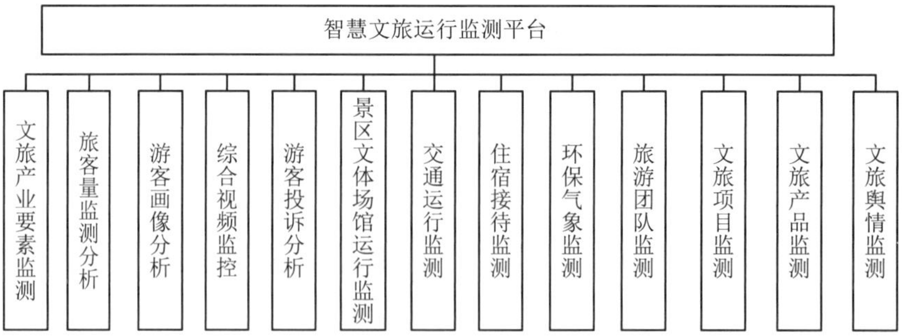

图 2-3-5   智慧文旅运行监控平台

2. 数据驱动,精准营销

智慧文旅营销平台,基于用户体验和营销需求分析,创新多场景的营销应用,打造裂变式的营销模式。通过话题、娱乐和大事件,实现圈粉、拓客、增量,利用大数据实现"深度挖掘,重视感知,即刻分析"的精准化营销。通过数据分析挖掘,对湘湖游客进行画像分析,针对不同游客的兴趣偏好、消费习惯等推荐不同的旅游度假产品、路线、演出、文创产品等，实现千人千面的精准推荐。

3. 整合数据，服务增值

平台推出旅游度假产品套餐，在后端实现旅游度假资源整合，面向游客推出极具性价比的旅游度假产品套餐，包括景点、乐园、酒店、餐饮、水景秀等产品和服务。让游客在短时间内充分体验湘湖之美，品尝湘湖之味，欣赏湘湖之艺，感受湘湖之韵。打造超级会员体系，在旅游度假资源整合基础上，针对超级会员提供极其便利、倍感超值、深度吸引的增值服务，从而吸引更多游客成为移动端应用的粉丝，增加用户黏性。把旅游度假服务融入湘湖旅游的方方面面和每个环节，让服务产生价值。例如，智慧路线推荐，根据游客行程和个性偏好，推荐多种旅游路线及游玩去处的组合供游客选择湘湖最佳游玩路线和游玩去处，省时省力。随着游客游玩数据积累，系统可以基于数据挖掘分析出针对不同类型游客最受欢迎的游玩路线，并精准推荐给对应群体，使得路线推荐智能化和精准化。通过GIS地理信息系统地图或手绘地图，标注各个游玩去处(包括但不限于景点、游乐园、博物馆等)。游客点击标注点，可详细查看该游玩去处的文字、照片、视频等介绍，如有视频监控接入，也可以在线观看现场情况，还可以查询当前该处的客流量，为自己的游玩行程规划提供支撑信息。同时，游客可以提交游玩心得，其他用户可以点赞，提供热门心得评价排名。

"爱游湘湖"智慧平台实施效果为：湘湖景区通过系统可以自定义相关部门、单位临时或定期上报各类旅游统计信息，例如景区酒店节假日接待游客量、经济收入等。统计上报的数据作为旅游数据的一个重要数据来源，所上报的各类统计数据系统会自动进行汇总和存储，通过系统对这些数据进行多维度的统计和分析，使之成为旅游工作的辅助决策支持系统。

以资源数据库、方法库和知识库为基础，以地理信息系统、数据分析、数据可视化为手段，通过旅游应急指挥调度系统实现对突发事件数据的收集、分析，对应急指挥辅助决策以及对应急资源组织、协调和管理控制等。系统在面对突发事件时，能够为指挥首长和业务人员提供全面、及时、准确的信息服务，形成一套具有实时监测、及时发布和动态反馈评估等功能的辅助决策系统，实现对突发事件应急处理的决策支持。

通过湘湖全域智慧旅游建设促进旅游业发展，湘湖游客总人数在原计划增长基础上提高约 10%，旅游总收入提高约 8%；通过湘湖全域智慧旅游建设提高旅游服务质量，游客满意度在现有基础上提高约 15%；通过智慧平台建设提升智慧管理能力，智慧旅游应用在旅游管理部门各业务科室覆盖率达到95%。

2.4 信网真"数据 + 算法 + 算力 = 服务"的 数据赋能模式分析

根据 DIKW 理论，信网真以用户需求为导向，从产品研发、功能设计到用户服务，整体上经历了从数据、信息到知识的再升华的发展演变过程。信网真针对不同需求层次的特质，通过建立前端、中台、后台的技术创新手段完成具体转化过程，其中数据中台作为核心部分主要发挥业务价值和技术价值。业务价值主要通过业务应用场景创新，形成核心壁垒，以客户为中心，用洞察驱动企业稳健行动；以数据为基础，实现商业模式创新；盘活全量数据，构筑坚实壁垒以持续领先。而技术价值主要通过成本低、功能多、应用广来应对多数据处理的需求；丰富标签数据，降低管理成本。数据价值能体现业务系统准确度和最终效果，能支持跨域访问数据，且数据可以快速复用。

因此，从价值创造视角看，公司经营过程也是一个数据转化为生产力的赋能过程。本案例以数字经济学的数据生产力核心价值模型理论为基础，对信网真如何实施"数据＋算法＋算力＝服务"的数据赋能创新模式进行案例分析与讨论。

2.4.1 信网真价值创造导向的数据生产力赋能模式分析

数据生产力是在"数据＋算法＋算力"的基础上，知识创造者借助智能工具，基于能源、资源以及数据这一新生产要素，构建的一种认识、适应和改造自然的新能力。数据生产力意味着知识创造者的快速崛起和智能工具的广泛普及，数据要素成为核心要素。随着数据驱动，人类认识改造自然的方法发生了从实验验证到模拟择优的转变，经济发展从规模经济到范围经济，就业模式从八小时制到自由连接体，企业性质从技术密集到数据密集，组织形态从公司制到"数字经济体"。消费者主权全面崛起，人类实现全球数亿人跨时空的精准高效协作。

数据生产力的核心价值可以归结为"数据＋算法＋算力＝服务"。服务可以分解为智能工具和智能决策。智能工具包括有形智能装备和无形软件工具；智能决策表现为数据驱动的决策替代经验决策，基于"数据＋算法＋算力"可以对物理世界进行状态描述、原因和结果预测、科学决策。"数据＋算法＋算力"将正确的数据(所承载的知识)在正确的时间传递给正确的人和机器，以信息流带动技术流、资金流、人才流、物资流，优化资源的配置效率。

从数据流动的视角看，数字化解决了"有数据"的问题，网络化解决了"能流动"的问题，智能化解决了"自动流动"的问题。其内在逻辑是不断把人类对物理世界的认知规律通过"数据＋算力＋算法"的模式嵌入到物理世界，把人从繁重、重复性的工作中解放出来，如图 2-4-1 所示。

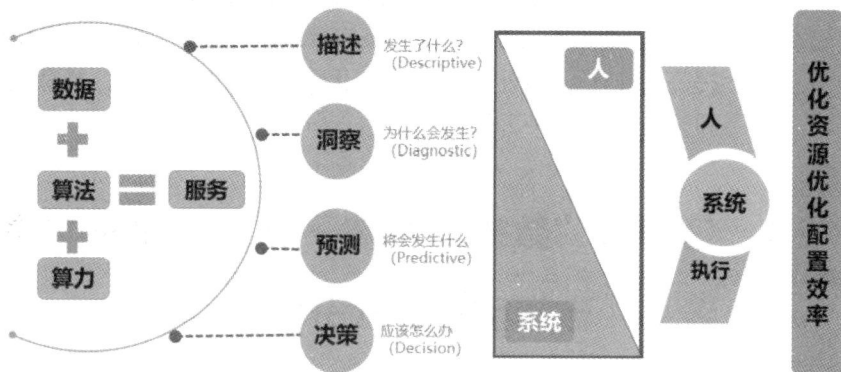

图 2-4-1　数据生产力的价值模型

1. 数据层面

(1) 从信息生命周期理论视角理解数据的生命属性。

20 世纪 80 年代初，美国学者 Levitan(1981)首次将"生命周期"引入到信息管理理论中，认为信息或信息资源是特殊的商品，具有生命周期特征，其包括信息的生产、组织、维护、增长和分配。1985 年，美国学者 Horton 认为信息资源生命周期是其运动的客观规律，由一系列逻辑上相关联的阶段组成，并提出了两个不同层面的信息生命周期构成：① 由需求、收集、传递、处理、存储、传播、利用组成的信息利用和管理需求信息生命周期；② 由创造、交流、利用、维护、恢复、再利用、再包装、再交流、降低使用等级、处置组成的信息载体与信息交流信息生命周期。2000 年 10 月，在 ISO / TC171 文件成像应用技术委员会的伦敦年会上，相关决议指出："信息无论是以物理形式还是数字形式管理，其信息生命周期均包括信息的生成、获取、标引、存储、检索、分发、呈现、迁移、交换、保护与最后处置或废弃。"

据此，信网真科技在信息生命周期理论的基础上，针对大数据无法在一定时间内用传统数据库软件工具对其内容进行抓取、管理和处理的数据集合特性，提出了面向用户服务的大数据软件产品体系设计思路，如图 2-4-2 所示。

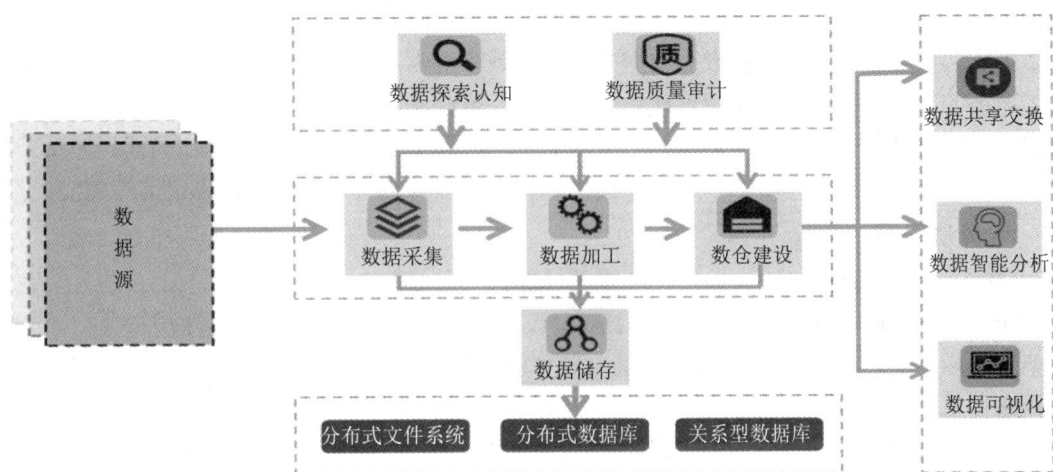

图 2-4-2　信网真科技数据生命周期模型

要在线上实现用户感知，首先要从感知价值着手。在移动互联网背景下，内外部环境的刺激因素影响着网络消费者的感知价值，当网络消费者的感知价值大于或等于消费者心中的预期时，消费者便会做出购买某种商品或服务的行为。消费者感知价值包括质量价值、情感价值、价格价值以及社会价值四个维度。

公司认为信息生命周期会经历信息采集、信息处理、信息存储、信息传播、信息利用和信息处置等阶段。大数据的各项技术是信息生命周期阶段推进和周期更替的动力，离开大数据技术，信息生命周期将无法运行，可以说：大数据时代下，大数据技术是信息生命周期的动力和技术支撑。

(2) 以信息采集为起点构建大数据资源中心。

公司认为信息生命周期是从信息采集开始，其中信息采集最关键的是选取合适的信息源，从中获取满足个人需求或企业决策的信息。对每个信息采集者来说，在庞大的数据中，大部分信息是没有价值的，有用的信息只是其中的很小部分。并且庞大的数据量仅仅是大数据重要特征之一，大数据的集成价值、处理效率和持续存取才是关键。大数据技术则会实现对动态、异构、庞大数据的存储和管理，并从中提取出简约的数据集，从而节约信息采集时间，提高信息采集的效率和所得信息的质量，为信息采集者提供了有别于传统信息源的大数据时代信息源。

为此，信网真设计开发出大数据资源中心，致力解决数据孤岛困境、数据的低流动性以及低价值密度现象，破除大数据建设和应用的巨大障碍。该中心主要实现数据资源分级汇聚、融合管理、协同调度和共享交换等功能。

其中数据集成处理系统支持对多源异构的数据资源进行数据整合、清洗、转换、数仓建设等操作，是实现数据信息全生命周期管理的核心子系统。元数据管理系统是管理描述数据资源特征的数据系统，主要记录数据项中业务描述信息的元数据，能帮助用户更有效地使用数据，方便用户实现数据资源共享和统一管控，以便正确、高效地应用数据。数据探索认知系统可以读取各种数据源的数据，包括关系型数据库、HBase 数据库、Hive 数据库等，探索并提取各个数据字段的质量、内容分布、统计等信息。数据质量审计系统是基于元数据对采集的数据以及建设的数据仓库指标数等设置数据质量监测点，建立有效数据质量监控机制。数据资源目录管理系统通过依据规范的元数据描述，按照一定的分类方法进行排序编码，便于数据资源的检索、定位与获取。数据共享管理系统主要实现纵向和横向部门单位之间数据共享服务的管理工作。数据交换管理系统为实现各类业务信息系统互联互通提供数据交换传输通道，仅进行数据搬运，严格做到不干涉业务，数据交换与数据结构、数据类型无关。数据共享门户基于数据资源目录，为用户提供数据共享资源查询、浏览、共享申请等功能。

2. 算法层面

(1) 结合企业架构理论为用户设计完整体系。

企业架构(Enterprise Architecture，EA)是以企业战略为指导，以业务架构为基础，以信息架构、应用架构和基础架构为支撑的完整体系。它是帮助企业理解自己结构和运营方式的概念性工具。企业架构如同战略规划，可以帮助企业执行业务战略及规划战略。在业务战略方面，可使用架构开发方法论来定义企业愿景、组织架构、职能及角色；在战略规划方面，详细描述了如何定义业务架构、数据架构、应用架构和技术架构，是战略规划的最佳实践指引。企业架构是承接企业业务战略与规划战略之间的桥梁与标准接口，是企业信息化的核心。20 世纪中期，IBM 公司率先提出了"信息系统架构"的概念，从时间、信息、流程、人员、网络和基本原理六个透视角度来分析企业，也提供了与这些视角相对应的六个模型，包括概念、语义、逻辑、功能、构件和物理。

信网真在企业架构理论基础上，主要使用国际认可度最高的 TOGAF(The Open Group Architecture Framework)及其架构开发方法论面向用户的数据资源，从业务需求到应用架构、数据架构进行整体规划，提出完整的设计体系。

该架构体系主要采用"自上而下"的方法，分为业务架构和 IT 架构两大部分，整体从业务战略入手，通过业务架构、信息架构、应用架构、数据架构和技术架构等不同视角，全局描述企业的整体规划，最终到达设计和实施阶段。其中：业务架构是把企业的业务战略转化为日常运作的渠道，业务战略决定业务架构，它包括业务的布局、结构、流程体系、风险、价值管理、运营组织等内容；IT 架构是指导投资和优化决策的框架，是建立企业信息系统的综合蓝图，包括应用架构、数据架构、基础架构和 IT 治理架构四部分内容。

(2) 借鉴"联邦学习模式"构建大数据基础平台。

在数字经济发展中，数据共享与信息安全是两大难题。对此，美国谷歌公司提出"联邦学习"模式，这是一种新的算法框架技术，可以实现参与各方在不披露底层数据的前提下共建模型；在安全合规条件下，破除信息孤岛，共同建模。其主要思想是基于分布在多个设备上的数据集构建机器学习模型，同时防止数据泄漏。

信网真在借鉴"联邦学习"的基础上，克服统计挑战，提高联邦学习的安全性，并更加注重个性化。其中涉及分布式移动用户交互、大规模分配中的通信成本、不平衡的数据分配和设备可靠性等一些主要因素，且在分散式协作学习环境中考虑了数据隐私，并将原始的"联邦学习"扩展到所有隐私保护、分散式协作、机器学习技术等通用概念。

为此，公司开发大数据基础平台，主要基于 Hadoop、Spark 等大数据框架构建，与大数据资源中心无缝对接，提供分布式数据存储、并行数据处理和统一管理维护等能力，有效应对 DI（Data Intelligence，数据智能)时代数据爆发式增长挑战。除满足海量结构化数据的存储分析需求外，平台还可以存储海量非结构化数据，如图片、音频、视频、文本等，并且在数据资源汇聚整合后，提供分布式计算以及分析挖掘能力，为上层应用所需的数据服务提供保障。提供上百个数据分析算法，包含决策树、神经网络、Apriori 算法、K 均值算法等，以及政务、文旅、交通、环保、海洋等业务场景下的算法模型。平台整体架构如图 2-4-3 所示。

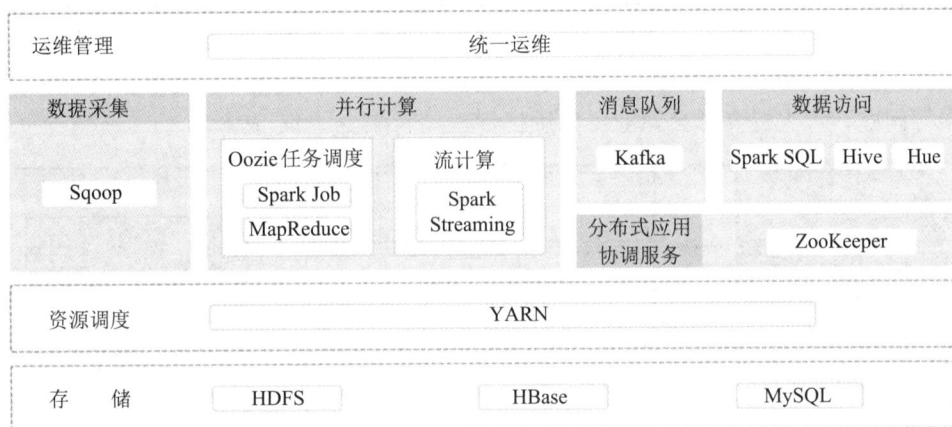

图 2-4-3　信网真大数据基础平台整体架构

该大数据基础平台的主要优势在于：一是开放架构，集成业界优秀的大数据开源组件，包括 Hadoop、Hiv Spark、Kafka、ZooKeeper 等；二是稳定可靠，平台通过充分的测试验证，有效保证各个数据组件的兼容性，运行稳定可靠，应用领域广泛；三是性能优异，平台同时支持离线批量计算和实时流式计算，前者为实时性要求不高的海量数据提供高性能的离线批量处理能力，后者针对实时数据提供快速流式处理，满足实时分析需求。

3. 算力层面

(1) 运用 DevOps 实现敏捷开发与高效交付目标。

很多组织将开发和运营划分成不同的部门。开发部门的驱动力通常是"频繁交付新特性"，而运营部门则更关注服务的可靠性和成本投入的效率。两者目标的不匹配，在开发与运营部门之间造成了鸿沟，从而降低了 IT 交付业务价值的速度。对此，DevOps 模式 (Development + Operations)强调共同对业务目标负责，以实现用户价值作为唯一的评判标准——保证产品功能及时实现、成功部署和稳定使用。它是一种重视软件开发人员(Dev)和

IT 运维技术人员(Ops)之间沟通合作的文化、运动或惯例，改善团队之间的协作关系；是一组过程、方法与系统的统称，包含开发、测试和运维；可用于促进开发(应用程序/软件工程)、技术运营和质量保障(QA)部门之间的沟通、协作与整合。通过自动化"软件交付"和"架构变更"的流程，使得构建、测试、发布软件能够更加快捷、频繁和可靠，按时交付软件产品和服务。在过去几年的时间里，越来越多的企业使用 DevOps。许多全球知名的公司，比如 Google、Amazon 等都在采用 DevOps 或者是提供相应的产品支持。国内企业如腾讯、阿里巴巴和华为等也已经采用 DevOps。

传统的应用程序发布是一项涉及多个团队、压力很大、风险很高的活动。按照传统模式，开发团队负责写代码，运维团队负责部署运行。运维没有参与到开发中去，会使得运维团队对于产品缺少发言权，也不会过多地关注产品发布的功能。但是，工作中却会向开发团队反馈问题，这样使得双方团队大大增加了沟通难度，影响了工作效率。为此，公司基于 DevOps 模式构建出软件架构(如图 2-4-4 所示)。通过内部协调与管理让开发团队与运营团队之间建立更具协作性、更高效的联系。使运维团队能对提升整体功能特性的系统设计产生影响，开发团队同时辅助运维部门成功交付系统和解决问题，事半功倍。公司将开发(软件工程)、技术运营和质量保障(QA)三者形成交集，由于团队间协作关系的改善，整个组织的效率因此得到提升，市场环境风险也得到降低。信网真通过 DevOps 提高软件发布的效率并加速了部署流程，通过自动化的运维工具降低了系统的出错率，同时解决宕机与错误等问题，大大提高了公司业务的敏捷性，显著减少了 IT 成本。

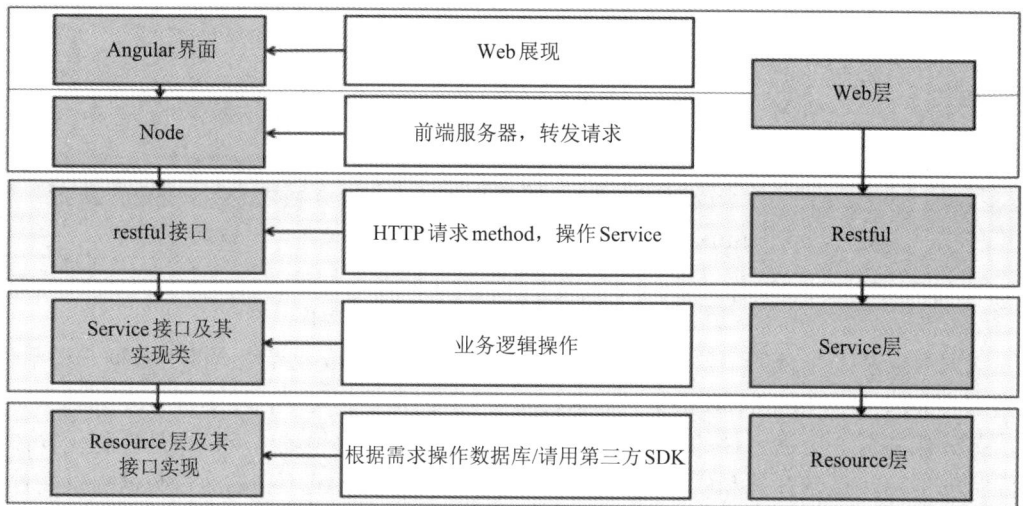

图 2-4-4 信网真科技基于 DevOps 模式的软件架构

(2) 通过并行数据计算，构建大数据智能分析平台。

2014 年，全社会形成了"用数据来说话、用数据来管理、用数据来决策、用数据来创新"的文化氛围与时代特征。大数据的基本处理流程与传统数据处理流程并无太大差异，主要区别在于：由于大数据要处理大量、非结构化的数据，所以在各处理环节中都可以采用并行处理，从而提高计算效率。

因此，公司通过构建大数据智能分析平台，为用户实现高效数据处理提供服务。它主要从分布式数据存储、并行数据计算、统一资源调度与运维管理等方面入手，构建出一款敏捷型 BI(商业智能)产品，提供自助分析、OLAP(多维分析)、数据预警、数据挖掘等功能，支持对大数据资源中心整合后的数据进行深度分析和利用，为管理决策及精细化运营管理提供数据支撑。其中并行数据计算通过并行计算引擎 MapReduce V2 和 Spark 提供并行计算能力。MapReduce V2 作为把输入的数据集切分为若干独立的数据块，由 Map 任务以完全并行的方式处理，并通过 YARN 优化 MapReduce 中资源调度的问题。

Spark 是类似 MapReduce 的通用并行计算框架，拥有类似 MapReduce 的并行处理模式，而且 Spark 任务的中间输出结果可以保存在内存中，计算效率更高，能更好地应用于数据挖掘与机器学习等需要多次迭代的算法领域，可以构建大型的、低延迟的数据分析应用。平台通过统计、在线分析处理、情报检索、机器学习、专家系统和模式识别等诸多方法来实现计算目标，平台内置近 200 多种数据挖掘算法，方便上层应用调用，进行深层次、高效率的数据分析。

4. 服务层面

(1) 数据生产力驱动下的智能决策运营体系。

大数据时代，数据呈爆炸式增长，如何从海量多样和快速变化的数据中敏锐地捕捉价值信息，用于决策支撑，成为各个行业亟待解决的问题。数据要素在经济社会转型和国家之间、企业之间竞争博弈中的基础性、全局性、引领性作用日益凸显，同时，围绕数据治理的热点和难点问题近年来也快速浮现。数据生产力已成为支撑和引领经济社会发展的新动能，同时也需要构建全新的治理理念、理论、方法和模式。

马斯克的 SpaceX 公司完美地呈现数据生产力价值。2020 年，成立 18 年仅有 6000 名员工的 SpaceX，实现了载人航天，完成美国太空发射活动的 68.3%。SpaceX 的发射成本来源于数据生产力的威力。火箭发动机研制成本的 75%在"试验、失败、修改"，SpaceX 在产品开发早期阶段通过数字空间的模拟仿真，大幅降低了研制成本，缩短了周期，提高了研发效率和产品质量。

信网真基于让数据复活的理念，通过唤醒数据构建出智能决策运营体系，让用户体验智能化带来的福利，如图 2-4-5 所示。

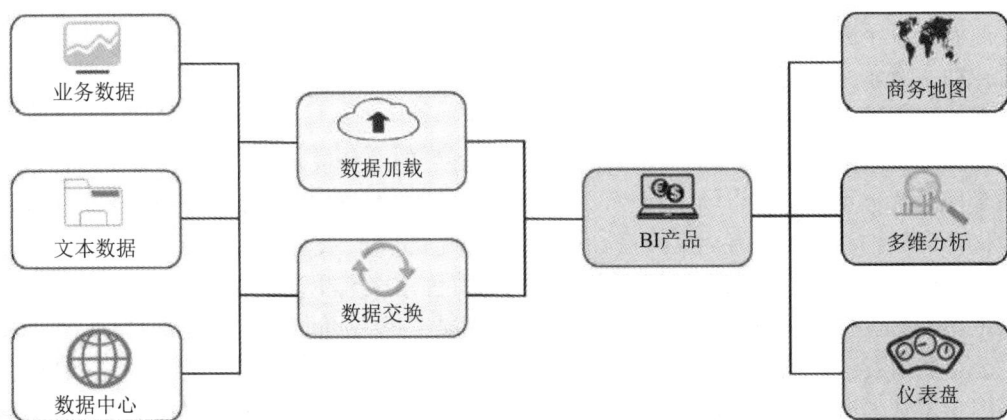

图 2-4-5　信网真智能决策运营系统架构

随着产品与服务的实施，用户智能化转型从初级阶段转到高级阶段，新技术对事务型业务的支撑比例从 66%下降到 22%，而决策性业务比例从 9%提高到 55%，大量重复性、事务性工作已经被智能服务所替代。在智能化高效精准决策的支撑下，公司为用户构建基于"数据＋算法"决策运营体系，其本质是启动数据成为生产力，对物理世界进行重新解构，对业务体系进行深度运营。为此，公司通过 BI(Business Intelligence，商业智能)产品的自助分析、多维分析、数据预警、数据挖掘等功能，帮助用户做到实时、自服务、动态可交互的分析。平台投入规模小、维护成本低，产品的操作非常灵活简便，学习成本低，使用户实现小投入、大回报。

(2) 面向多行业适应性的大数据可视化平台。

可视化是利用计算机图形学和图像处理技术，将数据转换成图形或图像在屏幕上显示出来，并进行交互处理的理论方法和技术。它涉及计算机图形学、图像处理、计算机视觉、计算机辅助设计等多个领域，成为研究数据表示、数据处理、决策分析等一系列问题的综合技术。目前正在飞速发展的虚拟现实技术也是以图形图像的可视化技术为依托的。

为了让用户使用产品时更加直观、便捷、易操作，信网真科技通过可视化技术将用户指定的数据，按照自定义的展现方式进行动态、直观的可视化呈现，帮助用户快速获取和传递数据中隐藏的价值。公司设计出面向数据源、操作者、作品、资源等不同应用场景的综合性大数据可视化平台。在数据可视化展示方面，支持数据接口对接、主流数据库对接等。面向操作者可以通过创建可视化画布，方便对数据进行统计、排序、过滤等操作，支持随时编辑、随时预览、所见即所得。对于作品、资源展示与调用，平台支持各种主流终端，丰富的图表组件、配色主题和行业模板等，为多行业、多领域提供灵活画布模板。

2.4.2 "一司两制"的研发管理机制

进入数字经济时代，伴随信息通信技术的推广普及，人类大规模协作的广度、深度、频率进入了一个新阶段。从计算机的诞生到互联网的普及，企业边界正在被重新定义，科层组织正在被瓦解，产消者(Prosumer)不断涌现，微粒社会正在来临，平台经济体迅速崛起，人类社会已经从工业社会百万量级的协作生产体系演进到数千万、数亿人的合作，这也带来了产业分工不断深化。动态竞争、高频创新是数据生产力时代的最大特点。从时间跨度来看，动态竞争并不是暂时的，而是将长期存在；从强度来看，有的表现为"颠覆性"变化，有的则表现为渐进式改变。

为此，信网真科技构建起"技术＋产品＋服务"的业务模式，以产品事业部为核心的单品全程运营体系，由将市场、行政、财务、法务等纳入公共平台的管理体系组成，这套现代化管理架构，加上还有一支深谙行业的专家顾问团队，支撑起了公司规模化的发展。通过深入调研发现，公司在研发管理方面有明显特色，以产品领先为主导，打造数据生产力为主体，通过"一司两制"模式使公司以数据生产力创造价值成为可能。

公司在研发工作管理中根据实际需要采用了不同的管理方式，其中对交付式项目主要采用瀑布型管理方式；面向新需求、新产品的开发，主要采用迭代式的敏捷开发方式。同时，公司为确保产品质量，全过程采用 PDCA 循环法进行跟踪管理，而对员工的考核主要采用 KPI 与 OKR 相结合的方式。在目标导向下，既对事务性工作有明确的考核指标，又对创新性工作有自由度、自主性的激励。通过比较完整的管理体系，保证了技术先进、产品领先的竞争优势。

1. 基于瀑布模型的项目研发管理模式

面对项目交付式的情况，公司主要采取瀑布型管理方式。1970 年温斯顿·罗伊斯(Winston Royce)提出了著名的"瀑布模型"，直到 80 年代早期，它一直是唯一被广泛采用的软件开发模型。瀑布模型(Waterfall Model)是一个项目开发架构，开发过程是通过一系列阶段顺序展开的，从系统需求分析开始直到产品发布和维护，每个阶段都会产生循环反馈，因此，如果有信息未被覆盖或者发现了问题，那么最好"返回"上一个阶段并进行适当的修改，项目开发进程从一个阶段"流动"到下一个阶段，这也是瀑布模型名称的由来。

信网真基于瀑布模型构建了公司内部的项目开发流程管理体系。在整个体系中，公司项目经理从项目的立项开始接手负责，至项目的验收后进行结尾完成项目工作。但是，对于公司业务而言，还包括公司其他各个部门的各项工作，如项目的发现与项目后续服务、跟踪的工作，称其为项目的生命周期。

因此，公司软件研发项目管理的活动由三个不同纬度的主线贯穿：一是通过项目的启动、计划、执行、控制、收尾五个过程组来最终完成项目各项任务。二是通过项目的需求分析、设计、开发、测试、实施等多个项目阶段来完成项目各项工作。三是通过项目的整体、范围、进度、成本、质量、人力资源、沟通、风险、采购对项目进行九大范畴的管理。项目是由各个交叉重叠的过程组成，而项目又可以划分为更小的子项目(或者阶段)，每个阶段也可以由各个过程组成。

2. 拥抱变化的迭代式敏捷开发模式

公司处于大数据技术开发与应用领域，其特点就是变化快，而瀑布模型面对客户需求不够明确、需求变化快的情况，往往会失去价值。为了快速响应市场变化，公司借鉴迭代模型与敏捷模型，建立了适合新产品研发或新应用场景设计的管理模式，如图 2-4-6 所示。

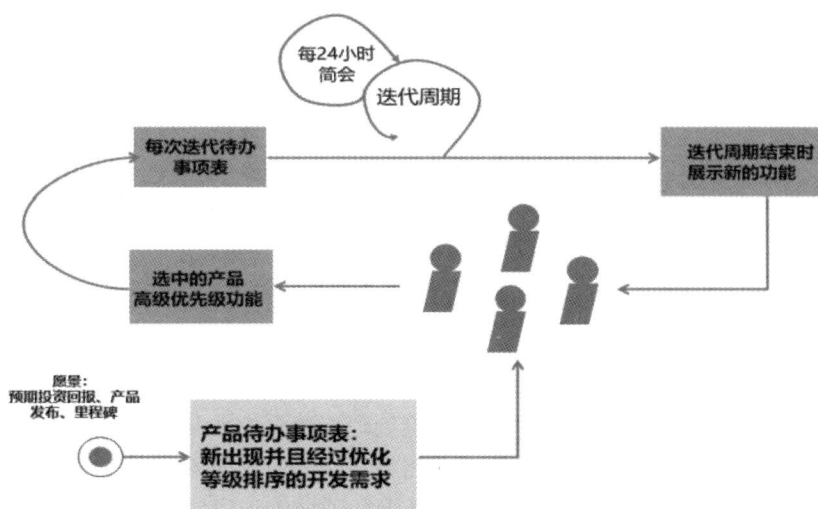

图 2-4-6　信网真迭代式敏捷开发过程管理模型

美国国防部原本提倡瀑布过程和观点，但在多个采用了瀑布模型的项目失败之后，从

1994年开始，积极鼓励采用更加现代化的迭代模型来取代瀑布模型。同时，中国科学院也提倡选用迭代模型。迭代主要包括产生产品发布(稳定、可执行的产品版本)的全部开发活动和使用该发布必需的所有其他外围元素。"敏捷过程模型"是指基于迭代开发的软件开发方法。敏捷方法将任务分解为较小的迭代，或者部分不直接涉及长期计划。在开发伊始就确定了项目范围和要求，事先明确定义了有关迭代次数、每次迭代的持续时间和范围的计划。近几年，敏捷开发模式开始在中国软件开发群体中使用，如腾讯等率先推广了敏捷开发模式。

信网真将每次迭代视为敏捷流程模型中的短时间"框架"，通常持续一到四个星期。将整个项目分成较小的部分，每次迭代都涉及一个团队，在整个软件开发生命周期中进行工作，包括计划、需求分析、设计、编码和测试，然后再向客户展示有效产品。信网真科技在采用迭代模型与敏捷模型相结合的模式后，取得了明显的成效。一是降低了在一个增量上的开支风险，因为如果开发者重复某个迭代，那么损失只是这一个开发有误的迭代的花费。二是降低了产品无法按照既定进度进入市场的风险，通过在开发早期就确定风险，可以尽早解决而不至于在开发后期匆忙应对。三是加快了整个开发工作的进度，因为开发者清楚问题的焦点所在，他们的工作会更有效率。四是由于用户的需求并不能在一开始就做出完全的界定，通常是在后续阶段中不断细化，而迭代与敏捷模式结合使适应需求的变化会更容易些，公司也因此通过市场开拓，深挖用户需求，实现敏捷研发和快速迭代创新，以保证产品技术与功能始终处于行业前列。

2.5　案例总结

研究发现，信网真公司提供基于DIKW体系的面向用户需求解决方案，构建以价值创造为导向的"数据＋算法＋算力＝服务"数据生产力赋能创新模式，结合"一司两制"的研发管理机制，以技术领先、服务创新在行业中具有先发优势而占据主导地位。

关于数字经济相关理论对实践的总结与解读。本文通过对信网真的"DIKW＋数据生产力"数据赋能创新模式的研究，分别对应数据、信息、知识及智慧的产品与服务设计进行案例分析，解读了公司解决方案的应用场景。同时，通过"数据＋算法＋算力＝服务"数据生产力模型的分析，展示了公司如何实现数据向生产力转化，最终为用户和企业自身创造价值的原理及过程。研究表明，DIKW和数据生产力模型对于实际运用具有指导性，也体现了信网真在大数据行业领域的先进性和创新性。

关于信网真以用户需求为导向的产品设计理念。信网真深谙政府、企业等用户需求，其大数据服务功能的设计建立在数据、信息、知识及智慧发展演变的DIKW理论基础之上，根据用户不同阶段、不同层次的需求，设计不同的产品及服务功能。在数据采集、数据标注、时序数据库管理、数据存储、商业智能处理、数据挖掘和分析、数据安全、数据交换等环节形成了完整的数据链服务体系；并将核心产品应用于需求旺盛的场景，主要有城市大脑、智慧文旅、智慧交通、智慧环保等新型智慧城市建设领域。

关于信网真以价值创造为终极目标的服务思想，公司通过"数据＋算法＋算力＝服务"模型将数据转化生产力，实现赋能创新模式。在数据层面，从信息生命周期理论视角理解数据的生命属性，以信息采集为起点构建大数据资源中心；在算法层面，结合企业架构理论为用户设计完整体系，借鉴"联邦学习模式"构建大数据基础平台；在算力层面，运用 DevOps 实现敏捷开发与高效交付，通过并行数据计算构建大数据智能分析平台。最终通过数据生产力转化服务，提供满足用户需求的智能决策运营体系和大数据可视化平台。

简言之，信网真科技依据数字经济发展规律与数字经济理论，从数字产业化入手，将先进技术转化为特色产品与服务；从产业数字化发力，为政府、企业的行业需求提供全面解决方案；以治理数字化为抓手，唤醒"沉睡"的数据，提高决策与治理水平；以数据价值化为目标，深度挖掘数据，帮助用户提高数据转化为生产力的水平，从而实现价值最大化。

案例点评

浙江信网真科技股份有限公司是一家基于大数据、云计算、信息安全、物联网、人工智能等技术，为政企客户提供 IT&DT 融合解决方案和新型智慧城市大数据综合服务的国家高新技术企业。公司位列"2019 年中国最具投资价值大数据企业百强榜"，对该公司的经营情况及数据赋能创新模式进行研究，具有相当的时代意义。

案例研究对象所从事的领域是新兴大数据产业，从历史沿革看，公司主要经历了开疆扩土，寻找企业立足点；另辟蹊径，深耕科技创新；明确定位，专注大数据领域三个重要阶段。每一次转型，都与数字技术创新迭代有密切联系，这也真实展示了互联网时代科技企业在创业成长过程中面临的技术性挑战和积极应对的实力。

由于大数据产业在技术性和应用性方面比较前沿，一般的经济理论模型不易挖掘其行业特性，本案例选用 DIKW 理论模型创新性地分析了信网真在数据、信息、知识及智慧发展演变的基础之上，如何根据用户不同阶段与维度的需求，设计出多层次服务模式。通过 DIKW 体系的分析，帮助人们更加具体深入地了解信网真如何将数据加工成信息，再升级为知识，最终成为智慧的实现过程，解决了用户"如何去使用数据"和"什么时候使用数据"的核心问题。

当今社会，数据已成为重要的生产要素。案例从数据生产力实现方式入手，通过将数据生产力的核心价值归结为"数据＋算法＋算力＝服务"，将信网真如何通过面向用户需求的产品设计思路和以价值创造为导向的数据生产力赋能创新模式，全面剖析其取得行业主导地位的成功经验，这对行业发展、学术研究等都起到重要借鉴作用。

因此，分析报告具有时代性强、技术性强、创新性强和借鉴性强等特点。本案例研究为公众揭示了部分数字经济发展规律与数字经济理论的实际应用，为我国未来数字产业发展指出了方向，特别是以"大数据"为抓手，促进社会各领域唤醒"沉睡"的数据，帮助用户将数据转化为生产力，提高决策与治理水平，为更快适应数字化变革，从而实现数据赋能价值最大化起到了重要推动作用。

点评人：杨敏(浙江机电职业技术学院教授)

案例三　冻品在线"快速、精准、低成本"的冷链运作模式①

冻品在线网络科技有限公司(下文简称为冻品在线)专注于冷冻食品供应链的 B2B 电商平台的建设。该公司采用移动互联网技术和创新商业模式,打造了"轻平台、短流程、快模式"的互联网创新平台,此外,结合大数据分析以及品牌厂家的供应链资源,建立了标准化食品、标准化配送、标准化数据的管理理念,最终形成了"快速、精准、低成本"三位一体的数字化冷链运作模式。

3.1 引　言

冻品在线成立于 2015 年,之后在短短四年内成为准"独角兽"企业,实现了快速扩张,并且在行业内形成了一定的影响力和口碑,这离不开"快速、精准、低成本"三位一体的冷链运作模式。

为了做到"快速",冻品在线分别在仓储布局、配送速度和团队方面进行了优化。首先,在仓储布局方面,布局了三类仓库以实现货物的快速调度;其次,在配送速度方面,自建了"易鲜冷链"以实现货物的快速转移;最后,在团队方面,培训专业团队,落实仓储配送及物流中间环节的精准操作,减少衔接环节的沟通成本,大幅提高团队作业效率。

为了做到"精准",冻品在线设置了安全库存以实现库存量的精准控制;客户可选择预达时段,以实现时间的精准控制;冻品在线建立了"易鲜冷链"自营物流,实施司机合伙人计划,利用当地人熟悉当地道路的特点,以实现地点的精准控制;冻品在线严格遵守冷链规范,实施各种技术手段,以实现温度的精准控制。

为了实现"低成本",冻品在线减少货物的种类,增加单一货物采购量,从而降低采购成本。由于减少了货物种类,因此仓储工作人员可以更好地进行管理,货物的错配率大大降低,损耗也随之下降。此外,冻品在线选择为小 B 端(中小餐馆、社区便利店和菜市场摊主等中小商家)服务,集小单成大单,大大降低配送人工成本、时间成本和设备成本。

---

① 该案例获得 2019 年浙江省大学生经济管理案例竞赛一等奖。作者:虞琪、张凤桂、沈文婷、宗凯、褚楚。指导教师:洪宇翔。

3.2 冻品在线公司介绍

3.2.1 冻品在线公司概况

冻品在线网络科技有限公司是一家专注于建立冷冻食品供应链的 B2B 电商平台的公司，主要从事冷藏、冷冻食品的运输批发以及提供标准化冷冻食品等业务，打造了全球冷冻食品数字化分销网络，自建最后一公里冷链配送体系，为我国冻品市场提供更加专业的服务。

目前公司获得国内顶级投资机构和投资人的共 5 轮投资。公司业务在以福州、厦门、南昌、宁波、莆田、温州、成都、重庆、杭州等十几个城市的基础上向全国市场快速扩张，拥有终端用户百万余人。

公司通过采用移动互联网技术和创新商业模式，依托用户终端的需求反馈建立了数据化模型，对冻品传统流通过程中产生的信息流、资金流、物流进行流程再造，提高流通效率，打造"轻平台、短流程、快模式"的互联网创新平台。公司创新性建立了速冻食材研究院，根据大数据和研究成果并整合品牌厂家的供应链资源，提高了专业能力，为传统批发商提供平台服务、供应链服务、金融服务等。

3.2.2 冻品在线发展历程

冻品在线以"搭建互联网平台让冻品流通更加有效率；数据驱动让品牌厂家生产更匹配，产能更优化；便捷下单、缩短层级，节约终端采购成本；品牌优选、全程冷链，让餐桌食品更安全；为冻品行业的信息化水平和食品安全而努力"为企业愿景。其主要发展历程如下。

2015 年 8 月 18 日，冻品在线正式在福州成立，定位为专注打造冻品行业的 B2B 供应链平台，锁定中小餐饮、社区便利店、社区菜市场等小 B 端客户为目标客群，为其提供冻品的订货平台。

2015 年 10 月 30 日，"冻品在线"App 正式上线，之后在福州市进行规模推广。App 用户量、订单出现大规模增长。同年 11 月，经过激烈竞争，在全国 3000 多个创业项目中脱颖而出，冻品在线入选了著名创投 IDG 旗下孵化机构创业邦 Bang Camp 第三期孵化营。

2016 年 7 月，冻品在线在厦门成立分公司，之后陆续在南昌、泉州、宁波成立分公司，开始拓展之路。同年 12 月，冻品在线获得福建互联网经济扶持全省第一名。

2017 年 5 月，冻品在线打造"易鲜冷链"，以优化仓储管理和运营，把配送单列出来并对客户开放。公司采取轻资产模式，整合冷库，提供冷链配送车辆，以实现标准化的服务质量和规模化的市场运作。

2017 年 6 月，冻品在线推出"掌上冻采"，推出城市合伙人计划。对传统经销商推出了 SaaS，输出冷链物流、信息流、资金流。帮助三、四线城市的传统经销商实现互联网的转型升级。同年 8 月，冻品在线注册用户超过 5 万。对客户而言，冻品在线对其整体采购渗透率平均已达 50%～60%。

2018 年 7 月，冻品在线推出了专门针对县级分销场景的互联网商城，主要是链接冻品厂家与县级批发商，帮助次终端、小批发商直接和冻品厂家形成交易。至此，冻品在线已经成了行业的骨干，打造了全国最大的冻品行业分销平台。同月，冻品在线获得 1.2 亿元 B轮融资，由创新工场领投，之后城市拓展更加迅速，2018 年公司年销售额达到 5 亿。

2019 年 8 月，冻品在线注册用户已超过 20 万。业务覆盖福州、厦门、泉州、杭州、宁波、温州、成都、重庆等近二十个城市，已成为冻品产业互联网的第一平台。

3.2.3 冻品在线取得的荣誉

2016 年 12 月 28—29 日，由中国电子商务协会主办的"第三届中国 B2B 电子商务大会"在上海举行。冻品在线荣获"中国 B2B 百强企业"及"最具潜力企业"两项大奖，获得福建互联网经济扶持全省第一名。

2017 年 7 月 15—16 日，第二届中国"互联网 + 快消品"高峰论坛在杭州举行。中国电子商务协会 B2B 行业颁发了"2017 上半年中国 B2B 百强企业榜"，冻品在线凭借在 2016年及 2017 年上半年的强劲表现，再次入选中国 B2B 百强企业榜，也是冻品 + 互联网垂直电商唯一上榜的平台。

2017 年 10 月 27 日，第二届中国 B2B 峰会在北京召开，冻品在线再次入选中国 B2B百强企业。

2017 年 12 月 28—29 日，冻品在线成功登上"2017 年中国 B2B 企业百强榜"。

2018 年 7 月，冻品在线获得 1.2 亿元 B 轮融资。公司成立至此已获 5 轮融资，包括蔡文胜旗下隆领资本、雷军旗下顺为资本连续 3 轮追加投资以及李开复旗下创新工场等顶级机构的战略投资。

2018 年 9 月 21 日，商务部网站对全国供应链创新与应用试点城市和企业评审结果进行公示，冻品在线榜上有名。

2018 年 10 月 22 日，由亿欧主办，口碑联合主办的"遇见新物种·2018 中国餐饮新零售领袖峰会"在北京召开，冻品在线凭借在餐饮供应链的突出贡献，进入中国餐饮新零售最佳服务商榜单，也是唯一一家冷冻食品供应链服务商。

2018 年 12 月 5—6 日，"创业邦 100 未来领袖"峰会在北京国家会议中心举行，冻品在线集团强势入围"2018 中国创新成长企业百强"。

2018 年 12 月 16 日，在北京举办的"2018 黑马社群大会暨企业服务产业独角兽峰会"中，冻品在线入选中国企业服务产业独角兽榜。

2018 年 12 月 20 日，在"第八届中国电子商务与物流企业家年会"上，冻品在线集团及其创始人由于对中国冻品供应链的创新贡献，分别获评 2018 年度中国物流供应链"极具投资价值企业奖"和"年度影响人物"。

2018 年 12 月 21—22 日，在中国产业互联网大会暨宁波产业发展论坛上，冻品在线凭借在互联网行业的杰出贡献，入选"2018 中国 B2B 行业百强榜"。这也是冻品在线连续三年入选此重量级榜单。

2019 年 3 月 20—22 日，2019 (第八届) 中国餐饮供应链峰会中，冻品在线凭借在餐饮供应链上的优质服务以及用心打造好食材的匠心精神，获得了组委会颁发的"中国优秀餐饮供应链服务商",冻品在线创始人林志勇荣获"2019 中国餐饮供应链创新人物"。

3.3 案例主体——冻品在线"快速、精准、低成本"的冷链运作模式探索

冻品在线短短几年取得如此大的成就,得益于冻品在线具有独特的"快速、精准、低成本"的冷链运作模式,这种模式使冻品在线完美地解决了成本大、投入高、管理难等问题,下面将以"快速、精准、低成本"为主线,逐一展开。

3.3.1 快速配送,提高客户满意度

对于冻品行业,节约成本的同时,在最短的时间内,以最快的速度将货物送到客户手中是至关重要的,这也是客户是否满意平台服务的基本衡量标准。为了能够将冻品尽快送到客户手中,提高客户满意度,冻品在线构建了仓配一体的运作模式,优化作业流程,且注重员工培训。首先,在仓储布局上,布局了三类仓库以实现货物的快速调度;其次,在配送速度上,自建"易鲜冷链"以实现货物的快速转移;最后,优化作业流程,落实仓储配送及物流中间环节,尽可能地缩短衔接环节的时间,大幅提高整体作业效率。

1. 布局三类仓库,货物调度快

目前,冻品在线已在厦门、福州、杭州、宁波、南昌、成都、重庆等二十多个城市(含自营和城市合伙人)建立分公司。传统的冻品营销方式是从厂商辗转各级经销商再到终端客户,这中间要经历四到五个流通层级,上下游产销分散、供需不匹配、信息化程度较低以及货物的调度慢,造成行业效率低下。为了解决慢速低效问题,冻品在线采取直营模式,通过布局直营仓库、统采仓库、云仓库实现业务全覆盖,大幅提升调度货物的速度,充分发挥仓储在物流中的支柱作用,如表 3-3-1 所示。

表 3-3-1 三类仓库配合调度表

仓库类型	调 度 情 况
直营仓库	直营仓库主要分布在福州、厦门、泉州、宁波、南昌等冻品在线直营业务覆盖的二线城市,是这些地方最主要的支点仓和调度仓,调度完成率高达 99.4%
统采仓库	统采总仓设在福州,其主要功能是整合上游厂家的冻品资源,再发往各城市的总仓中
云仓库	针对直营业务无法覆盖到的三、四线城市和县级区域,冻品在线通过和厂家合作在各地建立仓库,并通过云计算的信息系统整合资源,实现所有区域货物信息共享。从就近仓库取货配送,缺货时可灵活从其他仓库调拨,第一时间调货发货到需要的客户手中,调货申请单处理成功率高达 98.7%

直营仓库、统采仓库、云仓库相互配合,共同助力货物调度。一般情况下,在云仓库之间 1 个小时之内即可调货成功,若是从直营仓库调货需要 2 个小时。此外,冻品在线直接将冻品送到企业总仓或城市总仓,把从厂家到冷库的时间最短化。通常,将冻品送到企业总仓或者城市总仓的时间比目前行业内普遍需要的时间缩短了 40%。

冻品在线在全国建立了 9 大冷链仓配中心，拥有 792 条冷链干线，在目前业务涉及的地区总共有 18 个大型仓库、11 万平方米的仓储面积、135 个配送站点和自提点，覆盖 53 个区县，构建了强大的物流配送能力，全面提升了订单履约能力，保障了货品的调度。

正是因为有了完善的基础设施，冻品在线能够快速调配货物。当客户下单后，冻品在线第一时间处理订单，若出现缺货，能通过云端信息系统的分析，立刻从距离最近的其他有库存的仓库进行调配，最快 1～2 小时、最慢 4～5 小时可以完成调度，有效满足客户的需求。与其他冻品企业调度最少时间相比，冻品在线在速度方面具有突出优势。

2. 自建"易鲜冷链"，配送速度快

"易鲜冷链"是冻品在线在直营城市自建的物流子公司，通过整合冷库资源，帮助餐饮、新零售企业做好城市"最后一公里"冷链配送。该物流平台能够使顾客更快、更省力省时地拿到货物，是冻品在线冷链运输环节的核心。结合"干线"(即运输网中起骨干作用的线路运输，一般是跨省、区(市)的运输线(包括铁路线、航空线以及公路线等))以及"云仓"，将仓库布局至三、四线城市和县级区域，并通过云端计算的信息系统进行所有区域货物信息共享，冻品在线打造了"干线 + 云仓 + 最后一公里"城配冷链体系，这一体系缩短了平均配送距离，使配送效率大大提高。

"易鲜冷链"以标准化的操作模式进行仓储管理和运营，同时提供标准化的城市配送车辆，保证冻品能尽早送达客户。另外，依托后台程序对配送路径的优化，按照路线最短、耗时最短的原则进行规划，配送员只需按照指令作业，就能提供最快速的配送服务。

目前，"易鲜冷链"的业务分为次日达、当日达和极速达三种，客户在下单时，可根据需求选择次日达、当日达和极速达三种业务模式，其中当日达和极速达要按货物重量额外加价。客户可在付款界面上看到冻品在线对产品的预估到货时间，冻品在线承诺，若超出这个预估到货时间将对客户进行一定补偿。后台收到订单信息就开始调配车辆，特别是极速达，配送中心会安排特派车辆，一切"从速"，如图 3-3-1 所示。

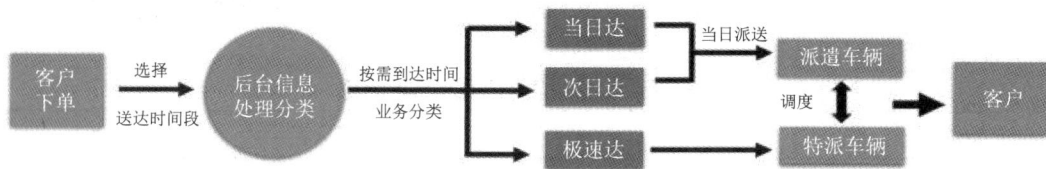

图 3-3-1 　三种业务模式的后台调度

次日达业务，即客户前一天下单，"易鲜冷链"就会在次日晚上 8 点前将快递全部送达，一般按照下单时间来安排配送时间。同时，配送时间也可以根据客户的不同需求作出相应调整。

当日达业务，即客户上午下单，"易鲜冷链"下午就能将货物送到客户手中，所需时间不超过 12 个小时。

极速达业务即客户下单后，"易鲜冷链"能在两小时内迅速完成配送。

3. 培训专业团队，作业流程快

为高效完成冷链物流中仓储配送和其他中间环节作业，冻品在线注重员工规范作业的能力，每月定期组织培训，按照入库、理货、出库到装卸搬运，再到配送的整个流程，打造了一支专业的仓储配送团队，借助系统化培训来优化调度过程的各个细节，以标准的服务质量和管理水平为客户服务，提升整体工作效率。

出入库方面，出入库依托的是高要求的仓库人员。冻品在线明确规定员工在出入库时要注意操作规范：使所有货物直线移动，避免出现反方向移动；所有货物移动距离尽可能短，动作尽可能减少；机器操作最大化、手工操作最小化；将某些特定的重复动作标准化；准备必要的辅助设备。冻品在线流程化的操作规范锻炼了员工熟练度，推动了整个作业过程的正确高效完成。

装卸搬运方面，装卸搬运活动是影响物流效率、决定物流技术经济效益的重要环节。看似简单的过程，但对冻品这样具有特殊温度要求的货物而言，装卸是一个争分夺秒的过程。对此，冻品在线打造专业团队，通过对配送人员的培训，对冻品的装车、卸车时间都严格控制在 5 分钟之内，这样不仅节省了冻品在装卸环节中的时间，也大大降低了由于长时间暴露在常温下对冻品的损害。根据数据显示，目前专业团队装满一冷链车冻品的时间最慢为 4 分 23 秒，最快则为 3 分 29 秒，且流程清晰，上错率只有 0.02%，而同行业竞争者若需装满同样重量的冻品普遍需要 5 分钟以上时间，上错率达 1.14%，对比如表 3-3-2 所示。

表 3-3-2　冻品在线与行业平均分拣、装卸水准对比

对　象	分拣时间	装　卸　时　间	上错率
冻品在线水准	一般 5 分钟完成	5 分钟以内，最快 3 分 29 秒，最慢 4 分 23 秒	0.02%
行业内平均水准	一般 8 分钟完成	5 分钟以上	1.14%

另外，冻品在线为了确保冻品能够尽快送达商家，对于冻品的装车也有要求：每个装配人员都严格遵循冻品在线制定的运输路线，按照先到商家的冻品后装车的要求来装车；货物的摆放顺序都有讲究，先送达的货物放在外侧，后送达的摆在内侧。这样可确保冻品在卸车的时候不用耽误过多的时间，这也是配送人员绩效考核的一项标准。

配送方面，冻品在线采取"司机合伙人"模式，物流子公司"易鲜冷链"招纳愿意与公司一同发展的优秀配送人员，打造一支专业的配送团队，且定期进行绩效考核。冻品在线不仅预先帮助司机购买配送车辆，还提供足够的货源保障。司机只需预付 3 万元，即可将 13 万元的冷链配送车直接带回家。冻品在线为其提供货源支持保障，司机在扣除按揭、油费等所有费用后，保证每个月净赚 6000～10 000 元。这样的回报让司机的积极性和服务态度有了本质提升，配送人员的装卸效率也有了质的飞跃。司机平均一天可配三趟货，一车包含十几单，装卸效率也从原来的平均用时五分钟以上到现在基本控制在五分钟内。

确定合作关系后，冻品在线会定期组织配送司机召开培训会。经过严格训练的配送员不仅驾驶技能过硬，还熟知一系列操作步骤。装车前调好温度，先降温，再把冻品装上车，按照事先规划好的运输路线进行运输，运输过程中，根据冻品的种类，严格控制温度，做到全程制冷，到店后据箱上标记对照订单卸货给货。各步骤环环相扣，熟能生巧，配送速度有保障。

冻品在线始终以高标准要求员工，要求围绕用户体验，做好服务。用户希望在冻品在线的平台实现"多、快、好、省"的服务。这其中的"快"就是平台体验快、配送快、及时送达；要求专业配送团队能够保证分拣 0 差错，装卸 0 差池，配送 0 延误。准确无误、

快速及时地将客户需求的产品送达，用心服务客户，用公司的"五星级"服务标准来严格要求自己。

3.3.2　精准管理，提升运营效率

冷链由于具有时效性、复杂性、高成本性等特点，对配送和仓储的要求颇高。因此，只有精准实施指令，从冻品入库到配送至客户的各个环节都把握到位，才能实现最优运营和交易，提高客户满意度，树立品牌信誉。冻品在线的精准特点主要体现在以下方面：设置安全库存量，库存量控制精准；可选预达时段，时间控制精准；建立"易鲜冷链"，地点控制精准；严守冷链规范，温度控制精准。

1. 设置安全库存，库存量控制精准

考虑到生产厂家生产系统和客户需求量的不确定性，冻品在线冷库管理人员经过内部系统科学设置安全库存量，一旦货物库存量低于安全库存量，便进入订货程序。冻品在线通过对其订单的有效管理，实现了仓库储备的货物总能维持在安全库存量之上，保证随时能够满足客户的需求。

客户在 App 上下订单，App 再将订单发往配销中心。冻品在线自有的仓库管理系统根据采购和调拨的各类单据，计算库存情况。每天，冷库管理人员都要把订货量与进货周期对照，一旦发现问题立刻进入紧急订货程序。虽然紧急订货不被鼓励，但一经确认，2小时后货品就会被送到指定的客户手中。

冻品在线决定的安全库存量是依托于对客户需求量变化和前期变化的预测。其安全库存量的设置和实现有四大要点：

(1) 通过对冻品在线业务覆盖的各区域历史订单分析，了解终端客户的需求，运用全程数据驱动解决方案，进而预测出各地对各种产品的需求，再借助系统预先设置的公式计算出需要设置的安全库存量；

(2) 让冻品货源的厂商提前知道公司的采购计划，以便他们能够尽早作出生产安排，降低供应商的不稳定性；

(3) 缩短冻品订货周期，以减少在该期间内发生意外的可能性；

(4) 实时地从冻品在线总仓运送至各地分仓，使各地的仓储量在安全库存量内波动最小化，避免出现冻品的浪费或者紧缺。经过几年来的探索和完善，冻品在线已经能把缺货率控制在 5%以下，服务能力和顾客需求的满足程度已处于相当高的水平。

冻品在线安全库存量的设置协调了采购和销售部门之间的库存控制不一致问题，降低了企业经营风险。不仅能防范突发性订货、交货期延长、需求不准确等问题，也在提高企业的产品满意度、增加客户的边际效益、缩短顾客的响应时间和提高企业的信誉等方面发挥着重要作用，精准安排合理库存，提高了冻品在线的行业竞争力。

2. 可选预达时段，时间控制精准

因为冷链产品具有附加值高和易腐性的特点，所以在城市冷链物流配送的时候，终端销售商对冷链产品的配送时间有严格的限制，否则将造成货物损耗的增加和配送企业成本的提高。冻品在线严格设置了配送时间窗，并有时间段供客户自选，以提供给客户更好的服务。

客户在冻品在线的客户端下单后，将看到一个预送达时间段，产品将在这个时间段内

精准地送至客户手中，否则客户将获得一定程度的补偿。冻品在线的仓库分拣人训练有素，操作熟练，责任到人，规定时间点打单，确保司机按时、准时发货。

冻品在线的客户拥有"约时配送"的权利，约时配送是客户与企业商议到货时间，企业按约定时间配送的送货方式。下单时在配送界面，客户可根据自己期望的到货时间，选择合适的时间段，一天内可供选择的时间段有 9:00—11:00、11:00—13:00、13:00—15:00、15:00—17:00。接收到订单信息后，在客户选择的时间区间内，系统提前预估配送所需时间，再利用路程时间倒推，安排人员进行出库、分拣和装车，使最后送达客户的时间准确率可接近 100%。对于一般的无特殊要求的客户，当天 18 点之前下单并付款，次日上午配送；当天 18 点之后下单并付款，次日下午配送；上午配上午达，下午配下午达，平台保障大多数上午 10 点半前或下午 4 点半前配送到位，以保证午餐和晚餐食材供应的及时性。不及时的现象如果发生，客户可向平台索赔。"易鲜冷链"致力于建立行业最强的冷链物流平台，打造最强的订单履约能力，给客户最好的服务体验。

3. 建立易鲜冷链，地点控制精准

在冷链配送中，将冻品准确送达目的地，完成与客户的交付是最基本的要求。冻品在线依靠自己的配送公司——易鲜冷链，保持着极高的地点配送准确率。首先，易鲜冷链依靠电子地图，根据当地的地理信息，将物流范围划分为若干个区域，各配送车辆有其主要的管理区域，可以增加配送的熟悉度。而且为防意外状况的发生，冷链车的当前路线与运力情况也会实时反馈到配送中心以便作出适时的调整。

对易鲜冷链而言，因为冷链车由司机合伙人出资购买，所以可以减少易鲜冷链对于配送车辆的投入成本，而且由于司机合伙人是当地的居民，对当地的情况非常熟悉，因此能够为冻品准确送到指定目的地提供保障。

冻品在线接到订单之后便能够在最短的时间内完成装货，通过系统后台规划最优路线。路线规划以效益最高为目标进行选择，即计算时以利润的数值最大为目标值。目标选择遵循以下几点：① 以成本最低为目标；② 以路程最短为目标；③ 以吨公里最小为目标；④ 以准确性最高为目标(是配送中心重要的服务指标)；⑤ 以运力利用最合理、劳动消耗最低为目标。

在优化完行驶的路线后，配送中心会根据获取的数据进行调度计算，将需求相似且路线相近的客户的产品放在同一辆冻品运送车上，深化客户需求的管理。

确定所述订单的冷链车和物流路线，后台核对货品与地点信息，保证每一单精准送达。当用户收货时发现少件、发错件，可以当场向送货司机核实，并提出全单拒签，或者签收部分商品后，申请退换货服务。

不管是依托自建的冷链物流公司——易鲜冷链，还是由厂家外包配送或自行配送，冻品在线的配送准确率都能保证在 99.6%以上，其中 0.4%的不准确率含商品库存缺失率、运输破损率、配货错误率等。用户遇到配送失误的问题，联系客服可得到完善解决，如索赔或可直接退款。

4. 严守冷链规范，温度控制精准

冷链物流与普货物流最大的区别在于对全程温控的高需求上，这也是一直以来冷链物流最大的难点。冷冻冷藏食品在生产加工过程、运输(包括食品原料采集)各环节由于环境

变换，交接需要，温度会有起伏波动，需要统一规范操作。目前国内冷链运输温度监控产品的最大问题是存在数据造假情况，这是由于司机为降低成本不时关掉冷机。而冻品在线高度重视冻品冷链的温控本质，采用了一系列技术手段来保障温度的精准控制，比如利用温控可视化系统等技术精准把控温度区间，注重食品质量安全，保障冻品不腐坏、不受污染，又考虑了运输成本。

下面是冻品在线遵循的食品冷链管理中的温度控制范围：① 运输过程温度的回升限度为 -15℃，并要求尽快降至 -18℃；② 冷链车装载货物前，车厢内温度应预冷到 -10℃以下；③ 冷库应建有 -15℃以下的封闭式站台；④ 冷库昼夜温度波动不超过 ±1℃；⑤ 冷冻食品温度超过 -12℃，拒收；⑥ 冷冻陈列柜上货后要保持 -15℃以下，短时间温度回升不得高于 -12℃。

此外，冻品在线提供的是全程冷链服务，若冻品送达出现化冻等情况，在客户与司机确认后，可以进行免费的退换货服务。

冻品在线安排工作人员每天定时检查冻库温度，杜绝由于故障和纰漏出现的温度上升影响冻品质量状态的情况。冻品在线提供符合标准的冷链车，使用温控可视化系统，植入测温电子标签。从包裹入仓、分拣，到分发运输至前置仓，最后配送至客户手中，包裹全程的温度是可以监控并查询的，冷链车温度控制在 -22～-18℃，全力保障冻品处于低温环境。在温度的精准控制上，冻品在线可以达到表 3-3-3 标准。

表 3-3-3　部分冻品温控标准一览

货物种类	货物品名	感 官 质 量	装载时货温	运输工具保持的温度
猪肉	冻猪肉片	肉质紧密、坚实。肌肉有光泽，红色或稍暗，脂肪洁白色或呈乳白色。无霉点，具有冻猪肉正常气味，无异味，外表及切面湿润，不粘手	-18℃以下	-15℃以下
牛肉	冻牛肉带骨肉	肌肉有光泽，红色或稍暗。脂肪洁白或微黄色。肉质紧密、坚实。外表微干或有风干膜或外表湿润不粘手。解冻后指压凹陷恢复较慢，具有牛肉独有的气味，无臭味	-18℃以下	-15℃以下
冻鱼	冻鲅鱼、鲳鱼、乌鲳鱼、大黄鱼、黄花鱼、带鱼、青鱼、草鱼、鲢鱼、鳊鱼等	冻块块形清洁完整，冰衣均匀，鱼体排列整齐、无冰雪，单冻鱼平直、完整。透过冰衣检验鱼体色泽正常，无氧气、风干现象，气体正常，鱼眼清晰明亮。内外包装清洁卫生、完整坚固，适应长途运输	-18℃以下	-15℃以下
禽肉	冻禽肉、禽副产品	表皮和肌肉切面有光泽，具有禽种固有的色泽。肌肉经指压凹陷部位恢复慢，不能完全恢复原状。具有禽种固有的气味，无异味	-18℃以下	-15℃以下

3.3.3　低成本运营，强化企业竞争力

冻品在线为了降低成本，做了以下几个方面的努力：其一，冻品在线打造爆品，减少

了冻品的种类，这样对于单品的采购量就会上升，从而降低采购成本；其二，冻品在线通过品牌商及其冻品，优化冻品种类，仓储工作人员可以更好地进行管理，使得冷冻产品的错配率降低，冻品损耗的成本也随之下降；其三，冻品在线选择为小 B 端服务，小 B 端客户相对于 C 端消费者来说具有需求量大的特点，能够降低配送时间成本、设备成本。

1. 打造爆品，降低采购成本

2016 年 1 月，冻品在线在基于百万终端的需求及交易数据的基础上成立了冷冻食材研究院。冷冻食材研究院是冻品在线进行食材定制、菜谱研发，并根据行情研究来打造爆品的研发机构。在种类繁多的冻品行业市场，冻品在线打造爆品将有利于减少冻品种类，进而提升对冷冻产品单品的采购量，随之降低采购成本。

爆品是一个极致的单品，销量大，大众接受度高，因此爆品反对个性化。因为个性化面对的是单独个体，难以形成规模效应。爆品需要标准化。对于冻品在线来说，打造爆品可以精简供应的品类，而且精简过后的冻品，选择的都是大众接受度高的冻品，保证了冻品的销量。目前，冻品在线在自建的冷冻食材研究院里推动中餐标准化，做成半成品菜谱。冻品在线根据不同经营范围的客户有不同的食材需求，不同地区的消费者有不同的口味需求来进行菜谱研发。客户购买后直接加热就可以上桌，这样就节约了烧菜的时间，同时也减少了厨师的工作量。冻品在线在菜谱研发方面已经衍生出了自有品牌——标餐工坊和鲜厨当道。

冻品在线根据市场需求研发出菜肴样品后，首先会进行试推，观察市场反应情况，如果效果好才让工厂大量生产，打造爆品，保证需求。举例来说，冻品在线通过交易数据发现，同样是排骨粒，中式快餐做糖醋排骨的食材和炖罐店的排骨炖罐的食材对于排骨粒的规格、含肉量、肥瘦比、切法等标准要求是不同的。根据这些，冻品在线制定了标准的产品，从而提高产品附加值，这样便满足了不同小 B 端客户对不同类型产品的需求。标餐工坊的排骨粒产品在推出后大受欢迎。除此之外，当今我国快节奏生活越来越依赖便利化，对厨房食品与速冻食品的开发，生产各式各样的套餐、特产、包装菜肴，是食品行业的新趋势。

冻品在线根据交易数据打造爆品，既满足了客户需求，又因为爆品的产生，更多客户选择购买爆品，冻品在线便采购相关的爆品种类，而不去涉及其他更多的冻品种类。在没有打造爆品之前，冻品在线为了满足用户需求，各种各样的冻品都需要采购一定的量储存在仓库里，然而这些冻品不能保证能够销售出去。打造爆品之后，冻品在线专注于采购某些种类的冻品，同时因客户对爆品的需求量大，因此此类冻品基本不存在滞销问题，采购成本明显降低。表 3-3-4 是冻品在线根据打造爆品前后形成的采购成本对比。

表 3-3-4　冻品在线打造爆品前后形成的采购成本对比

类　别	打造爆品前	打造爆品后
采购种类数/种	60	20
平均单品采购单价/(元/kg)	80	80
平均单品采购量/kg	100	200
采购成本/元	480 000	320 000

由此可见，冻品在线打造爆品后大大减少了采购的冻品种类，同时增加了单品的采购量，冷冻产品的采购成本明显降低。

2. 优化品类，降低仓储成本

冻品在线通过减少冻品的种类，促使仓储管理有序，错配率减小，冻品的损耗成本降低，仓储成本因此降低。

优化冻品种类，即在满足用户需求的基础上，减少采购的冻品种类数。冻品在线根据其 B2B 直营业务和 SaaS 城市合伙人业务沉淀的大量客户数据和消费数据，预测市场的需求趋势，满足客户选择需求，据此优化冷冻产品品类，调整产品结构和数量。举例来说，冻品在线根据交易信息统计出有 1 万多家麻辣烫店的订单，于是统计出麻辣烫商户购买量最多的产品，对此类产品增加它的采购量，而对于客户消费少甚至不消费的冻品种类便删减。

冻品在线根据大数据分析，品类优化后，工作人员对于产品的了解程度也会更加深入，对冻品的管理更加方便。

其一，仓内管理。冻品在线要求工作人员在冷链仓库加强对仓内商品的日常管理，每天定时查看仓库温度、抽查在库商品状态、核对商品保质期等。以 3 个月保质期的进口北极甜虾为例，收货时剩余保质期必须大于 45 天，少于 1 个月则视为库存风险产品，冻品在线会及时跟踪处理，减少冻品的损耗。

其二，分拣处理。冻品在线在第一时间接到订单信息后，便立即安排最近仓库的工作人员进行分拣处理。在分拣过程中，工作人员需要按照订单要求按种类装包配送，若冻品种类繁多，则容易出现种类装包错误的问题，增加损耗成本。而减少冻品种类，优化冻品种类，能使工作人员的错配率下降。表 3-3-5 是冻品行业内统计的冻品品种数与错配率的相关数据。

表 3-3-5   冻品行业内统计的冻品品种数与错配率

品种数	耗时/min	平均单品时间/s	错配率/%
20	16	48	0.2
36	28	47	0.8
60	80	80	1.3

由表 3-3-5 可见，一个品种的拣货时间平均需要一分钟，且挑选的时间越长，出错率越高，导致冻品的经济损失。而减少冻品种类，优选冻品品种，可以方便仓储管理，降低错配率，减少损耗，进而降低仓储成本。

3. 服务小 B 端，降低配送成本

据统计，中国餐饮营业额市场规模达 3 万亿元，餐饮行业食材市场容量达 1 万亿元以上，其中速冻食材占比 30% 左右，市场容量超过 3000 亿元。速冻猪、牛、羊、鸡等肉类占比 45% 左右，速冻海鲜占比 15% 左右，速冻米面占比 20% 左右，速冻火锅丸子烧烤类占比 10%，速冻蔬菜占比 5%，其他 5%。这是一个非常大的市场，如何寻找一个合适的切入口，经过反复思考与摸索，最终冻品在线项目团队决定，选择服务小 B 端客户，进入这个拥有数千亿容量的大市场。

冻品在线选择从小 B 端进入冻品市场，有以下两个原因：

其一，小 B 端需求量大，使得平均配送成本降低。按照市场人员前期的调研，一般中等规模城市中，小餐饮终端、菜市场摊位、烧烤店、麻辣烫等终端客户约有 2～3 万家，像

北京这样的超大城市则有 10 万家左右，数量多，且这些小 B 端客户显著大于 C 端客户的需求量。C 端客户主要以家庭人群为冷冻产品购买者，同样数量的冻品产品，若挨家挨户将冻品送达 C 端客户则需要多达几十家，而送达小 B 端客户只需要几家即可，且送达 C 端客户，配送的车辆需要增加，时间成本也会增加，而送达小 B 端用户则能够将配送成本降低，同时需求量大，平均分摊的配送成本就更少。

其二，"集小单成大单"的模式降低了时间成本。面对小 B 端客户，冻品在线采用"集小单成大单"的方式，即冻品在线根据平台上聚集的大量同类型客户的需求，平台向上游厂家进行集中采购，再通过每个城市自建的中央仓储和配送团队进行配送。如果采用的是一订单一配送的方式，则配送的成本较高。冻品在线把地点相近的多个订单进行整合，通过同一车辆统一配送，即一辆冷链车单次配送多个订单。目前，对于冻品在线来说，一辆冷链车的单次配送客户数量为 10～15 户，这样做既能够达到量的要求，也能够降低时间成本，从而大大降低了冻品的配送成本。

为了更好地服务小 B 端客户，冻品在线制定配送服务准则。以节假日配送为例，一般的冻品快递会放假，但考虑到餐饮行业高峰期，冻品在线保持节假日照常为小 B 端客户配送，此做法的合理性在于：保持节假日配送既不会丢失传统节假日的订单，也紧密切合小 B 端客户需求；为小 B 端客户配送的难度相对 C 端配送的较小，而且增加节假日配送所需的边际成本很低，使得本身配送成本较低。

冻品在线的配送服务准则，既让客户得到更好的服务体验，也让企业在保持低成本的前提下，形成了配送的核心竞争力，从而吸引更多客户。

3.4 冻品在线运营模式分析

在冷链领域，冻品在线通过不断探索、实践，并结合当前冷链市场规模持续扩大的现状进行反复修改、调整，总结出了既充分考虑冷链特点，又保障自身运行需要的三大体系——网络布局体系、品类优选体系、标准化体系，如图 3-4-1 所示。在公司成立之初，应该考虑如何建网的问题(网络布局体系)，在网络建好之后，就要考虑用什么方式满足自己目标客户的需求(品类优选体系)，最后，公司应该用标准化的战略去更好地落实自己的策略(标准化体系)。冻品在线用这三大体系作为保障，成功出线，并稳坐冻品行业龙头位置。我们将对冻品在线在冷链方面的具体做法进行总结，解读冻品在线是如何运用三大体系提升自己的竞争力的。

图 3-4-1 冻品在线三大体系的关系

3.4.1 网络布局体系

网络布局是冷链运行的关键。在网络布局体系中，首先，公司精准定位用户，了解用户特点和需求，据此来建设自己的网络，优化自己的战略布局。其次，公司搭建网络时设定了自己的网络层数、深度和宽度；最后，公司要对网络中的各个节点进行精确控制。如此，一个完善的网络布局体系便构成了。

1. 明确受众群体，优化网络结构

随着我国经济市场化程度的不断加深及买方需求的多样化趋势，构成产业链的元素进一步分裂。为满足消费者日益细化的需求而衍生出许多细分行业使单元产业的价值链条愈来愈长，通吃产业链的产品已经成为过去式，针对目标客户群体的需求制定发展战略方可打造企业的核心竞争力。

冷链行业也不例外，只有明确了受众群体，才能深度分析他们的需求，才可做到快速与精准的配送，明确了受众群体之后才能明确发展战略，提高冷链整体的工作效率。

对于冷链行业来说，客户主要分为三类，单个消费者、大型商户和小商户(如农贸市场、超市、小摊户等)。大型商户一般有固定的供应商，要打破其固定的供应链体系实为困难，而单个消费者群体零散、数量大，冷链是一个对配送精准性要求很高的行业，若配送到单个消费者手中则成本大幅度增加。而对于中小餐馆来说，食材采购是一个高频高额的刚性需求，商家几乎每天都要采购，复购率高，黏性强，流水大。商家采购由经理或厨师长进行，私人化采购导致食材无法溯源，价格经常波动，采购流程不规范，"吃回扣"现象普遍存在。同时小商家缺乏研发能力，运输、供应链管理也几乎没有，溢价能力非常差。如果能服务好这些小 B 端的客户，那将是一个巨大的市场。

2. 进行渠道规划，深化网络空间

渠道布局是指渠道的规划，具体是指产品或服务销售到什么地方，或销售给谁，明确选择客户的标准，并按照事先计划找到标准客户的过程。渠道布局的内容有：渠道分配的范围；在一定范围内分布的渠道数；选择一定范围内的渠道质量以及选择有价值的渠道。

从竞争对手来看，目前我国一线城市已有美菜、有菜、链农等企业(美菜是专注为全国近千万家餐厅提供全品种、全程无忧的餐饮食材采购服务的中国餐饮供应链杰出服务商；有菜是饿了么根据外卖平台数据推出的致力于绿色新鲜蔬菜生鲜水果本地配送，为中小型餐厅提供食材的食材供应平台；链农是为中小餐饮商家提供一站式、全品种且更低价食材采购的服务商)。他们一直在一线城市发展，有稳定的客户来源。冻品在线从二、三线城市入手，精耕细作，既可以避开行业竞争，又能将冻品普及到尚未发展的城市市场。推动行业效率与服务、品牌与品质、特色与规范的协同发展。

从开发成本来看，相对于一线城市，二、三线城市数量多且开发成本较低。在国内，一线城市的数量远不及二、三线城市的数量。因一线城市资源相对于二三线城市资源更为丰富，更多的创业公司愿意选择从北、上、广、深发展，竞争者越来越多，资源却有限，再加上地租和开支，导致在一线城市开发的成本十分高昂。冻品在线选择从二线城市入手，开发成本较低，同时二、三线城市数量多，可以更好地进行全国市场布局，将市场网络铺设大。

在下沉二、三线城市的过程中，冻品在线推出三大订单 App，从长期来看，这将有利于冻品在线业务遍布二、三线城市到四五线区域乃至县域市场。三大订单 App 将服务从省会城市洞穿县级区域市场，建立冻品行业全链路数字化网络。冻品在线 App 重点覆盖一、二线城市的自营业务，主要为餐厅、零售商等小 B 端客户提供快速便捷的冷冻食品配送服

务。掌上冻采 App 是冻品在线针对传统经销商输出的 SaaS 系统，旨在帮助三、四线城市的传统贸易商实现互联网的转型升级。冻采网 App 提供订单平台服务和云仓＋县级冷链班车的增值服务，从而链接县级小批发商、次终端商家直接交易。

3. 优化网络节点，强化精确控制

网络布局是冷链关键的环节。目前，一些冷链企业和第三方物流企业都已经建立起自己的冷链物流网络，但是有些尚不合理，存在较大的经济损失及资源浪费，由此可见，冷链企业和各网络节点之间的利益共享、合作共赢机制非常重要。

冷链物流网络是一个由点和线连接形成的相互作用的网络，各要素之间运作是否高效顺畅以及各要素之间能否高度协调会影响到整个冷链物流效率。在正常情况下，冷链物流网络是可以由冷链企业自建的，但是成本太高，且会限制企业扩大网络的速度。而"合伙人"是实现忠诚、提高工作效率和扩大规模的有效体系，合伙人可以共享企业经营所得，并对经营亏损共同承担责任，简单地说，就是一荣俱荣，一损俱损。此外，虽然冷链运输在干线以及一线城市中已经做得非常好，但要想把产品运到三、四线城市还是存在困难的，而当地的商户对当地市场的把控更为精准，和当地商户合伙，可以达到快速扩大规模的目的。

冻品在线正是通过"合伙人"的模式来搭建这个网络的。冻品在线采用"城市合伙人"模式，选择一个地区较大的冷链企业经销商作为城市合伙人，为城市合伙人提供优质的货源与干线运输，合伙人运用其在当地的资源，缩短冷链干线无法到达的距离，保证产品在脱冷的时间范围内就可以送达客户手中，更好更快地将冻品在线的产品销售出去，实现双方共赢。冻品在线目前的冷链业务在一线城市已经较为规范，但在二、三线城市却还是问题不少，因此公司深度赋能合伙人，让产品更好地下沉到二、三线城市，保持终端节点和总体战略相一致。

城市合伙人在承接冻品在线在当地的仓储、配送、支线运输或者省内落地配送业务的同时，联合当地开展市场拓展业务。在冻品在线的高标准下，被选中成为城市合伙人的企业需要具有出众的能力。当然，冻品在线也对合伙人进行了充分的赋能。根据计划，冻品在线将为合伙人提供"冻品在线云冷链"独家品牌授权，与企业联合招商、共享商流以及覆盖全国的仓、运、配等服务产品和资源；来自全国九大区域的冻品在线冷链销售队伍带来的独家货量支持与大客户协助开发；先进信息系统与管理系统输出，为合伙人输出标准运营操作规范及结算体系；提供运费保理、融资租赁等金融服务；共享车辆后市场、物资集采、维修外包等服务资源。

除此之外，冻品在线对其城市合伙人有独特的收费模式，它对第一批合作伙伴采用第一年免费合作的模式打开市场。第二年起，正常收费，但冻品在线会根据合伙人前一年合作的营业额、活跃客户数作为考评标准(以达成目标为基准)进行相应的金额奖励，正常情况下奖励金额会超过收费标准。

冻品在线的城市合伙人计划称得上是"取之于社会，用之于社会"。不但能够通过聚集社会化运力资源，推动冻品在线冷链网络化与一体化的服务能力在较短时间内快速形成，还可以搭建形成一张价值共创的社会化冷链协同网络，提高冷链流通效率，助力冷链网络的纵深布局，推动冷链行业向网络化、规模化的方向大步迈进。

3.4.2 品类优选体系

在网络建成后，企业就该考虑如何增加企业效益了。冻品在线聚焦于企业效益的品类优选体系并通过三个方面措施增加企业效益。首先，通过推动规模化，实现企业规模效益最大化；然后，优化品类体系，在保证质量的同时制定企业最优产品种类数量，有效控制成本；最后，利用数据深挖客户需求，提高企业核心竞争力，如图 3-4-2 所示。

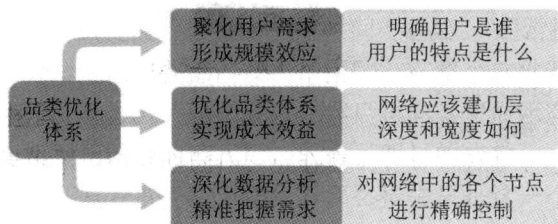

图 3-4-2   冻品在线品类优化体系

1. 聚化用户需求，形成规模效应

在经济学上，规模经济指的是企业生产到一定规模的时候，其生产成本随着产量增加而减少的特征。规模化能带来高效率、低成本、优质服务，因此，企业的发展应尽可能地推动规模化，做到规模效益最大化。冻品在线建立的网络布局体系已经拥有了实现规模化所需的枢纽，所以要想实现规模经济，要点在于做到生产要素的集约。生产要素的集约是指以企业效益(包括社会效益和经济效益)为根本对生产诸要素进行整合或重组，实现以最小的成本获得最大的回报。冻品在线采用"集小单成大单"的方式，整合订单规模化订制，通过商品流通的规模经济节约商品流通费用，有效控制成本。

冻品在线的客户主要是以中小餐饮、社区便利店、社区菜市场为代表的小 B 端客户，数量众多、分布分散、单次订货量少是小 B 端客户的重要特点。因此，在采购方面，冻品在线采用了"集小单成大单"的方式，整合订单进行集中采购，有效降低了价格。另外，在配送过程中，对于这种类型的客户和订单，若采用一订单一配送的方式，则所消耗的成本是非常巨大的，冻品在线把地点相近的多个订单进行整合，再通过同一车辆统一配送，即一辆冷链车单次配送多个订单。对于冻品在线来说，一辆冷链车的单次配送客户数量为 10～15 户。这种规模化的运输方式，大大减少了冻品的运输成本，由于单次运输的成本是有限的，单次整合的订单数越多，单个订单分摊到的运输成本就会越小，通过规模化方式节约的成本，对于成本巨大的冷链企业来说具有重大意义。

2. 优化品类体系，实现成本效益

品类优选主要是选择或提供能够满足企业当前目标客户群需求的产品种类数量，以及保证产品的质量，同时兼顾企业自身的利益。一般来说，品类优选是在数量和质量上对产品进行选择。企业要综合考虑客户需求、各产品成本、市场状况等要素，结合企业自身的发展战略和实际状况设定品类体系。对消费者来说，企业提供的产品越多，他们的选择余地就越多；企业提供的产品质量越好，他们也就越愿意在该企业消费。对于企业来说，提供多样化的种类能给予消费者选择余地，但同时也可能会增加管理难度和成本。

冻品在线在品类体系的设定上选择的是减少种类、甄选品牌商的方式。考虑到冻品在线的客户是中小餐饮、社区便利店、社区菜市场等小 B 端群体，而最终的消费者则是普通的老百姓，这决定了他们需要的食材一般是比较大众化、价格亲民的冻品。在冻品品类的选择上，冻品在线提供的冻品在禽肉类产品、畜肉类产品、海鲜水产、调理产品、米面产品这五大种类都有涉及。但在具体的冻品选择上，冻品在线则选择了鸡肉、牛肉、羊肉、猪肉、鸭肉、生虾、螃蟹、火锅料理、包子水饺汤圆这些需求量大、价格又适宜且常常出现在一般家庭餐桌上的冻品，能够满足 80%的客户需求。在冻品品牌的选择上，冻品在线选择和双丰、长润、众客、安井、思念、早丰等品牌商合作，做到每种产品都有少数几个品牌商供应，在保证品类冻品持续有货的状态下又给予了客户选择余地。

再者，冻品种类的减小能提高货物流通分发速度，这主要体现在仓库的分拣作业中和装卸货的过程中，冻品的种类减小大大减少了工人转移冻品所需要的时间。

企业要想获得长期发展，仅仅通过设定品类体系还不够，大数据时代，数据渗透在各行各领域，企业需要利用以往的消费数据和客户数据等信息深挖客户需求，把握机会，打开新的盈利口，提高企业的核心竞争力。

3.4.3 标准化体系

标准化是对产品、规格、测试手段等在一定范围内作出的统一规定。标准化管理是控制成本的有效手段，对冷链行业来说可以达到节约资源、降低成本、提高质量和信息化管理水平、加强各项工作有效性的目的。完成了全面的网络布局与合理的品类优化，冻品在线在发展过程中又总结出一系列标准化体系。首先，食材标准化是冻品在线作为冻品冷链企业的核心，追求安全和放心；其次，配送标准化通过统一规则和措施手段，更好地实现冷链物流的中心业务，重视成本和时间；最后，数据标准化确保统一的数据标准和数据接口，互联互通确保运行时信息不出错，挖掘数据潜力，强化高效和精准。

1. 食材标准化，追求安全和放心

食材标准化是对食材的类型、性能、规格、质量、所用原材料、加工设备和检验方法等规定统一标准，并使之贯彻实施的过程。食品质量和安全标准非常重要，消费者的安全是食品供应链的首要问题。食品工业中的质量概念强调三个因素：产品与预期的一致性、安全性、消费者的期望和满意度。一般来说，消费者最关注的是产品与预期的一致性和安全性，而他们的期望涉及许多不同的因素，如价格、口味。在满足产品与预期的一致性和安全性的同时，食材标准化可以从以下几点节约成本。首先，从制作过程来说，其原材料可以统一采购配送，利用中央厨房或工厂进行复合调味、半成品菜肴的生产，将制作过程流程化，降低人为原因导致的菜品报废、食材浪费风险；其次，从人工成本来讲，标准化半成品到达厨房后，只需简单加热，可以减少一半用工；解决找大厨难、用大厨工资高的问题；另外，从产品开发的角度来看，标准化可以凭借公司总部的技术力量来实现，不必每个工厂都配备高报酬、高水准的队伍，可以大大节约生产成本。

对餐饮行业来说，他们面临食品原料成本上升、劳动力成本提升、成本难控等压力，对生产厂家来说，降低成本非常必要，但难以采集标准化的参考数据来推动标准化生产。针对以上难点，冻品在线推出自有品牌标餐工坊，以保证稳定的食材分量、大小、软硬、

比例、厚薄。标餐工坊的口号是"5S 标准冻品，让餐饮更省"，还将其转化为专属视觉符号，创意融入代表餐饮的"餐盘"符号、代表冷冻的"雪花"符号以及代表荣誉品质的"勋章"符号，直接凸显标餐工坊冻品食材的"标准"特质及品质。"5S"分别对应为安全，全程管控；品质，多重保障；营养，科学配比；烹制，标准烹制；切割，精细切割。安全方面，对原材料按规范严格检验，加工过程中时刻保持加工车间的干净整洁和食材卫生。品质方面，标餐工坊遵循自己的检验标准，如通过肉质品相，甄选优质的猪牛羊鸡鸭肉类。营养方面，如预制菜白葱干烧仔骨，肥瘦科学配比，使蛋白质和脂肪含量协调有助健康。烹制和切割方面，对同类食品进行统一预处理，确保产品与预期的一致性，如牛肉的腌制采用规定的放料配比和腌制时间，以保证同类产品具有相同的口味，能做出味道统一的菜品，借助精准称重工具，牛肉准确分割成每份 100 g、200 g 等标准重量。5S 标准不仅满足小 B 端客户对产品与预期的一致性和安全性的需求，还有助于冻品在线借规范流程降低生产成本，更好树立自己的品牌和信誉。

2. 配送标准化，重视成本和时间

标准化配送是指尽可能多地采用模块化产品配送策略，尽量减少因品种多变而导致配送成本提高的问题，以便高效率地保证服务质量，满足顾客已有和潜在的需求，降低变动费用，从而降低成本。随着专业市场的发展与消费者需求的不断变化，冷链配送的需求细化程度不断加深，运营操作的规范性日益加强，标准化体系构建的重要性也日益凸显。

随着激烈的市场竞争，冷链企业利润空间越来越小。很多企业都希望通过高效的物流管理来提高整个冷链运行效率，通过结合企业自身的经营环境、经营特点来决定适合本企业发展的物流运作模式，以便更好地适合自己的物流模式。冷链企业的物流模式主要有自营物流模式、第三方物流模式和物流联盟模式三种方式。

冻品在线采用的是自营物流和第三方物流结合的模式。对大部分冻品而言，冻品在线负责配送服务的是自营冷链物流公司——易鲜冷链。建立科学规范的冷链配送标准化体系，应从基础运作入手，冻品在线狠抓配送规则的制定，落实统一的措施手段，重点关注配送过程中温控环境的保持，不断完善制冷装备、制冷相关技术，提高运营管理水平。

配送规则为标准化提供基本依据，主要涵盖设施要求和配送原则，冻品在线在配送过程中严格恪守行业标准与规范。在配送设施方面，冻品在线配套统一采购的冷链车，装有制冷机组的制冷装置和聚氨酯隔热箱，保证密封性、隔热性，车厢内部平均温度为低于或等于 −20℃。在配送原则方面，建立选择配送最佳方案、最佳路线、回单管理及查询管理的体系。根据配送计划，对配送的冻品进行组配、送货等，按时送达指定地点，配送运输过程升温变质及超过保质期的冻品不应送到客户手中。

配送中统一的措施手段使标准化落到实处。对易鲜冷链的配送全过程，后台有实时监控的冷链跟踪技术，实时监控冷链车行车和车厢温度情况，降低了配送过程中的风险和出错概率，提升了服务体验，因此有效降低了成本。冻品在线通过自营配送为客户带去更及时的服务，培训"司机合伙人"作为配送主力军。配送步骤要遵守以下标准环节：

(1) 装货前核对清点货物，装车后再清点一次，检查是否有遗漏。

(2) 货物装好后，检查车辆性能状况，切记确保车厢温度降至 −18℃下。

(3) 发车前检查发货单上的收货人与地址是否相符，检查准确后方可出发，避免误送。

(4) 根据后台规划的最优路线行驶，以免走错路线，浪费能源，并定时检查车厢温度。

(5) 货物送达目的地后需要签收，填写货运单时，要认真核对发往地点、客户名称、电话号码、货物数量等才能离开。

(6) 因送货所造成的问题，责任由物流人员负责，对公司造成损失的，将对当事人进行经济处罚。

3. 数据标准化，强化高效和精准

数据标准化是企业或组织对数据的定义、组织、监督和保护进行标准化的过程。在数据分析之前，通常需要先将数据标准化，再用标准化后的数据进行数据分析。数据标准化也就是统计数据的指数化。数据标准化确保统一的数据标准和数据接口互联互通以确保运行时信息不出错。挖掘数据潜力成为冻品在线的强大驱动力，它还能促进食材标准化和配送标准化的实施。

数据交换接口包括：① 统一接入模块，用于接收输入参数和返回值；实时系统接入模块用于接收实时数据并进行转发；② 数据处理模块，用于依据所述数据格式配置模块配置的数据标准格式；③ 数据格式配置模块，用于配置数据库中每个数据表的数据标准格式。冻品在线在采集端部署大量数据库，从数据的导入到统计与分析，再到价值挖掘和总结，摸索出适合自身的一套数据标准处理方式。

大数据对企业的经营帮助巨大，现代企业都在积极收集结构化和非结构化数据进行实时处理和分析，并希望从中寻找到新的发展机会。随着技术的发展，数据的开源也变得多样化，如传感器、物联网、社交等，企业也在积极投资大数据项目，如从数据湖、处理框架到分析工具，再到英特尔硬件等。冻品在线积极创新，将统一化数据进行处理和挖掘，这对仓储配送和反向定制都具有重要意义。

(1) 仓储配送方面。

为了将数据转换成标准统一的形式，冻品在线的各大仓库运用条码 RFID 电子标签、WMS 系统等技术对冷链产品进行在库管理。通过条码和 Ecode 物联网标识体系，把货物信息标准化，加强货物的溯本追源，有利于仓库管理和后期盘点、配货。此外，冻品在线对库房进行全面的温湿度监控，数据传至仓管中心，实现数据实时互通，全方位保持产品的安全和新鲜。

我国的冻品冷运率只有 10%左右，腐损率为 35%，而欧美国家的冷运率则高达 90%，腐损率不超过 5%。如果能借助数据进行精确优化，不仅能使消费者吃到更加新鲜卫生的食物，还能合理地降低企业成本。冻品在线运用冷链跟踪技术，通过物流 ERP 系统、车辆 GPS/GIS 定位系统，做到了冷链物流科学管理，实时控制冷链车，数据实时互通，信息交互准确性高，得到了路径统一、形式统一的实时数据。

(2) 反向定制方面。

数据分析能够驱动"反向定制"，并根据消费者需求与喜好进行标准化食材研制和推广，让厂商和消费者形成反馈回环，在一次次交易中享受增值服务。对于战略性的决策起巨大帮助的重点数据是交易中产品品类、用户地域分布等，冻品在线重点采集这些数据，制定统一的处理方案。

冻品在线能够把一个城市的消费按照经营的地点、档口、品类、SKU(库存量单位)全

部结构化出来,再从消费结构得到指引,并且通过 SaaS 系统将数据开放给城市合伙人共同受益。冻品在线统一的算法技术将数据进行精细化管理,统一接入模块,采用应用程序编程接口 API 方式,用于接收实时数据并进行转发,让数据处理更高效。

对生产厂商而言,"反向定制模式"利用大数据分析客户的购买行为,为厂商提供品类备货方面的指导,并对产品实行标准化。

冻品在线的冷冻食材研究院基于客户需求及交易数据,形成菜谱研发、食材定制并输出给厂家,预测销售量实行"以销定产",减少不必要的积压货。冻品在线能够更准确地获取和满足客户对冻品的具体需求,提供和竞争对手不一样的标准化或个性化需求食材。"标餐工坊"为小 B 端客户提供了稳定的菜品,降低了采购成本和人工成本、提升了餐饮制作效率、提高了盈利,提高了消费满意度。

由此,冻品在线整合了冷链上下游数据信息,提高服务水平,也通过统一化的数据处理分析方式为物流环节和产品生产降低成本,促进食材和配送的标准化,形成科学规范的体系,实现增值。

3.5　案例总结

近年来,我国食品行业发展迅速,人们对于以肉制品、速冻食品等为代表的冷链食品需求量大大增加。但是我国传统的冷链存在分销渠道过长,冷链食品质量难以得到保障、冷链物流建设不完善等问题,这不仅打击了人们对于冷链食品的信心,还影响到冷链行业的发展。本书选取的冻品在线优秀案例具有"快速、精准、低成本"的特点,总结出了冷链企业持续运行所需的三大体系——网络布局体系、品类优选体系和标准化体系,全覆盖冻品在线冷链业务。

成立之初,冻品在线把目标客户定位于过去被忽视但数量最多的中小客户,聚焦中小餐饮店、社区便利店以及社区菜市场等小 B 端客户,实行"二、三线城市卡位战",避免了与已在一线城市扎根的美菜、有菜、链农等企业直接竞争,具有先行优势。冻品在线提供五大种类冻品,能够满足大部分客户的需求,其对于冻品源头商的选择实行四大原则和五道安全防线,保证冻品的质量。同时,冻品在线借助于其平台优势,直接连接冻品的需求方和供给方,大大缩短了分销渠道的长度,中小客户不再需要逐级从批发商手中购买冻品,经营成本大大降低。

有了平台和客户还不够,还要加强冷链的基础设施建设。冻品在线自建了全程冷链物流,从一开始的冷库选址就合理规划,结合直营仓库、统采仓库和云仓库,达到经营业务全覆盖,使仓库间的合理调配能够快速进行。冻品在线打造了"干线 + 云仓 + 最后一公里"的城配冷链体系,全国有九大冷库中心,覆盖范围广,能够满足冻品的灵活调配需要。尤其是易鲜冷链的建设,解决了我国冷链企业基础设施完善后要考虑到如何减少成本、增加效益、增加客户黏性以及保障企业持续经营能力的问题。冻品在线通过大数据交通地图,灵活选择最近最快的运输路线,再加上安全库存量的设置,保持仓库总有最低限度的存货状态。在配送过程中,严格设置配送时间窗,负责最后一公里配送的易鲜冷链将业务分为次日达、当日达和极速达,将送达时间进行分类,保证配送时间的精确化。

作为一个平台，数据是其重要的资源，数据的高效运用能够为企业创造价值。冻品在线通过分析平台沉淀的客户数据和交易数据，将食材的加工标准化，解决了冻品产品非标准性、质量不稳定的问题。同时运用数据进行爆品的菜谱研发，增加产品附加值，提高数据驱动反向供应链带来的经济效益。

冻品在线的平台业务也涉及了直营业务无法覆盖到的城市，有冻品在线、掌上冻采、冻采网三大 App 作保障，得以适应各种业务场景。

从冻品在线的众多成果来看，其在冷链建设和运行方面的优秀经验对从事冷链的企业有着重要借鉴意义。

案例点评

近年来，我国冷链物流市场规模增长迅速，截至 2020 年已超过 3800 亿元。2021 年 11 月 26 日，国务院办公厅印发《"十四五"冷链物流发展规划》(以下简称《规划》)，提出到 2025 年，我国将基本建成符合我国国情和产业结构特点、适应经济社会发展需要的冷链物流体系；到 2035 年，将全面建成现代冷链物流体系，有力支撑现代化经济体系建设，有效满足人民日益增长的美好生活需要。这代表着我国冷链物流的发展已经成为国家战略的重要组成部分，也预示着在新发展格局下冷链物流行业将迎来重大发展机遇。

《规划》第八项重点任务是推进冷链物流全流程创新，包括加快数字化发展步伐、提高智能化发展水平等。随着物联网、云计算、人工智能、5G 等技术的发展，我国冷链物流的数字化变革之路已经铺开，多元化冷链技术与协同开放冷链场景不断融合，数字赋能冷链物流高质量发展成为新常态。本案例选择的冻品在线就是走在这条道路上的领先者。作为一家专注冷冻食品供应链的 B2B 电商平台公司，冻品在线通过数字化技术应用、流程再造和商业模式创新，打造"轻平台、短流程、快模式"的冷链物流互联网创新平台，公司业务短短几年内辐射全国。

案例小组通过运用管理学领域的众多理论，如 STP 理论、4P 营销理论、商业模式、核心竞争力、规模经济、竞争战略等，对冻品在线的发展战略和经营模式进行系统分析和深入洞察。认为冻品在线的成功得益于其为解决传统冷链成本高、损耗大问题以及为了满足客户日益变化发展的需求而开发的一套完善冷链运作体系，即网络布局体系、品类优选体系和标准化体系，进而支撑实现冷链物流运营的"快速、精准、低成本"。冻品在线通过仓配一体的运作模式提升调度和配送效率，在库存量、时间、地点、温度等方面加强控制、做到精准，并通过打造爆品、优化品类、集小单成大单降低成本。

本案例选题具有较大的实践意义，问题分析透彻、理论应用到位、模式提炼精准，对冻品在线成功经验的总结，可以为冷链物流企业的专业化、网络化、智能化发展提炼可复制、可推广、可操作的经验模式。我们期待以冻品在线为代表的"互联网＋冷链物流"企业能够继续突破关键核心技术、提升自主创新能力、优化商业模式、提升国际竞争力，有效服务我国 2035 年全面建成现代冷链物流体系战略目标的实现。

点评人：洪宇翔(杭州电子科技大学副教授)

案例四　杭州萧山供销市场开发管理有限公司的"互联网+"农贸模式①

农贸市场作为人民群众"菜篮子"供应的重要场所，保障食品安全关乎民生大计。传统农贸市场存在专业监管难、商品保质难、多元发展难等问题。数字时代的到来推动传统农贸市场向智慧农贸转型。本案例围绕"智慧支付、信息公示、广告发布、溯源检测、市场管理、O2O 农贸商城"等六个方面深入分析，介绍杭州萧山供销市场开发管理有限公司(下文称萧山供销公司)的"互联网+"智慧农贸模式，以期为同类型深耕农贸民生的中小企业转型提供参考。

4.1 引　言

"食品安全既是重大的民生问题，也是重大的政治问题"，食品安全关系到民生保障的落实问题。"十三五"规划建议提出：实施食品安全战略，形成严密高效、社会共治的食品安全治理体系，让人民群众吃得放心。然而，这一基础民生问题却在近年遭到了巨大考验：苏丹红鸭蛋、孔雀绿鱼虾、三聚氰胺奶粉及牛奶、甲醛奶糖、带花黄瓜、爆炸西瓜、地沟油、染色花椒……

目前全国约有农贸市场 4.4 万家，在 2019 年中国农产品流通各渠道占比调查中，农贸市场占比最高达到 74.8%，远远高于排在第二的超市和生鲜电商，可见农贸市场仍然是农产品流通的主要渠道。解决食品安全这一民生问题，切实保障人民利益，仍要以规范农贸市场为突破口，切实改进农产品产销对接机制，规范运营、加强监管。

农贸行业虽在农业发展和推动我国贸易经济发展中有着不可小觑的重要地位，但其发展现状不容乐观。许多传统农贸市场分布零散，导致政府及大型企业监管困难，存在食品安全卫生方面的隐忧，信息不对称和交易效率低下的问题均在不同程度上推动着农贸行业

---

① 该案例获得 2020 年浙江省大学生经济管理案例竞赛一等奖。作者：张晗、侯柯冲、许梦瑶、裴佩柔、沈启航。指导教师：沈渊。

的转型升级。

智慧农贸是指运用科技手段，采集交易数据，通过"一云多端"智慧系统，实现农贸市场管理、服务和监管的信息网络化、工作规范化、管理现代化的网络平台。"智慧农贸"系统利用先进的信息化手段，在实现关注食品安全，保护消费者权益，方便消费购物的同时，提升了市场管理水平，其具有针对性的功能模块，充分实现了信息的实时化、具体化、可视化，极大地方便了市场和相关职能部门对市场经营活动的动态监管。

本案例希望通过对萧山供销公司的深入分析与研究，在帮助其寻找转型升级发展道路的同时，围绕"智慧支付、信息公示、广告发布、溯源检测、市场管理、O2O农贸商城"这六大核心建设标准，总结出相应的公司运作模式，从而为其他深耕农贸民生的中小型企业提供参考，使他们能更好地利用信息溯源系统、数据采集系统和供应链管理系统提高自身核心竞争力，获得更广阔的发展空间。

4.2　萧山供销公司介绍

4.2.1　萧山供销公司概况

萧山供销公司为萧山区供销合作社联合社全资下属子公司，主要从事农贸市场的托管、策划、代建、运营、管理和智慧化提升等业务。公司为萧山区农贸市场协会副会长单位，公司现托管了萧山开发区钱江综合市场、红山农贸市场、新街农贸市场、世纪城丰东市场等16家农贸市场，拥有专业的市场管理团队和丰富的市场管理经验。公司现有员工116名，其中管理及专业技术骨干约50名。

企业宗旨：精细管理，求实创新，服务"三农"，保障民生发展，创新经营促转型，精细管理谋新篇。

4.2.2　萧山供销公司经营范围和盈利模式

萧山供销公司的经营范围：销售国家政策允许上市的食用农产品，开展互联网信息服务，开发、经营、管理农贸市场。

1. 销售国家政策允许上市的食用农产品

萧山供销公司在商区内可销售豆制品、海产品、蔬菜瓜果等多种农贸产品。

2. 开展互联网信息服务

萧山供销公司计划联合林鲲科技等新兴农贸领域科技产品公司，采用智慧农贸管理模式，完成食品安全监测(溯源管理、电子秤信息记录等)、客户消费信息记录、食品摊位占道经营检测等一系列信息的搜集，方便商家、客户和相关质检单位的实时搜索和数据获取。

3. 开发、经营、管理农贸市场

萧山供销公司作为经政府允许在萧山地区开发、经营、管理多个农贸市场的开发管理有限公司，在数年的经营过程中通过开发承办、托管等方式成功管理萧山开发区钱江综合市场、红山农贸市场、新街农贸市场、世纪城丰东市场等16家农贸市场，并提出贴合自身实际的智慧农贸改革策略，致力于关注食品安全，优化农贸市场环境，改善市民购物环境，便民利民、服务民生。

萧山供销公司的盈利模式如下：

(1) 农贸市场店铺出租。

(2) 引入大型品牌门店，提供铺设渠道的推广和后续的广告展览。

(3) 为政府机关、学校、社区等提供农贸产品及线下配送。

(4) 联合稳定合作的农贸科技公司为合作单位设计大型连锁智慧农贸管理体系。

(5) 联合设计公司为合作单位设计农贸市场及进行具体装修，改善环境，使铺位设置和风格装修更符合相关理念。

4.2.3　萧山供销公司发展历程和取得的荣誉

萧山供销公司在市场发展阶段中从农贸市场管理者成功转型为农贸市场经营者，完成了职能角色和商业模式、核心业务的转型升级，真正实现了企业智慧化改革和民生服务的进一步优化。萧山供销公司的发展分为以下三个发展阶段，如图4-2-1所示。

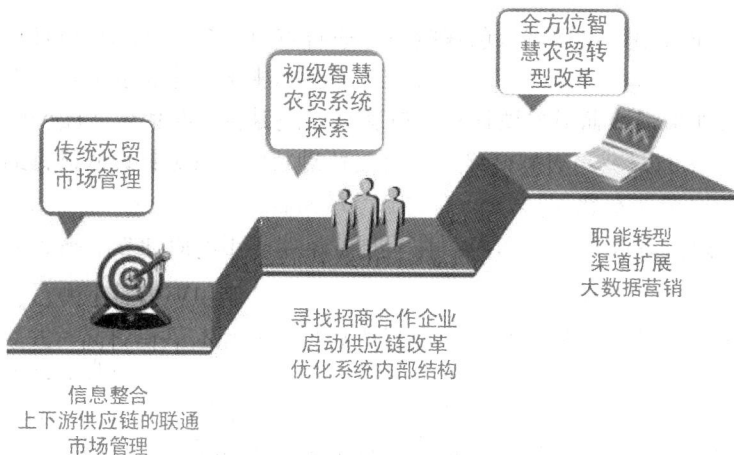

图 4-2-1　萧山供销公司转型升级三阶段示意图

■　第一阶段：传统农贸市场管理。萧山供销公司起初为农贸行业常见的管理机构，主要负责下属十余个农贸市场机构的管理，包括信息整合、上下游供应链的联通和市场管理等，主要盈利模式为提供商户经营场所并定期收取相应租金。该阶段企业业务单一，管辖内容有限，且采用行业内常见的管理模式和溯源工具，在信息可溯性、智慧化和供应链流通上都缺乏相应的创新，导致沟通不顺，管理相对困难，食品安全和溯源问题无法解决。

■　第二阶段：初级智慧农贸系统探索。该阶段萧山供销公司开始探索商业模式和管辖职能。在业务上积极寻找招商合作企业，探寻更优质的上游商户，启动供应链改革，试图通过减少中间商缩短从商品生产到购买的整体流程，优化系统外部结构。同时通过对公司内部自身管理体系和职能部门的精简，将内部简化为办公室、财务部与运营部三个部门，加强部门工作效率和团队凝聚力，优化系统内部结构。

　　■ 第三阶段：全方位智慧农贸转型改革

　　该阶段萧山供销公司开始探索农贸市场管理企业的职能转型和商业模式的改革优化。改革主要分成两个内容，第一是商业模式与相应的渠道通路：在保持原有商户管理服务的同时，探寻线上线下多渠道运营模式，寻求同政府、高校及相关大型企事业单位的合作销售；致力于打造线上品牌运营销售平台，实现即产即销的目的，精准匹配农户产品和客户需求；在线下农贸市场开展招商引资活动。第二是智慧农贸市场体系的建设，包括可溯源系统设备的精进与大数据营销相关理论的应用探索。在该阶段，萧山供销公司成功从农贸市场管理企业升级转型为农贸市场经营企业，形成了自身可复制、可推广的大型连锁智慧农贸管理体系，为实现标杆市场建设和典型智慧农贸体系公司构建奠定了基础。

　　萧山供销公司荣获 2019 年度"五星级党组织"称号、2019 年度"安全生产先进单位"称号、2019 年度"萧山区先进团(总)支部"称号。红山农贸市场顺利通过"浙江省三星级文明规范市场复评"；新街农贸市场 2018 年度顺利通过"省放心"市场的创建评定。新街街道顺利通过"国卫创建市级评估""小城镇综合整治验收"；钱江综合市场 2018 年度荣获"浙江省放心市场"的创建评定。

4.2.4　萧山供销公司发展定位

　　萧山供销公司的发展定位是：围绕着建立智慧农贸系统、开展战略合作、加强品牌建设三方面规划开展未来的生产经营活动。

1. 打造五星级标杆市场，建立智慧农贸运营体系

　　萧山供销公司计划在未来打造两个示范性的智慧化标杆农贸市场：宁围五星级农贸市场和兴农(开发区)农贸市场。其中，宁围五星级农贸市场位于钱塘江南岸，是萧山供销公司近年重点启动的智慧农贸市场项目，也是该公司在积累经验、确定转型后的典型示范市场。兴农(开发区)农贸市场处于萧山经济开发区市北区块，计划在市场一楼打造智慧化便捷购菜摊位；在市场二楼建立便民服务中心，引入超市；在市场三楼打造空中花园并引进智慧业态产品；在市场四楼将打造供销农贸市场智慧化运营中心，该中心将实现交易、溯源、食品检测、人流统计、智能 AI、消防联网、市场经营户星级评比、巡检功能一体化。

　　农贸市场的智慧农贸系统主要包括以下两方面：

　　(1) 为各市场经营户配备智能溯源识别秤和商户信息公示屏。消费者可以通过信息公示屏直接完成电子支付、证照查看、星级评分等现场互动，也可通过购物小票上的二维码进行后期的线上互动，追溯食品源头产地。

　　(2) 管理人员运用便捷智慧操作设备，实时采集包含进货源头、检验结果、安全排查等全方位数据，由大数据智慧系统完成数据收集及反馈，协助市场达到高效管理、智慧监督的目的。

2. 引进品牌联盟，开展战略合作

　　随着农贸公司职能的转变，公司计划与杭州林鲲科技、贝诺设计、一鸿设计等专注农贸市场智慧化提升及专业农贸设计的国内领头企业开展战略合作，通过信息化、高智能化的农贸信息设备助力智慧农贸系统建设和改革，进一步促进信息溯源系统、供应链管理系

统和数据采集系统的完善。

企业计划同农贸餐饮行业部分知名品牌达成战略合作关系。在旗下各大农贸市场引入多家品牌门店，计划接洽祖名、鸿光浪花、半斗米、嫩江鸭、伊赛牛肉等知名品牌。在线下为其提供特色门店和展位，同时在线上的经销渠道提供相应的广告展位，开展相应的营销、促销活动，以达成双方合作共赢的有利局面，实现农贸管理公司商业模式改革，开创盈利点新方向。

3. 品牌建设策略：留住人间烟火味

随着城市改革化和农产品商业化进程的加快，农贸市场也成为各类资本开始关注追逐的领域。传统农贸市场为了生存匆忙求变，弱化了农贸市场原有的功能。而萧山供销公司在改造、开发农贸市场时，坚定地将"留住人间烟火味"作为其农贸市场的核心要素和情怀，让在城市中繁忙奔波的人们在这里找到生活的气息和温暖。把"留住人间烟火味"作为主题，打造萧山供销公司的品牌特色，完成新型农贸市场经营模式的转化。首先要转变经营理念，切实做到从管理到经营再到服务，每一位员工都要带着热情和温度，拉近与客户的距离，让人们感受到真诚和温暖。其次，要因地制宜，通过大数据来了解各区域特色及客户喜好，在此基础上对经营管理进行调整和优化，培育本土生鲜美食产业链，吸引更多客户前来消费。

4.3 萧山供销公司"互联网+"农贸系统探索

4.3.1 智慧农贸市场需求调查

为了更好地了解智慧农贸系统的市场需求，本案例进行了智慧农贸市场需求调研。

1. 消费者认知

本次调查样本容量为120。从年龄角度看，样本中19～25岁的人群占比最大，为47.50%，其次是46～55岁，占比29.17%。从身份角度看，学生数量最多，占据将近一半的比例，其次是家庭主妇，占比为14.17%，受访者均为农贸市场的消费者。

农贸市场的主要消费者群体为中老年人，年龄集中在36岁及以上。在46～55岁、56岁及以上这两个年龄群体中，每周去农贸市场购物的频率在三次及以上的受访者占该年龄段总体比例分别为40%和66.67%。消费者去农贸市场的频率在不同职业之间没有显著的区别。

(1) 消费影响因素的调查。调查结果显示价格仍然是影响消费者购物选择的一个重要因素，55.83%的受访者表示会重视食品的价格。然而，随着经济的发展，人们的消费理念慢慢转变，对美好生活的追求更加强烈，人们越来越重视食品的质量，有93.33%的受访者表示在购买食品时会重视食品的质量。由于近年来食品安全问题频发，食品质量安全得不到有效保障，目前农贸市场的食品供应情况显然不能满足消费者对于食品质量的强烈需求。

(2) 消费者满意度调查。消费者对于目前农贸市场的各项情况满意度较差。除了电子支付普及度这一指标表示较满意和非常满意的受访者总数超过50%，其他指标的满意度都较低。消费者对于购物环境整洁度、市场管理严格度、休闲设施配备度、食品安全保证度这四项表示不满意。由此可见，目前农贸市场购物环境脏乱、市场监管制度不严格、休闲设施配备不齐全以及食品安全保证度低这四大问题亟待解决。

2. 智慧农贸市场认知

约80%的受访者表示未去过智慧农贸市场，仅有约20%的受访者对"智慧农贸市场"这一概念比较了解，这说明目前消费者对于智慧农贸市场的整体认知程度偏低，智慧农贸市场购物体验较少。目前我国的农贸市场仍然以传统农贸市场为主，建设完成并投入使用的智慧农贸市场占比并不高。因此，智慧农贸市场的待开发市场空间较大，智慧农贸市场的渗透率有待提高。

对曾有智慧农贸市场购物体验的23位受访者态度分析可知，消费者整体对智慧农贸市场的评价较满意。约35%的受访者表示智慧农贸市场的秩序很好，环境干净，价格便宜，约48%的受访者认为智慧农贸市场秩序良好，环境一般，价格合理。

3. 智慧农贸市场需求

(1) 消费者食品安全的调查。近年来食品安全问题多发，消费者越来越希望买到健康放心的食品。消费者在购物过程中，越来越关注食品来源以及食品的农药残留等问题。认为食品来源可寻、食品无农药残留对于智慧农贸市场建设非常重要的受访者占总体的比例分别为48.34%和58.33%。

(2) 商品交易手段调查。随着电子支付的普及，人们越来越习惯于出门只带手机。约82.5%受访者认为电子支付便捷对于智慧农贸市场建设非常重要或者较重要。受访者还希望商品交易可以更加透明，改变传统农贸市场中存在的缺斤少两的情况。

(3) 消费者对购物环境要求的调查。受访者认为市场管理严格和购物环境干净对于智慧农贸市场的建设也十分重要。受访者认为目前农贸市场的市场管理和购物环境欠佳，存在着管理秩序混乱及购物环境脏乱的现象。因此，改善农贸市场的购物环境，并对商户进行严格管理，让智慧农贸市场有别于传统农贸市场，这也是后续智慧农贸市场发展需要努力的方向。

综上所述，根据调查结果，食品来源可溯、食品无农药残留、商品交易透明、电子支付便捷、市场管理严格、购物环境干净是消费者认为的建设智慧农贸市场最重要的因素。后续智慧农贸市场建设应该重点关注这些方面，对商户进行严格管理，保证食品质量，打造干净美观的购物环境。

4.3.2　智慧农贸系统建设

智慧农贸是指通过物联网、云计算、大数据等技术对传统的农贸市场进行升级改造，从而实现食品溯源、数字化管理、供应链优化等功能。萧山供销公司推出的智慧农贸系统是一个综合性信息化系统，包括三个子系统，分别为信息溯源系统、数据采集系统、供应链管理系统。

1. 信息溯源系统

萧山供销公司通过智能化设备及技术，构建了系统全面的信息溯源系统，该系统可用来监管食品安全。信息溯源系统可对供应商、商品、凭证等进行管理，它包括两大环节，食品安全检测和食品溯源查询。萧山供销公司通过信息溯源系统打造了一个"商品进场准入—场内监管—出场可追溯"的多元化体系。

(1) 食品安全检测。萧山供销公司下辖的每个农贸市场都设置了专门的食品安全检测室,进行食品安全检测。食品安全检测主要包括农药残留检测和病毒肉类检测。在农药残留检测方面,主要检测农产品中的重金属铅、有机磷农药、菊酯类农药、有机氯农药、三氯杀螨醇农药、氧乐果、滴滴涕等;在病毒肉类检测方面,主要检测畜、禽肉类是否因病原性微生物引起死亡,是否为病害肉,是否变质,确定其新鲜度。食品安全检测室通过对以上各项指标的专业检测来确保在农贸市场销售的食品质量。食品安全检测室每天都会对市场销售的农产品进行抽检并将结果通过公示屏展示在消费者面前,如果消费者购买到了存在安全问题的商品,一经食品安全检测室核查属实,所有商品将在萧山供销公司、商户以及市场监督局三方的见证下销毁,绝不允许任何存在安全问题的食品在市场上流通。

(2) 食品溯源查询。对食品安全进行溯源管理,即对食品从生产到销售全程进行质量监督并在关键阶段进行检测。如图 4-3-1 所示,萧山供销公司的信息溯源系统利用大数据、物联网等新技术,收集食品从生产、收成、加工、物流到零售各个环节的信息,打通产品生产、加工、流通全流程。终端的食品消费者在每一笔交易时均可获得具有追溯代码的小票。一旦发现食品质量等安全问题,消费者可凭打印小票通过相应的公开查询系统(如触摸电子屏)、微信公众号或者农贸市场 PC 端系统查询到生产流通环节中的详细情况以及是否进行农药残留及病毒害检测,轻松获取食品流通各个环节的信息。萧山供销公司的食品溯源体系记录了食品流通环节的各类相关质量信息,协调了企业自身与上游供应商、下游消费者之间的信息,同时实现了食品的溯源和召回需求。最终打造了一个完善的"来源可追溯,去向可查证、责任可追究"的食品安全信息追溯闭环管理系统。

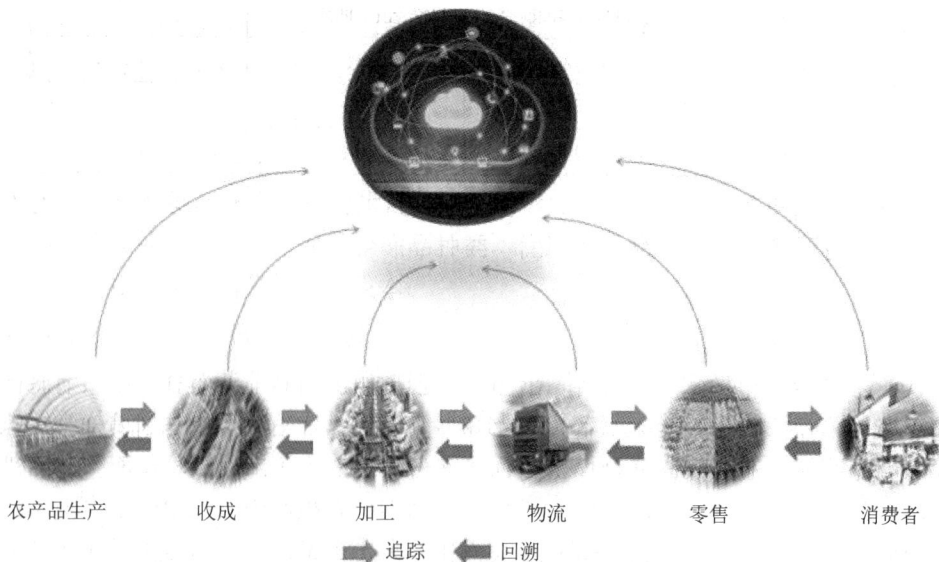

图 4-3-1　食品安全信息追溯闭环示意图

在追溯过程中,为了实现信息的有效传递,萧山供销公司使用了多项技术,如产品标识技术(二维条形码)、数字信息采集技术,这些技术完整记录了相关环节操作员的行为,实现了检测报告电子化。以这些技术为支撑，萧山供销公司建设了食品信息追溯云端平台，该平台与农贸市场内的智能溯源电子秤的数据采集器相对接。消费者的每一笔交易数据都会通过智能溯源电子秤自动传输到云端服务器并有效保留。这些技术准确全面地记录了商品各个环节的信息，极大地方便了后续的食品溯源。

2. 数据采集系统

萧山供销公司通过数据采集系统将下辖农贸市场各种数据采集到云端数据库，在系统后台就可以查看并分析各种数据，具体包括交易量和交易额、客流量、菜品三大方面数据。数据采集系统可以为萧山供销公司管理提供有效数据，从而帮助其实现对农贸市场数据的全面掌控。除此之外，将数据采集系统收集到的数据运用于萧山供销公司营销管理中，有利于企业对信息的专业化处理，让企业对客户和市场有更准确的认知，能使企业制定的营销策略更准确、更有针对性。比起盲目宣传，不仅可以提升营销效率，还能降低企业营销成本，提升顾客满意度和忠诚度。数据采集系统包括两个环节，分别为数据采集、数据整理和分析。

(1) 数据采集。消费者发生交易活动后，萧山供销公司会在后台实时登记销售记录，并在市场的大屏幕上及时更新，实现各类农副产品的价格数据透明。另外，萧山供销公司的智慧农贸平台能将海量交易数据归类、整理，例如商户信息、交易信息等，形成自有的一个数据库。

萧山供销公司建立农贸市场数据库是精准营销的基础工作。农贸市场数据库主要包括商户信息、交易信息、检测信息、追溯信息等。商户信息包含市场名称、商户名称、年龄、联系电话、摊位编号等；交易信息包含菜品价格、数量、交易时间等；检测信息包含菜品检测项目、检测日期、检测结果等；追溯信息包含菜品供应商、联系电话、所在地区等。

萧山供销公司运用林鲲科技打造的智慧农贸信息化管理平台，实时采集电子秤交易数据、客流检测仪数据、食品安全检测数据，形成智慧农贸市场大数据。

(2) 数据整理与分析。整理和分析数据是数据采集系统的核心功能。萧山供销公司采集到的大量数据将会被记录在公司的云端数据库，相关高管及技术人员有权处理这些数据并进行分析，为所管理的农贸市场之后的开发、规划和改进做好准备。

这里以萧山供销公司下辖某一农贸市场2020年8月的交易额数据为例(进行介绍数据已做脱敏处理)。通过数据采集系统相关技术的处理可以将大量冗杂的数据转化为有效的信息，帮助作出决策。根据系统统计的数据可以发现农贸市场客流量高峰期往往在6:00—9:00、16:00—18:00，所以萧山供销公司据此要求各商户在高峰时间段前保证农副产品货物充足、新鲜，并且保证产品陈列整齐、清洁，方便每位消费者都能买到心仪的产品。另外，根据每日交易量，统计绘制出交易量曲线，并预估出未来每日交易量趋势，商户据此调整产品库存，确保货物充足的同时也能做到盈利最大化。根据各类产品不同的交易量，准确了解消费者偏好，萧山供销公司建议商户将交易量最多的蔬菜、零食、水果陈列在最突出、醒目的位置。除此之外，萧山供销公司从智慧农贸平台可以看到消费者的反馈内容，并据此来督促商户改进，保证各类农副产品可溯源和安全质量保证，提高消费者的满意度。

3. 供应链管理系统

在众多以农业生产企业为主导和以农贸批发市场为主导的供应链中，供应链的供应效率及产品质量溯源难以达到预期效果，其根本原因在于渠道过长，导致溯源困难。因此，萧山供销公司为了简化供应链，提出依托网络技术构建供应链管理系统，缩短生鲜农产品由生产运输到最终消费的渠道，从而提高供应链的供应效率、服务水平以及产品质量保证。

萧山供销公司的供应链管理系统将整个供应链上所有环节的采购活动、物流和分销网络等联系起来，实现高水平服务与低成本运作以赢得客户。供应链管理系统分为三个部分，分别为货源渠道管理、商户管理和销售渠道管理，对应供应链的上游、中游和下游。

(1) 货源渠道管理。货源渠道管理主要通过 B2B 电商平台运营和品牌商合作来实现。

① B2B 电商平台。萧山供销公司建立了进货 B2B 电商平台，统一了旗下各农贸市场及商户的进货来源，除了少数商户依旧独立进货以外，大多数商户都通过萧山供销公司自主开发的订货 App 采购货物。在萧山供销公司的农贸 B2B 电商平台上，商户通过手机登录平台，提前一天在线上进行农产品的挑选并完成支付后，农产品批发市场的商户或者生产基地就会及时配货到农贸市场商户摊位上。依靠 B2B 电商平台，商户省去了每天亲自采货的繁忙工作，提高了经营的效率。

② 品牌商合作。萧山供销公司与一些农业生产企业定下了契约关系，在下辖的农贸市场为其开设相应的品牌店。如今萧山供销公司已与二十多家国内知名农产品品牌厂商达成合作，诸如祖名、鸿光浪花、五丰冷食、双汇冷鲜肉等知名品牌。萧山供销公司以企业自身优势与厂商达成以最低出厂价售予萧山供销公司旗下各农贸市场摊主的协议，从而减少中间商，让利摊主，降低售价，让利百姓，也能增加市场的人气。

(2) 商户管理。萧山供销公司通过供应链管理系统，帮助商户实现拉动式采购，即以消费者为中心，关注消费者需求变化，根据消费者需求来采购、销售。

萧山供销公司下辖农贸市场的各类交易数据会通过智慧电子秤传输到数据采集系统的云平台上，通过大数据技术进行数据采集、数据筛选与数据分析后，萧山供销公司会将数据公示给商户并组织商户根据此前销售数据进行第二天的销售预测，再通过专属 App 向供应商们(农产品生产企业以及基地)下单订货，这种称为"即产即配"的模式，摆脱了传统农贸市场供应链的弊端，帮助商户实现拉动式采购，并有利于萧山供销公司对商户进行统一管理。

(3) 销售渠道管理。萧山供销公司通过自营品牌代理店、政府机关配送和线上配送等多渠道销售实现快速、批量销售。

① 自营品牌代理店。萧山供销公司利用下辖农贸市场数量以及销量优势和多家知名品牌商达成合作，由萧山供销公司直接在旗下各个农贸市场开设品牌代理门店。这样就能至少减少三道中间流通环节，进而减少中间交易费用，降低产品成本，萧山供销公司下辖农贸市场即可通过自身客流量优势以及价格优势实现快速销售。

② 政府机关配送。政府机关和学校等机关事业单位的后勤配送，因其可能涉及廉政风

险与食品安全，一直备受关注。

以往后勤配送都是由民营企业作为供应商，相比于民营企业，萧山供销公司作为拥有数十家知名品牌出厂价拿货权的国有企业，具有物美价廉、货品种类丰富以及高安全性的多重优势。

在价格方面，萧山供销公司能以品牌商出厂价拿到货源，再以低于市场价的价格向政府机关配送，具有巨大的价格优势。在渠道资源(货品种类)方面，萧山供销公司与十多家知名品牌商达成合作，涵盖米面、生鲜、冻品等大类，货源稳定，品类齐全，相较主打某种单一产品的民营企业具有较大优势。在安全性方面，萧山供销公司作为国有企业的子公司，有国企背书及其惠民属性，安全性较高，比较可靠。

在为政府机关后勤配送的同时，萧山供销公司还着力于"展销进食堂"模式的开发，即在政府机关的食堂摆放冰柜(内置冻品以及各类生鲜)供工作人员在闲暇时间采购家中所需菜品，并定期开展农产品展销会，既能帮助政府工作人员节约采购生活必需品的时间，又能促进农产品消费。

③ 线上配送。萧山供销公司同时致力于线上配送服务的开发与发展。公司的线上配送服务并不作为公司主营业务，主要是为了提升顾客消费满意度以及开拓公司支线业务。

4.3.3　萧山供销公司智慧农贸系统建设成效

萧山供销公司所取得的建设成效主要有以下三方面。

1. 实现信息溯源，保障食品安全和来源可溯

萧山供销公司推出了真源码农产品防伪溯源平台，此平台可以严格监控全国各地农产品从生产到加工、流通的全过程，可以使农产品的质量得到保证，消费者可以放心购买。其打造的信息溯源系统实现了产品源头追溯、物流管控、品牌宣传等功能。

2. 创新商业模式，拓展运营渠道，打造全新的农贸管理公司生态

萧山供销公司致力于改变当前国内市场上普遍使用的农贸管理企业职能和运营模式，逐步实现从单纯的农贸市场管理者和场地提供者到市场经营者、资源统筹者的转变。对内精简公司管理层结构，明确部门职能分工，精简人事分配，加强审计监管力度；对外拓展渠道运营，开通线上线下多渠道经销模式，开展供应链改革，简化生产—销售全流程，减少中间商，实现让利于民的企业宗旨。

3. 品牌建设初见成效，品牌联盟促进经济效益

萧山供销公司现阶段致力于同农贸食品行业头部企业达成品牌联盟，在旗下各农贸市场引入品牌专营店，协调统一行业优质资源，实现强强联盟。同时，萧山供销公司坚持特有的品牌建设和营销策略，以"留住人间烟火味"为出发点，从购物体验感的角度优化环境、设施和全流程的便捷性。在企业内部文化建设和线下农贸市场装修管理中都体现出独有的文化理念和人文色彩，致力于打造有温度、地域化的农贸市场特色，形成差异化竞争，积极培育具有本土特色的生鲜美食产品，保持匠心精神，追求精益求精。

4.4 萧山供销公司 TDC 耦合模式打造智慧农贸的案例分析

在成熟的市场经济中，一种新业态的出现和发展是与一国当时信息技术等发展水平相适应的。现阶段，各项电子数据交换技术、商务软件、物流系统空前发展，这些信息技术可以帮助企业发展，例如在食品溯源、销售商品种类的选择、统一进货等方面。运用技术将农贸市场传统零售模式转型升级为智慧农贸，有助于企业高管根据实际情况作出正确的判断和决策，优化成本结构，同时给消费者带来更好的消费体验。

本案例团队根据萧山供销公司的智慧农贸系统，将其子系统(信息溯源系统、数据采集系统、供应链管理系统)的核心凝练成模型并分析其耦合关系及运作机理，各模型分别为信息协调模型、D2D 模型、拉动式供应链模型，以各子系统及相应模型的核心字母为命名，构建 TDC 技术驱动零售变革耦合模型。

4.4.1 凝炼食品溯源信息协调模型

基于萧山供销公司的信息溯源系统，本案例团队凝炼出了适合企业管理模式的食品可追溯系统模型——信息协调模型。萧山供销公司依据系统思想，将农产品流通各个环节的组成部分看成一个相互依赖、相互联系的有机整体，农贸市场供应链上的各个主体通过信息共享、协调合作，实现系统绩效最大化。

随着技术的进一步发展，供应链上各类主体之间的信息交流越来越有效，聚集的信息越来越准确全面，越来越能保障消费者的食品安全。基于这一模型构建原理，萧山供销公司明确了自身的信息协调环境、信息协调技术、信息协调内容。

1. 信息协调环境

萧山供销公司为与可追溯食品供应链上的其他节点企业实现信息协调需要增进信息传递、信息共享。而实现其信息的有效传递和流通需要一个合适的信息协调环境，包括良好的外部社会环境和优良的企业内部环境，如图 4-4-1 所示。

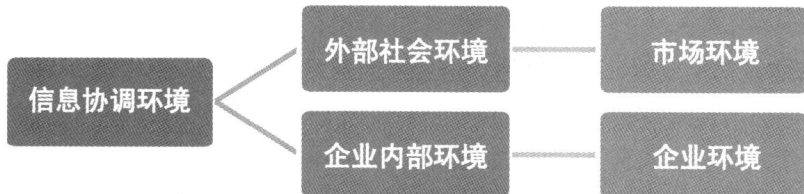

图 4-4-1 信息协调环境

从外部社会环境来看，市场环境是主要影响因素。消费群体特征决定可追溯食品市场的需求水平，消费者的食品可追溯意识越高，可追溯食品的需求市场就相对越大。萧山供销公司通过宣传，强调食品安全的重要性，增强消费者对食品的可追溯意识，激发消费者对可追溯产品的购买欲望,提高消费者对可追溯食品愿意支付的溢价。

此外,企业内部环境也至关重要。由于食品可追溯信息采集环节对人才要求较高,所以一个既熟悉食品可追溯体系理论知识、又懂得计算机实际操作的专业人才更利于企业溯源信息的有效传递。此外,企业自身对食品质量安全的认知也影响其信息共享行为,认知越清晰,对国民食品安全水平会更关心,更易对外发布食品的溯源信息。因此萧山供销公司为各农贸市场管理人员和商户设置了专门的培训课程,宣传强调食品可溯源体系的重要性,传授食品可溯源科技的使用方法,提高经营管理人员的食品可追溯意识,增强对人员的专业培养。

2. 信息协调技术

食品可追溯体系中实现信息有效传递不仅需要良好的内外部环境,更需要技术的支持。在技术方面,萧山供销公司构建了食品安全信息追溯云端平台,引入了智能溯源电子秤、触摸一体机等硬件设备,普及了微信和支付宝线上支付,建设了系统全面的农产品质量安全溯源体系,保证农产品"来源可追溯、去向可查证、责任可追究"。消费者在线下消费过程中,通过智能溯源电子秤打印购物小票,就可以利用手机或农贸市场内放置的触摸一体机扫描小票上的二维码,迅速获得所购商品的销售商家、商品产地、检测信息、销售信息等一系列溯源信息。对于有问题的食品,消费者可以通过食品可追溯系统进行追踪、查询、定位,查明问题出处,及时解决问题。

萧山供销公司下辖的各农贸市场也都设置了专门的食品安全检测室,每个农贸市场聘请两位专业人员利用多参数食品安全分析仪,每天对市场销售的农产品实行农药残留以及病毒肉类的抽检。检测结束后,检测人员会将抽检数据及时上传至智慧管理系统,通过公共区域电子显示屏公示,方便消费者随时查询。利用这些技术,食品可追溯体系极大地减少了企业和消费者间食品溯源信息的不对称性,进而减少了食品安全事故的发生率。

3. 信息协调内容

供应链上的不同主体各自产生不同的信息内容,不同的信息内容会在信息平台上进一步交流整合。萧山供销公司下辖的各农贸市场利用食品安全分析仪及商户信用显示屏,采集销售环节的各类信息,并将信息公示给消费者,为消费者全力打造一个放心、透明的购物环境。

农贸市场的每个摊位上方设置有一台商户屏,用于呈现该摊位经营户的证照、食品安全承诺、体检健康证明等信息。消费者可以通过商户信用公示屏上的评价二维码对经营户进行评分及投诉。

信息协调模型可以促进公司对食品质量信息的有效传递,增加食品供应链上溯源信息的透明度,让消费者购买到放心的食品。而食品的生产商及物流企业也会由于公众的监督压力,更加注重食品的质量,保证食品健康安全,最终维护好消费者的健康权益。

4.4.2　凝炼数据分析 D2D 模型

基于萧山供销公司的智慧农贸综合性信息平台,本案例团队凝炼出了适合企业发展的数字化模型——D2D 模型。公司将智慧农贸平台的数据进行整理和分析,将数据转化为有效信息,实现数据的"增值",为公司的精准营销策略提供方向和方案,最终实现效益流入。

D2D 模型以业务数字化为起点,效益数字化为终点,将掌握的海量数据加工为有效信息,为公司的发展提供方向,以实现效益最大化。

1. 以业务数字化为起点

萧山供销公司不同于传统农贸市场,交易流程均可实现智能化。通过智慧农贸平台实现业务的数字化,每一笔交易数据都被记录在该平台中,包括商户信息、交易信息、检测信息、追溯信息等。海量的数据被公司采集,形成了自有的云端数据库,为之后的数据处理与分析提供了充分的基础。

2. 以效益数字化为终点

效益数字化是指将数据转化为信息,以帮助企业运营、决策等,最终实现效益流入。萧山供销公司利用智慧农贸平台对采集到的各类数据,以适当的标准和数据特征进行划分和汇总整理。通过平台运算、分析,找出规律,描绘人群画像,帮助公司针对不同商户挖掘不同客户的需求和习惯,满足不同客户的要求,进行针对性和个性化营销服务。公司通过精准营销将营销信息推送到特定人群中,从而提高了客户的转化率和销售收入。

除了针对消费者这一研究对象的数据处理和画像刻画,萧山供销公司还整合市场的大数据用来追溯商品源头、分析客流量高峰时段、了解消费年龄层;及时了解市场动态,判断农贸市场的价格波动,提前预测菜品行情,找准企业自身发展和产品的定位;为把控质量安全、掌握流通信息和"即产即配"模式等提供参考,帮助经营者调整经营思路。融合"互联网+"的理念和智慧农贸信息化管理平台,为商户增加营销渠道,提高营业收入,打造舒适的经营场所,也使农贸市场在管理、服务和监管方面能更好更快地实现信息网络化、工作规范化、管理现代化。

3. D2D 模型效用

萧山供销公司对交易数据的加工处理使得海量数据变得更有价值,转化得来的信息为公司未来的运营、管理、决策提供了方向,例如对消费者的精准营销,观察市场动态并及时调整自身定位。更加科学严谨周密的农贸市场监管在帮助企业提升服务质量的同时,还在一定程度上降低了人力成本。数据的"增值"不仅给萧山供销公司节省了许多不必要的成本,还在多个方面实现了销售收入的增加。在掌握了一个农贸市场的数据并顺利推行策略后,萧山供销公司可以将此模式推广至一个区域乃至更大范围的农贸市场行业中,达到效益最大化。

4.4.3　凝炼新型拉动式供应链模型

我国传统的农贸市场农产品流通体系存在各种各样的矛盾。既要面对"生产小农户、运输长距离、销售大市场、消费高要求"的旧有矛盾,又要面临新型工业化、信息化、城镇化和农业现代化快速推进的新要求和新挑战。在传统的农贸市场供应链体系中,绝大多数的产品需要经过多级的批发才能到达消费者手中,存在对市场变化反应迟钝、农产品质量参差不齐、交易费用溢价等弊端。萧山供销公司针对传统供应链的这些弊端,打造新型拉动式供应链模型。

萧山供销公司的拉动式供应链主要是基于供应链系统而建立的,以此为基础提高生鲜农产品生产与运输的计划性和针对性，更进一步保证时效性，如图 4-4-2 所示。商户通过 App 下单后，农业生产企业以及对接农户或者由自建的农产品生产基地完成农产品生产后，经冷链运输至萧山供销公司下辖的农贸市场，随即由商户完成销售环节。在这一模式中，生鲜农产品的物流由产地或者农业生产企业直发通过市场摊位送达消费者。信息流在生产地(生产企业)、App 平台、市场摊主、萧山供销公司、消费者之间双向流通，信息流便捷、透明，也利于供应链的良性循环发展和食品安全溯源管理。

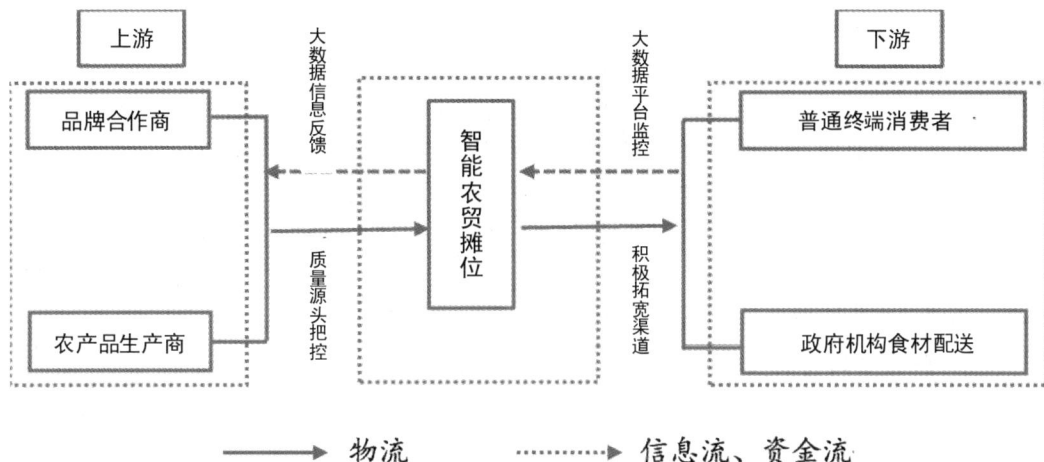

图 4-4-2　萧山供销公司拉动式供应链示意图

4.4.4　TDC 耦合技术驱动零售变革运作机理

"耦合"指两个或两个以上相互独立的物体、体系或运动形式之间通过相互作用而彼此影响以至联合起来的现象。信息协调模型、D2D 模型、拉动式供应链模型不仅单独作用于萧山供销公司经营的各个环节中，更存在耦合关系。它们相互关联、相辅相成，共同为公司下辖的各大农贸市场转型升级推波助澜。

1. 信息协调模型与 D2D 模型

信息协调模型在实现食品追溯时，首先需要通过信息化手段存储记录有关供应商、物流、商户、销售各运营环节的数据。在这些环节中，既有供应链上游的供应商信息，中间的物流运输与商户信息，还有下游的销售和反馈追溯平台信息，庞大的信息量使得传统的电脑端数据采集方式不适应当今食品行业的信息化需求。D2D 模型所具备的集成开放性、良好的数据平台以及对硬件方面的升级起到了快速有效采集追溯数据的作用，这样一个功能集成、接口开放的平台可以成功将各环节的数据留存于系统中，并将市场数据采集起来进行集中分析，为大数据的运用提供了环境和技术支撑。

大数据将各类海量数据聚合到一起，将离散的数据需求聚合成数据长尾，满足追溯过程中各个环节对信息的需要。大数据管理的虚拟性使得可以跨区进行信息管理，避免出现相关责任方互相推诿责任等不良现象。基于以上分析可知，大数据贯穿于整个追溯过程，将各方数据汇集成流形成了一个追溯全流程闭环，为追溯保驾护航。

2. 信息协调模型与拉动式供应链模型

食品追溯指在生产、加工及销售的各个环节中对食品进行追溯或追踪。萧山供销公司构建拉动式的供应链有助于追溯过程的简化。供应链越复杂，链内节点越多，需要采集分析的信息就越多，管理数据、使用数据的成本也就越高。相反，萧山供销公司与品牌商达成合作，减少商品流通环节中的中间商，优化运输路径，可以更有效地实现商品溯源。

信息协调模型可以确定供应链中相关责任主体。信息协调模型中采集与记录的信息有助于快速识别相关责任方，识别的能力取决于信息协调模型的宽度、深度和精确度。宽度指系统所包含的信息范围，深度指可以向前或向后追溯信息的距离，精确度指可以确定问题源头或产品某种特性的能力。信息协调模型使企业可以采集更广泛、追溯距离更远的信息，同时信息拥有更高的精确度。如果信息协调模型可以准确界定承担食品安全责任的企业，那么相关责任方，即承担食品安全责任的企业会采用更安全的生产方式防患潜在食品安全问题，这意味着供给萧山供销公司下辖农贸市场的食品质量更有保障，避免农贸市场因销售不合格商品而损失信誉。同时萧山供销公司也可以根据历史溯源数据甄别优质供应商，减小企业承担因食品安全问题而导致消费者信赖度下降的风险。

3. D2D 模型与拉动式供应链模型

传统生鲜农产品供应链中存在着信息不畅、环节复杂、物流不稳、管控不强的问题，因此衍生出了许多食品安全的顽疾，并抬高了采购成本、物流成本、管理成本等。萧山供销公司基于 D2D 模型，运用大数据描绘消费者画像，挖掘客户需求，将原本处于断层的供应商、商户和消费者进行对接，进而提升企业工作效率和降低企业总成本。

D2D 模型包含的大数据技术对于萧山供销公司建设供应链的意义不在于掌握庞大的数据信息，而在于通过对数据的"加工"实现数据的"增值"。数据的采集是通过多个数据库接收发自客户端的数据，包括需求端(商户、消费者)、供给端(农业基地、食品生产企业、批发商、经销商、中间商等)、物流端(车辆、仓储、包装等设施设备)，供应链平台集合了所有数据，公司管理人员通过这些数据库来进行信息的查询和处理工作。

(1) 上游整合供应商。萧山供销公司利用大数据，上游整合农产品生产基地、农贸批发市场以及食品品牌商，在采购环节，大数据可以分门别类地统计分析各商品的消费趋势和各商户的进货数据及交易数据。商户可根据消费趋势进行拉动式采购，供应商可根据商户采购信息精准向商户投放产品批发信息，提高信息传递效率。另外大数据可以将原先"小、散、乱"的商户集中起来统一进行采购，提高商户的议价能力，降低采购价格，实现规模经营。大数据不仅可以优化采购模式，也可以控制供应链中物流运作产生的风险。通过大数据等技术的监测与信息反馈，配送系统管控更加合理和精确，通过感知节点及时捕捉交通条件、地理环境、客户数量、客户分布、客户订单、资金收支、营销管理、计价方案、配送员等各环节的数据信息，从而能够不断优化配送方案，实施动态配送，降低商户的采购成本。

(2) 中游管理经营户。萧山供销公司以大数据为核心，在中游统一管理经营户。大数据技术管理的核心价值体现在数字化管理上，许多业务处理可以做到数字化、规范化、自动化、智能化，并助力市场管理者提高管理水平和运营水平。另外大数据的运用会吸引资本市场的关注，引入更多的市场资金进入农贸市场领域，提升农贸市场软硬件的科技含量，提高广大商户的经济效益。

(3) 下游提升消费者购物体验。萧山供销社利用大数据对智慧农贸平台收集到的海量消费者信息进行分析并挖掘消费者需求，了解消费者习惯、偏好，更好地协同农贸市场采购与销售，完成对客户的定制化服务，这有利于企业实现精准营销，增强消费者黏性。消费者线下消费过程中，由于大数据实现了采购方面的规模经济，避免了商户以高昂的零售价将商品流通过程中增加的成本转嫁给普通消费者，零售价格越低，越会增强消费者的购买意愿。

基于以上分析可知，大数据驱动下的供应链能够快速完成商品从采购到销售的全过程，降低生鲜农产品供应链中存在的风险，促进工作效率提升与成本降低。大数据驱动下的供应链不再是单向流动的链条形式，而是呈网状形态。如图 4-4-3 所示，物流按照"食品供应商—商户—消费者"的链条单向流动，但信息流在三者之间双向流动，大数据全方位优化供应链中的各节点，实现上游与中游的销售协同和下游的需求挖掘，更好地解决速度、服务质量和成本效益之间的矛盾。

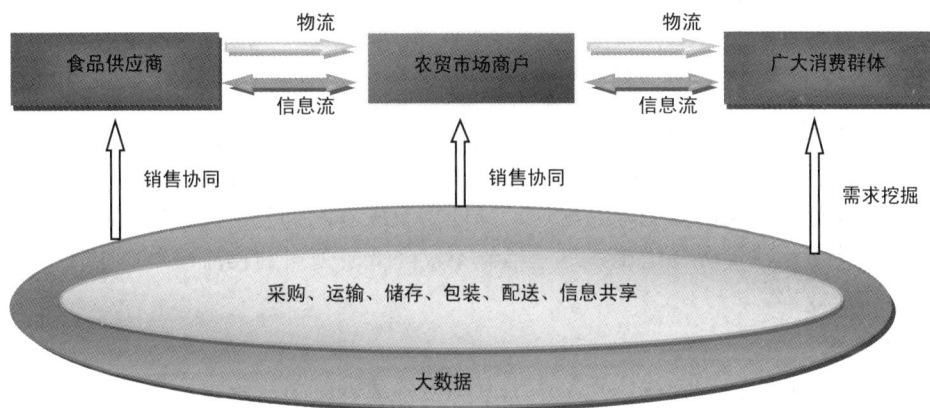

图 4-4-3　供应链全方位数据化示意图

4.4.5　基于交易成本理论分析的 TDC 耦合模型

无论完成什么交易都不可能抛开交易成本，农贸市场在 TDC 促进转型而形成的新零售模式下的交易行为也不例外。根据这一交易行为的复杂特性，本案例可以将新零售模式下交易成本概括为从消费者具有购买意愿到成功完成交易这一过程中消费者所付出的各种成本总和，包括时间成本、货币成本、搜索信息成本、物流成本及风险成本等。以下将从交易成本理论视角分析萧山供销公司的信息协调模型、D2D 模型、拉动式供应链模型在时间成本、货币成本、搜索信息成本、物流成本及风险成本方面给消费者带来的效益。

1. 时间成本

时间成本是消费者从产生购买想法到最终完成交易所花费的时间。随着经济的不断发展，时间作为一种稀缺资源，其价值在不断提高，消费者之所以会选择不同的购物渠道，很大一部分是出于对时间的考虑。萧山供销公司利用 D2D 模型采集的数据以及分析技术对消费者进行精准营销，契合消费者需求，减少消费者挑选商品的时间。且萧山供销公司供应链管理系统的线下配送功能可以为消费者提供便捷。消费者降低了时间成本,得到了满意的购物体验,更会选择重复购买。

2. 货币成本

货币成本即消费者在购物的整个过程中以货币形式支出的成本。萧山供销公司构建新型拉动式供应链,拥有数十个知名品牌商的出厂价拿货权,具有强大的价格优势。同时公司通过整合上游供应链,减少了中间批发商,不仅使企业自身维持了成本优势,也在一定程度上降低了消费者的货币成本。

3. 搜索信息成本

搜索信息成本是指消费者通过各种途径搜索商品信息所产生的成本。大数据时代带来海量信息,无疑增加了消费者的搜索成本。萧山供销公司利用溯源电子秤及其他智能设备搜集消费者的消费数据,分门别类地统计分析各商品的消费趋势和各商户的进货数据及交易数据,利用 D2D 数据分析技术对用户消费行为进行分析,挖掘用户偏好。针对消费者偏好进行有目的的拉动式采购,并且在适当时间举办促销活动,实现精准营销,最终提高商户的经营效率,节约消费者的搜索成本。

4. 物流成本

物流成本是指产品从供应商运送到终端消费者这一过程中所涉及的全部运输成本。萧山供销公司的 D2D 模型通过大数据等技术的监测与信息反馈,使配送系统管控更加合理和精确,从而优化配送方案,实施动态配送,降低物流成本,且公司拥有自建物流配送体系以及部分外包冷链运输等多种措施,这些措施不仅降低了公司的物流成本,也极大地为消费者节约了物流成本。

5. 风险成本

风险成本是指消费者在购物过程中,因不确定性遇到风险所产生的成本。这种成本主要表现在产品的不确定性上,而产品的不确定性主要由信息的不对称性造成。萧山供销公司的新型拉动式供应链,直接将农产品生产基地作为供货源头,减少了传统农贸市场供应链中的众多中间商,促进了上游供应商与下游消费者之间的信息沟通,减少了信息不对称。此外萧山供销公司构建食品溯源信息协调模型,增强企业内部人员对食品溯源的意识,大力发展食品溯源技术。在技术方面,萧山供销公司建设了食品安全信息追溯闭环管理系统,引入了智能溯源电子秤、触摸一体机等硬件设备,利用食品安全检测技术及溯源技术,建设了系统全面的农产品质量安全溯源体系。对于有问题的食品,消费者可以通过食品可追溯系统进行追踪、查询、定位,查明问题出处。这些举措极大地减少了企业和消费者间的食品信息不对称性,减少了消费者的风险成本。

4.4.6 TDC 技术驱动零售变革耦合模型的具体运作

1. 人才培养

TDC 技术驱动零售变革耦合模型表现出对专业人才的需求,传统农贸的员工一般是低文化水平的中年及以上人群,而想要适应由 TDC 技术驱动的新型农贸市场势必对工作人员提出了具备高水平的专业知识与技能的要求。

一方面，萧山供销公司将引进更多各方面专业人才，专业人才涉及领域包括互联网技术、大数据分析等。另一方面，萧山供销公司将对工作人员开展大数据分析、市场调研、系统运用等方面的专业化培训，使工作人员能快速地掌握新工作技能。

2. 策略制定

TDC 技术提供的大量数据经过分析，得到的信息可以帮助萧山供销公司更好地进行决策。

(1) 产品策略。通过对销售数据的分析能够对当地农产品市场进行精确的细分、准确的选择和精准的定位，并对消费者的个人偏好进行系统、科学的数据分析。采取个性化推送技术，来实现利用大数据技术开展当地农产品的精准营销，确定农产品订购数量，并按比例将农产品精准投放至各农贸市场。

(2) 价格策略。影响交易成败的重要因素通常是价格。定价的目的就是促进销售，获取利润，价格可谓是市场营销组合中最难确定的因素。对此，萧山供销公司会为各商户制定合适的指导价格。企业不但要考虑成本的补偿，还要考虑消费者对价格的接受能力，这使定价策略体现了买卖双方双向决策的特征。除此之外，价格还是市场营销组合中最活跃的因素，会对市场作出灵敏的反应。萧山供销公司基于 TDC 技术能够深入了解客户行为和反馈，深刻理解客户需求、关注客户行为，进而高效分析信息并作出预测，不断调整产品的功能方向，验证产品的商业价值，完成动态预测模型，制定科学的价格策略，并适时调整定价策略，以达到利益最大化。

(3) 促销策略。萧山供销公司每隔一段时间都会组织商户开展促销活动，促销活动不仅能帮助公司解决各商户临期产品的囤积问题，达到扩大销售的结果，同时还让消费者能够既便宜又优惠地买到所需要的产品，甚至可以吸引潜在客户，通过有效刺激使潜在客户变为现实客户。萧山供销公司一系列的营销行为(如张贴海报、发送信息等)的有效性可以通过 TDC 技术分析得出，这使得公司可以灵活调整自身的促销策略。

3. 数据挖掘

TDC 技术帮助萧山供销公司多维度分析客户、企业和市场相关动态，掌握三者的真实信息，更好地了解客户的真实需求。公司通过充分整合官方数据和企业内部数据，不仅扩充了数据体量，增加了数据分析的内容，还提高了大数据分析的真实性和准确性，从而更好地服务于精准营销。聚类分析常常被用来发现不同的客户群，并且通过购买模式刻画不同客户群的特征，是细分市场的有效工具。同时也可用于研究消费者行为，寻找新的潜在市场和选择实验市场，有利于公司拓宽市场。

4. 市场细分与定位

农贸市场客户覆盖范围大，商户、产品多。萧山供销公司正在尝试新的经营模式：做品牌代理和给政府机关单位提供配送服务。公司利用"TDC"技术进行客户细分，使营销客户对象更加精准，有利于精准营销战略的实施。此外，维护良好的客户关系，有利于开展下一次合作和公司农贸市场的品牌建设。

4.5 案 例 总 结

农贸市场建设是一项重要的民生工程，近年来，政府对农贸市场的重视度越来越高，提出了多项农贸政策来统筹协调农贸市场的新建与整改工作。为顺应时代的进步，溯源管理、数据管理、新型供应链成为农贸市场转型升级的重要方向。但许多传统农贸市场管理企业为了生存匆忙求变，新涌入的资本急功近利，盲目引进智慧农贸技术，弱化了农贸市场功能，遮盖了农贸市场原有的商业特色。在农贸市场技术改造、开发、提升的同时，如何使其焕发新魔力又不动摇生存根本是本案例研究的核心。本案例针对性地选取了一家具有代表性的企业——杭州萧山供销市场开发管理有限公司作为案例分析对象，构建"TDC"技术驱动零售变革耦合模型，分析农贸市场转型升级模式。

萧山供销公司作为一个发展中的创业型国企，为了让利给老百姓的同时保持在行业中的竞争优势，亟须寻求一条农贸市场转型升级道路。公司正在利用先进技术的支持，打造先进的智慧化农贸标杆市场。通过溯源管理、数据管理、供应链管理的优化升级，公司创立了独有的 TDC 技术驱动零售变革耦合模型，其中信息协调模型、D2D 模型、拉动式供应链模型三者相辅相成，共同助力公司打造农贸市场标杆。本案例团队深入解析了各个模型的运作机理，构建的 TDC 技术驱动零售变革耦合模型不仅有理论支撑，更有实践意义。

萧山供销公司在新"零售之轮"理念下利用技术优势打造智慧化农贸市场标杆，由信息溯源系统与信息协调模型、数据采集系统与 D2D 模型、供应链管理系统与拉动式供应链模型耦合成 TDC 技术驱动零售变革耦合模型，在交易成本理论视角下，从时间成本、货币成本、搜索信息成本、物流成本及风险成本方面为消费者和企业自身都带来了效益。可以看出，企业应衡量自己的真实情况，明确自己的定位，找准突破口，合理利用新兴技术并由此创造经济效益。但值得强调的是，企业不可盲目地引进大数据、云计算等技术进行农贸市场升级，技术进步带来的资源配置效果一部分体现在企业费用结构上的优势，但并不是所有企业获得的优势足以抵消引进技术带来的成本增加。大量机器设备的投入属于"沉淀成本"，且大多属于一次性投入，随着时间推移其经济效益递减，只有有效控制商品购、运、销、存等各环节的费用才足以将智慧农贸的优势体现出来。

案例点评

本案例以杭州萧山供销市场开发管理有限公司为研究对象，通过对该公司发展经历和战略规划的深入研究，从案例对象、案例主体、案例分析与实践应用等方面加以剖析。构建了以信息溯源系统(Information Traceability System，简称 T)、数据采集系统(Data Acquisition System，简称 D)、供应链管理系统(Supply Chain Management System，简称 C)为核心的 TDC 技术驱动零售变革耦合模型。通过系统地分析上述三者的核心内容及其之间的有机联系，凝炼了萧山供销公司管理职能向市场化运作成功转型，数智化智慧农贸市场创新，以及成本控制、社会效益、保障民生等丰富的实践经验。

本案例研究具有以下特点：

(1) 大数据、人工智能助力智慧农贸。运用大数据、人工智能技术，通过智能溯源电子秤等设备、智慧农贸信息化管理平台，建立系统完整的农产品追溯体系，打造出以大数据为基础的新型智慧农贸市场。企业依靠农产品追溯体系收集农产品生产、收成、加工、运输、零售各个环节的食品信息，减少企业和消费者间的食品信息不对称性，最终真正保证消费者"菜篮子的安全"。

(2) 构建新型农产品供应链，提高流通效率。依托网络技术构建供应链管理系统，缩短生鲜农产品由生产运输到最终消费的渠道，从而提高供应链效率、消费者服务水平以及产品质量。供应链管理系统将整个供应链上游、中游和下游所有环节的采购、物流和分销网络等联系起来，实现高水平服务与低成本运作以赢得客户。

(3) 实施精准市场营销策略。充分利用数据收集、整理和分析两个环节，具体包括交易量、交易额、客流量、菜品数据收集等，制定出市场细分、目标市场定位、客户关系管理、品牌建设等策略，并结合企业自身发展情况，设计产品、价格、渠道、促销等精准营销策略。

本案例围绕"智慧支付、信息公示、广告发布、溯源检测、市场管理、O2O农贸商城"六大智慧农贸市场的核心建设标准，凝炼TDC技术驱动智慧农贸耦合模型，为深耕农贸民生的中小型企业提供参考。同时，通过智慧农贸市场管理创新，切实保障人民群众的民生诉求，便捷购买流程，提供溯源渠道，保障食品安全，控制食品价格，推动农贸市场管理数智化转型升级，进而保障民生，服务人民。

点评人：沈渊(浙江财经大学教授)

案例五　瓦栏网的"互联网+"纺织印染平台经营模式①

纺织创意产业发展过程中存在的版权保护制度欠缺、国民版权意识淡薄等问题阻碍着产业中的新兴设计人才发挥其价值。为使创新创业门槛更低、成本更小、速度更快，使花型设计师全身心专注于创意，免受抄袭侵权之困扰，让面料开发者足不出户即能享受海量选择，瓦栏网由此而生。

5.1　引　　言

纺织创意产业是以创新纺织产品的设计、生产、加工为核心，将创意与文化、经济相结合，由受知识产权保护的纺织产品构成的产业。目前该产业中的新兴设计人才难以快速发挥其价值，原因在于国内欠缺完善的版权保护制度，国民版权意识淡薄，传统纺织产业转型升级变革尚未完成等。随着互联网经济的发展成熟，整合闲散资源并加以利用的平台经济推动着纺织创意产业的发展。

本案例对瓦栏网在平台经济下的经营模式进行研究分析，从产业链位置、业务范围和价值实现方法三个角度分析其经营模式，总结了瓦栏网成功的内在原因，并得出相关启示。

5.2　瓦栏文化创意有限公司介绍

5.2.1　概况

"瓦栏"源于对瓦子勾栏的流连和向往。瓦子勾栏是两宋时期最繁荣的民间娱乐性集市，其结合物质消费与文化享受，是中国古代市民社会发展到鼎盛时期绽放的一朵奇

---

① 该案例获得 2017 年浙江省大学生经济管理案例竞赛一等奖。作者：储雅萍、金珂亦、吴利芬、徐梦迪、刘曦冉。指导教师：丁志刚。

蕊。而瓦栏文化创意有限公司希望以纺织创意产品交易平台的形式来实现纺织创意的行业繁荣。

浙江瓦栏文化创意有限公司是一家集花型设计、印花加工、面料销售和电子商务于一体的新型数码印花创新型企业，法定代表人徐兴祥，注册资本1667万元。公司自2009年成立以来发展迅速，主要经营数码花型、数码印花面料，秉承"只做有版权图案的交易"原则，坚持"重构图案设计新未来"的目标，致力于打造中国最大、最专业的数码花型、数码印花面料网站旗下主要产品为基于O2O模式的互联网+纺织印染平台——瓦栏网。

浙江瓦栏文化创意有限公司创立于闻名世界的纺织之都——浙江绍兴柯桥，毗邻全球最大的轻纺产品集散中心——轻纺城，其储备连接了海量的面料商、印染厂和品牌商，这种优越的地理位置在解决花型供需匹配上发挥了重要作用，且绍兴市地处全国经济最发达的长江三角洲地区，距长三角其他15个城市的车程均在3小时以内，为与杭州、上海等纺织创意基地相互学习、相互沟通提供了便利的交通条件。此外，浙江传化集团有限公司与瓦栏签订战略合作协议并入股后，瓦栏在位于国家级经济技术开发区——萧山经济技术开发区的传化大厦内设立办公区，吸引了更多优秀人才，为瓦栏网的建设运营注入了新鲜血液。

随着社会的不断进步和人们观念的变化，如今消费者越来越追求快时尚、个性化，数码印花的快速发展又驱动着高附加值、富有创意的纺织产品诞生。瓦栏网站正是致力于让创新创业门槛更低、成本更小、速度更快，使花型设计师能够全身心专注于创意，免受抄袭侵权之困扰，让面料开发者足不出户即能享受海量选择(网站首页如图5-2-1所示)。

图 5-2-1 瓦栏网首页

瓦栏网主要有服装、家纺、配饰、版权服务、趋势印花、瓦栏学院和找料七大索引。瓦栏网提供的花型以服装、家纺和配饰花型为主，内容丰富、覆盖面广，其中"服装"下设女装、童装、男装和泳装。"家纺"下设床品、窗帘、沙发布和墙纸。"配饰"下设长巾、方巾和箱包。正是由于种类繁多，分类精细，为广大面料开发者选择花型、设计研发创意产品节省了时间和成本，并带动纺织企业发展，使产业链处于良性循环状态。

在提供花型、解决设计师销路的情况下，瓦栏网还提供版权服务，设计师只需自己准备作品申请表和作品电子稿，提交申请并付费，瓦栏网即可联合江苏省版权贸易基地为其邮寄版权证书，保护设计师利益。

此外，趋势印花和瓦栏学院也是瓦栏网平台的两大特色。趋势印花板块分为时尚资讯、秀场直击、杂志订阅和行业动态，以帮助设计师了解当下流行趋势和时尚前沿。瓦栏推出线下《趋势印花》杂志，其已成为瓦栏网最好的"宣传片"，记录着平台发展壮大的点滴。瓦栏学院记录了瓦栏为培养更多设计师而开设的线下课堂——瓦栏学院的动态。"瓦栏学院"与国内外高校合作，通过花型大讲堂、花型设计手绘班以及设计师分享等课堂形式为在校大学生提供经验指导，表现了瓦栏极强的社会责任感。

5.2.2　瓦栏文化创意有限公司发展历程

2009 年浙江瓦栏文化创意有限公司成立，最初主要从事动画创意，伴随着数码印花的快速发展，其节能环保、组合灵活、降低成本等特点逐渐彰显，激发了巨大的盈利点。因此，公司开始拓展数码印花的个性定制业务。

随着数码印花 T 恤产品的业务量的不断扩大，寻求被市场接受的花型成为主要问题。为此，公司于 2011 年开始创立印花花型交易平台，瓦栏公司的重大发展时间如表 5-2-1所示。

表 5-2-1　瓦栏公司重大发展时间表

时　间	事　件
2009 年	创立浙江瓦栏文化创意有限公司
2010 年	主要从事动画创意
2011 年	数码印花个性定制
2012 年	创立印花花型交易平台； 获浙江经信委浙江省信息服务业专项资金项目，被浙江商务厅评选为浙江省外贸公共服务平台
2013 年	获浙江科技厅浙江省工业设计科技项目专项资金； 获工信部纺织行业两化融合标杆企业
2014 年	获工信部两化融合应用示范项目
2015 年	与传化股份签订战略合作协议； 参加第二届世界互联网大会
2016 年	瓦栏 App 正式上线； 成立江苏瓦栏知识产权服务有限公司
2017 年	中国南通家纺花型互联网交易中心成立，瓦栏成为签约客户

2017 年中国南通家纺花型互联网交易中心成立，与拥有 2500 位设计师的家纺面料花型设计基地"南通"联合，这一事件具有里程碑式的意义。

5.2.3 业务合作范围

1. 服装生产商

瓦栏网的合作对象不仅包括国内知名品牌如圣山、富丽达等，更有优衣库、杜邦等在内的国际知名品牌。如图 5-2-2 所示为部分合作商家。

图 5-2-2 瓦栏部分合作商家

2. 大型印花厂

瓦栏网不仅提供花型、版权服务，同时为客户提供优秀面料厂商，还为需要成品的客户提供一条龙服务。其中，需要成品的客户可在购买完花型后直接选择面料以及印染厂商。目前与瓦栏合作的主要大型印花厂有如图 5-2-3 所示中的 8 家。

恒润达数码印花　丰印数码　常发纺织　湖州昂业数码

艾柯数码印花　佛山汇科纺织　花艺宝数码印花　水墨映象数码印花

图 5-2-3 瓦栏合作的主要大型印花厂

5.3 案例主体——瓦栏平台运营模式探索

5.3.1 瓦栏平台运营战略发展背景

1. 互联网发展逐渐成熟，平台经济逐渐繁荣

1987 年，北京计算机应用技术研究所研究员钱白天发出了中国第一封电子邮件，拉开

了中国人使用互联网的序幕。30 年来众多企业感受了互联网发展带来的营销商机,同时电子商务迅速发展。近年来通过整合线下闲置资源来创造价值的平台经济全球"走红",这种平台经济为互联网企业带来了新发展方向。

2. 纺织产业发展方向发生变化

首先,纺织产业受时代进步影响,正在经历转型升级变革。随着社会发展,人们不再仅仅满足于生活上的温饱,而对于服饰、家居纺织品的审美有了大幅提升,对个性化有了更高追求,这对纺织产业的发展提出了新的要求。其次,创意产业创业艰难,高校毕业生就业问题严峻。

3. 国内创意产品版权保护制度不完善,版权意识淡薄,致使创意产品附加值不高

美国在定义创意产业外延及涵盖范围时,将其定义为"版权产业",从中可知版权对于创意的重要性。而我国知识经济和商品经济发展滞后,知识产权保护工作还面临着许多困难。就法律来说,虽然国家颁布了《著作权法》《专利法》等,但相对于内涵和外延极其丰富的知识成果和人类无穷无尽的创新能力而言,现有法律制度仍然不够完备,知识产权领域有法不依、执法不严、违法不究的现象时有发生。就经济而言,知识市场还没有普遍建立起扶优限劣、优胜劣汰的运行机制,合法经营的收益微薄,而盗版侵权则大发横财。

5.3.2　瓦栏交易平台运作机制探索

基于上述发展背景,瓦栏网针对版权保护制度不完善的问题构建了创意产业的"众创空间",为设计师原创作品提供版权保障。针对消费者对个性化的高追求变化,瓦栏网建立纺织产业的"创意集市",提升纺织品市场的多元性和丰富性,与此同时瓦栏网连接设计师与厂家,让创意与纺织可以更好地融合。瓦栏网上的用户分为花型供给端的设计师及花型需求端的商家,瓦栏网根据两者不同的需求为其设计了多样化、便捷化的选择。运作方式如图 5-3-1 所示。

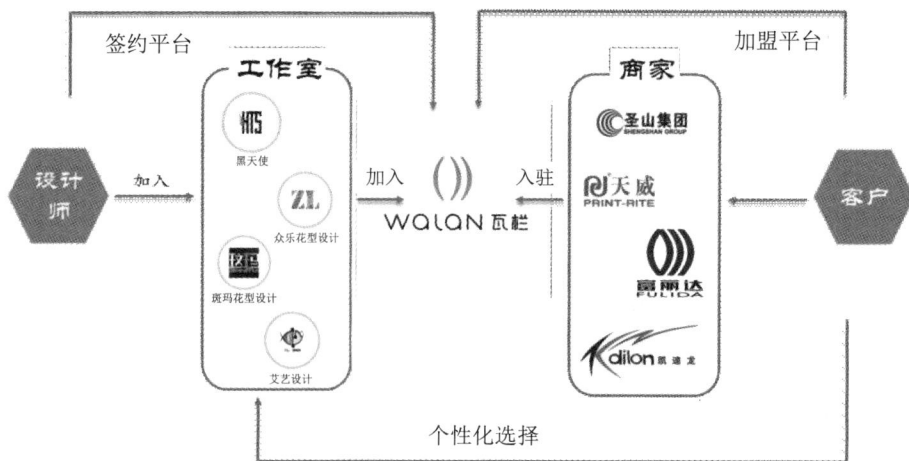

图 5-3-1　瓦栏网运作方式

1. 创意产业的"众创空间"

瓦栏网的版权保护让设计师的原创花型得到了保障,能完全将创意变为生意,允许设计师自行进行花型定价,使双方共享收益。众多设计师在平台上相互借鉴交流也使得瓦栏网真正成为创意产业的"众创空间"。

目前,已有超过 1100 家花型设计工作室在此落户,聚集了一大批年轻的设计师队伍,每天有上万个原创设计花型在瓦栏网上展示。设计师进入瓦栏网站可以享有稳定的收入和优质的版权服务。聚集在"瓦栏"的在线花型设计师有来自我国台湾、香港以及韩国等地的设计师,也有来自全国各大高校的大学生。瓦栏网为大学生创业搭建了良好平台,不仅给他们提供了零成本创业的平台,也让他们的作品与厂家直接对话。网站目前入驻的 2000多名设计师中,有一半是来自中央美术学院、浙江理工大学、绍兴文理学院等高校在读或已毕业的学生。

2. 纺织产业的"创意集市"

在瓦栏网上,海量花型每日更新,每月上传有近万个花型,平均每 5 分钟上传一个,而且上传量正在快速增长,这就形成了纺织产业的"创意集市"。

商家在瓦栏网上有多种选择。第一,注册过的商家可以在瓦栏网上购买自己心仪的花型,可选择"授权使用"或"买断使用"这两种方式之一,付费之后即可获得花型原稿及其版权转让证书。第二,商家成为瓦栏 VIP 会员,可享受一些专享权利,如浏览 VIP 精品花型、个性花型主题推荐与设计、免费下载无水印小图等。第三,当商家找不到现成的使自己满意的花型时,可以选择定制花型。商家在网站上写下花型要求及其价值,在接单设计师所做的花型中选择心仪花型,和设计师完成交易。

3. 纺织与创意的"产业桥梁"

首先,对于面料开发商来说,他们需要大量的花型设计稿并从中找出合适的创意来满足自身生产的需要。如何在竞争不断加大的当下,以更低的成本、更高的效率找到有品质保证并且适合自身的创意已成为这些厂商面临的最大难题之一。

与此同时,对于花型设计师来说,他们需要一个便捷放心的渠道来将自己的作品销售出去。文化创意产业作为一种在经济全球化背景下产生的以创造力为核心的新兴产业,强调主体文化依靠个人(团队)通过技术、创意和产业化的方式开发、营销知识产权。创意产业的发展与版权保护程度息息相关,版权制度的完善与否直接影响文化创意产业发展的步伐。但从当前情况来看,我国的版权保护还相对较为薄弱。在这种情况下,仅靠设计师个人的力量,很难保护自己的创意不被抄袭。

面对纺织产业与创意产业面临的困境,瓦栏搭建了花型在线交易的个性化公共服务平台,推出了纺织印花行业首个网络平台。以帮助客户加快面料开发效率,帮助设计师实现自由设计和创业,使全产业链良性循环。

5.3.3 瓦栏网交易平台主要成就

瓦栏网自 2012 年建成以来快速发展,现已是国内最大的纺织面料花型交易平台。

1. 行业成就

在行业中成功做到了"设计师聚集第一""客户覆盖第一""花型交易第一""版权服务第一"以及"设计师培养第一"五项第一。如今，瓦栏网已是纺织创意产品版权交易平台的第一网。图 5-3-2 为瓦栏网 2012—2017 年花型交易情况。

图 5-3-2　2012—2017 年瓦栏网花型交易情况

2. 对社会发展做出的成就

2013 年瓦栏网获评中国·纺织行业两化融合标杆企业；2014 年瓦栏网获批工信部评定的两化融合应用示范项目；据《柯桥日报》报道，2015 年，瓦栏已成为国内最大的面料网上数码花型交易平台。2017 年，瓦栏旗下的瓦栏学院被授予中国纺织服装教育学会"印花设计培训基地"。

5.4　瓦栏网经营模式分析

在传统的供给模式下，用户经过商业组织而获得产品或服务。商业组织的高度组织化决定了它们提供的主要是单一、标准化的商品或服务。同时，劳动者或服务提供者需要依附于商业组织间接地向最终消费者提供商品或服务。平台经济的出现，打破了劳动者对商业组织的依附，他们可以直接向最终用户提供商品或服务。平台经济依托互联网打造交易平台，从而疏通了买卖双方的界限，让消费者能真正地实现按需付费，使资源的分配更加灵活有效。

依据西安交通大学孙林岩教授对经营模式的定义：经营模式是企业根据自身经营宗旨，为实现企业确认的价值定位所采取某一类方式方法的总称，包括企业在产业链的位置，企业为实现价值定位所规定的业务范围，以及在这样的定位下实现价值的方式和方法。下文以平台经济为背景，从产业链位置、业务范围和价值实现方法三个角度出发分析瓦栏网的经营模式，如图 5-4-1 所示。

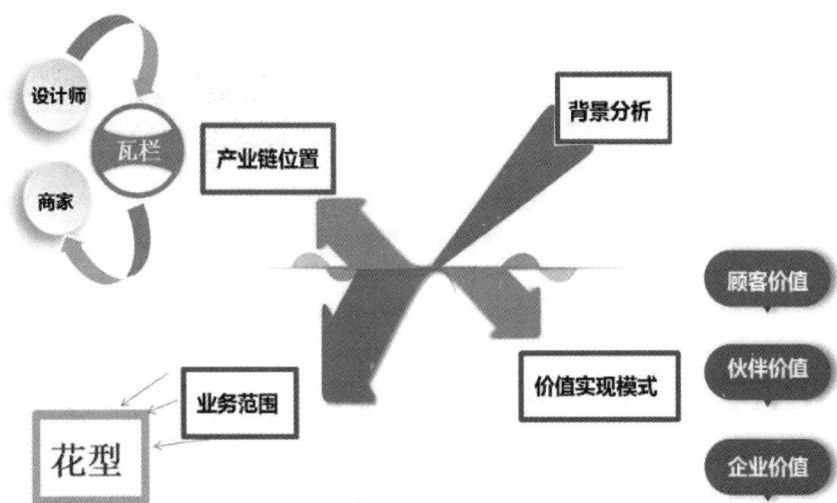

图 5-4-1　瓦栏网经营模式分析

5.4.1　产业链位置——信息服务型

产业链位置可以分为设计活动、营销活动、生产活动和其他辅助活动等几部分。辅助管理活动贯穿着整条产业链，在其中起着至关重要的作用。

根据企业对产业链位置的不同选择，可知瓦栏网作为一个纺织创意花型和人才交易平台，无疑属于信息服务型。信息服务类的企业不涉及制造的一切活动，但是在很大程度上与制造业有着密切的联系。其经营结构图如图 5-4-2 所示，信息服务型公司连接着产业链中产品设计、产品制造和产品销售这三个环节，它收集分析并反馈各个活动的信息，使得整条产业链能够低成本、快速、便捷地运作。

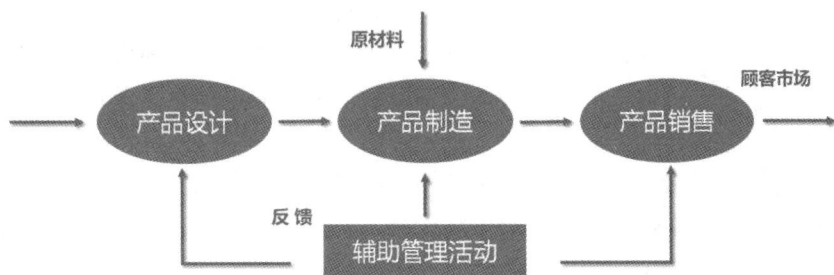

图 5-4-2　信息服务型经营结构图

随着互联网的快速发展，在纺织创意产业资源过剩且利用困难的背景下，瓦栏搭建起了纺织印花行业的首个在线花型交易平台，帮助设计师实现自由设计和创业，使客户加快面料开发效率。瓦栏网主要连接产品设计活动(设计师端)和产品制造活动(客户端)，将两者的信息汇集到一处，并为双方提供对应的技术支持，如图 5-4-3 所示。瓦栏网采集、反馈的各种信息，不仅服务了纺织创意产品的需求方和供给端，而且服务了整个纺织创意产业。

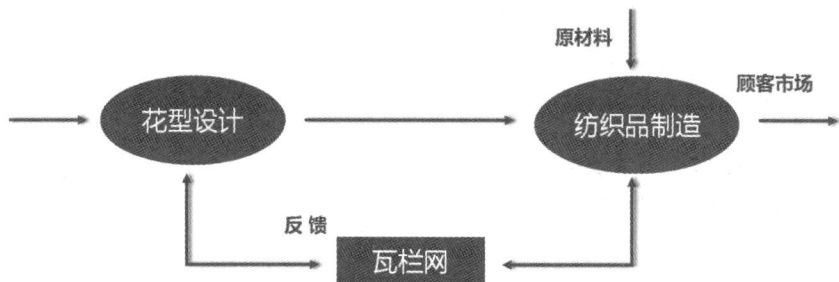

图 5-4-3　瓦栏网经营模式

1. 设计师的设计摇篮

瓦栏网为设计师提供了一个安心创作、放心交易、设计保护、创意交流、成长进步的平台。

(1) 交易平台，创意获益。设计师作品展示在瓦栏网上供广大厂商挑选购买，瓦栏搭建的交易平台为设计师提供销售渠道，与大量厂商的合作帮助设计师们将自己的"创意"转变成"生意"。

(2) 保障设计，依法维权。瓦栏与南通版权局的战略合作能帮助设计师在瓦栏网上为其作品申请版权保护，从而实现真正的自由设计。这是因为花型设计被抄袭会阻碍设计师的创新动力，严重影响设计师们原创的积极性，更会影响纺织产业的发展。而瓦栏对于设计作品的版权保护，使设计师们可以安心地做自己喜欢的设计工作，实现有保障的原创设计。

(3) 创意交流，灵感迸射。瓦栏网趋势印花板块和瓦栏学院花型大讲堂能为设计师们讲解当前最新潮流资讯和行业动态，并为其提供灵感。我国文化创意产业发展起步虽然晚于西方发达国家，但发展势头强劲。加快人才培养、增加对该产业的投入，必将创造出一个新的经济增长点。

(4) 成长进步，新兴活力。开办瓦栏学院，定期开展花型大讲堂、花型设计手绘班和设计师分享等各种活动，为瓦栏网的设计师们提供了一个成长进步的机会。瓦栏学院的建立，旨在提升原有设计师自身的专业技能，帮助他们的事业走向更高台阶，同时也为中国培养孵化更多的原生设计师。此外，设计师在瓦栏网这样一个众创环境下工作交流，更有利于他们创意思维的碰撞、迸发，从而设计出更多优秀的作品，这有利于他们突破自身固有的设计思维，创作出别具一格的花型作品。

2. 商家需求的经济选择

瓦栏网为面料以及印染开发商提供了海量、快捷、低成本的花型选择。

(1) 海量选择，满足需求。在共享经济中，独特的事物更具价值。瓦栏网目前已聚集了国内外多家设计工作室，为广大面料开发商提供了海量的花型创意选择。瓦栏网凭借众多的设计师和花型作品，几乎可以满足客户的所有个性化需求。

(2) 直观挑选，视觉收获。瓦栏与纯粹的花型销售网站不同，瓦栏的"在线试衣"功能实现了将任意花型直接应用到 3D 模特的不同款式服饰上，让挑选者更直观地看到该花型的上身效果，便于商家精准地挑选花型。

(3) 降低成本，经济获益。瓦栏网以花型线上版权交易平台的形式帮助广大面料开发商低成本、快速地寻找到他们想要的花型，极大地为厂商节约了时间成本和经济成本。目前，我国纺织产业已形成规模，这为产品开发提供了成本优势，并开始步入从单纯"数量型"增长向"效益型"发展的转变期。在此形势下，厂商只有通过技术、渠道等不断创新来提升自身质量、降低生产成本，才能在不断变化的环境中占取一席之地。

(4) 快速开发，提升竞争。厂商快速找到大量他们需要的花型，从而加快自身开发新产品的速度，在这个竞争日益激烈的时代为自己增强竞争力。厂商只有抓住日新月异的消费者需求，才能实现产品向商品的转变。瓦栏网上大量紧跟时代潮流的作品正好能够提供给厂商当下流行的花型，帮助其实现潮流商品快速有效率地开发。

3. 纺织创意产业的助推剂

瓦栏网这一便捷的共享平台出现，解决了纺织创意产业之前存在的创意产品过剩、花型以及人才等资源得不到有效利用的问题。加快了产业链、价值链和供应链的重构，促进了制造与设计、销售、消费各环节之间的资源配置，为中国纺织服装等消费品行业转型升级和自主品牌发展提供了强大助力。

5.4.2　业务范围——专业化经营

专业化经营是指企业仅仅在一个产品领域进行设计、生产或销售，决定着企业的发展方向。根据《财富》杂志的统计，在世界 500 强企业中，单项产品销售额占企业总销售额比重 95%以上的有 140 家，占企业总数的 28%；主导产品销售额占总销售额 70%～95%的有 194 家，占 38.8%；相关产品销售额占总销售 70%的有 146 家，占 29.2%，多元化的企业则凤毛麟角。

瓦栏网专注于花型销售，并提供专业的版权服务，实施专业化经营战略，其已成为国内最大最专的面料花型在线交易平台。

1. 专业化经营自我优势

(1) 目标明确，易于管理。正是由于业务专一——只做花型，瓦栏网不会面临"我们该做什么、我们该往何处"这类问题的困扰，而是集聚企业资源，致力于构建全国最大网上花型集市。

(2) 规模经济，赢得优势。2016 年瓦栏网销售数量超过 5 万件，2017 年上半年花型交易额平均每天突破 30 万元，近 8 万名设计师通过瓦栏网申请版权。已形成的规模经济以及版权服务平均成本的降低，为瓦栏网创造了更多利润，同时构成了一定的进入壁垒。

(3) 反应迅速，立稳不败。当市场发生变化，顾客需求发生改变时，单一化经营企业会比多元化企业有更加敏锐的嗅觉和更加迅速的反应。当意识到中国优秀花型设计师欠缺，纺织服装产业创意不足时，瓦栏成立瓦栏学院，从源头解决了这一突出问题。

(4) 实现创新，增强竞争力。专业化经营的企业能够集中资源进行研发创新工作，从而带来技术的不断创新，核心竞争力不断增强。

在共享经济的背景下，有很多企业在早期就已经建立了类似的网站，比如中国领先的综合型数字化企业服务平台"猪八戒"网。相比于"猪八戒",瓦栏只做花型,意味着专一和专业。瓦栏网是在中国轻纺城——柯桥建立的,因此拥有着更加优越的纺织条件和资源。

2. 克服专业化经营劣势

(1) 克服行业风险。专业化经营的企业兴衰与所处行业有密不可分的联系。如果行业前景不乐观,则需要实施多元化经营战略以分散风险。瓦栏网作为纺织印染行业和创意产业的桥梁,具有源源不断的活力。

(2) 克服模仿弊端。专业化经营模式可能会使众多竞争者认识到这种经营战略的有效性,并进行模仿。但是,瓦栏网作为国内首个纺织创意产品交易平台,在早期已拥有较大的市场占有率,难以被超越。

5.4.3　价值实现模式——差异化模式

瓦栏网采用差异化经营模式实现企业核心价值。差异化模式是指企业向顾客提供的产品和服务在行业内独具特色,这种特色可以给产品带来额外的溢价。如果一个企业的产品和服务的溢出价格超过其开发独特产品时增加的成本,那么,拥有这种差异化的企业将取得竞争优势。本案例从瓦栏网的核心能力、目标产品以及价值实现三个方面来阐述瓦栏网差异化的价值实现模式。

1. 核心能力——版权保护

瓦栏网为客户提供的是原创花型,其在行业内有着核心竞争力——版权保护。瓦栏网致力于"从设计师创意的产生到印花产品的版权保护",提升国内图案设计行业的诚信水平,从源头上保护原创设计师与企业的权益。瓦栏的花型交易实现了版权交易,使得瓦栏的原创花型溢出价格超出其增加的成本,从而取得竞争优势。

(1) 版权申请,完成登记。瓦栏网与南通市文广新局(版权局)的战略合作打开了"互联网+纺织"的科技之门,双方共同打造了集"花型识别、作品登记、价值评估、花型交易"四大功能的中国(南通)家纺花型交易互联网中心。瓦栏网版权注册高效快捷,设计师只需两分钟时间即可完成网上登记。此外,微信关注瓦栏的"趋势印花"公众号后,也可以进行版权申请操作。

瓦栏网的版权保护核心能力使创意得到了完美的"隐藏",实现了有保障的展示。并且人人都可申请版权保护。瓦栏网这一花型交易平台很好地展示了版权保护的魅力。

(2) 设计产品自我估值。在互联网的快速发展下,平台经济出现之后许多产品的价格出现了大幅度下降,市场激烈竞争,创意产业生存岌岌可危。而在瓦栏网上每样花型的价格都是由设计师自行定价,设计师在版权保护下,安心制作。对于设计作品,可以按照自己心中的价值确定价格,使这些独特的花型不因平台经济的发展而出现贬值的现象。所以每样花型的价值几乎能与价格相对应。

(3) 瓦栏网诚信体系保驾护航。瓦栏网是一个联结制造和创意的平台。整个版权保护交易过程都是依靠诚信体系。瓦栏网的诚信体系由三部分组成,分别是保护、交易和许可(如

图 5-4-4 所示)。瓦栏网的版权保护以法为剑，盗用花型属于违法行为。

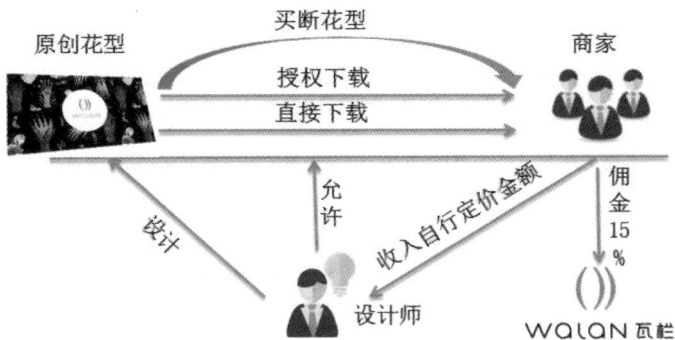

图 5-4-4　瓦栏网诚信体系

通过"互联网 + 设计"的交易平台聚集大量设计师与客户，打破了传统的"服装设计—面料开发—花型设计"层级，做到了同步开发，向制造业高附加值的上游延伸。"从设计师创意的产生到印花产品的版权保护"提升了国内图案设计行业的诚信水平，从而提高图案设计行业的产业规模，吸引更多创意人才，有效保证就业。诚信体系的不断建设让国内纺织业的设计人才逐渐成长壮大，进而帮助纺织企业智慧转型升级。

瓦栏网要做的是一个有版权的交易平台，版权保护的实施制订会促进瓦栏网的后续发展。

2. 目标产品——利用机遇

瓦栏网——只做有版权的原创花型。瓦栏网在早期就很好地把握了时机，拥有较大的市场占有率，2015 年转化入股后实现了突飞猛进的发展。瓦栏网始终致力于成为国内第一的花型交易网站。行业中，源创花样网是瓦栏网的主要竞争对手，表 5-4-1 所示为源创花样网与互联网的对比。

表 5-4-1　源创花样网与瓦栏网对比表

网站名称	瓦 栏 网	源创花样网
所在地	浙江杭州	东莞虎门
提供服务	从事专业设计面料花型、数码花型	从事专业设计面料花型、数码花型
成立时间	2012 年 9 月	2014 年 1 月
原创花型量	每日上传原创花型 400 幅以上，在线总花型保有量超过 25 万幅	15 万幅原创花样

源创花样网和瓦栏网都很注重版权的保护，但是源创花样网的建立时间要比瓦栏网晚两年，瓦栏网较早抓住共享经济的机遇，已经占据大部分市场，领先于源创花样网等同类型网站。

3. 价值实现——互利共赢

企业经营模式追求价值实现，不应该是建立在对客户欺诈和对合作伙伴压榨的基础上，更不是独享企业价值，而应是以共赢为前提的长久价值实现。瓦栏网的共赢表现在客户价值实现、伙伴价值实现和企业价值实现这三点。

（1）客户价值实现。商业模式的价值首先表现为客户价值的实现，即客户认为购买所得大于支出的成本。客户从企业提供的产品和服务中获得了超过预期的体验和效用，这正是企业价值得以实现的基础。

在产品方面，瓦栏网每日上传原创花型 400 幅以上，为客户提供海量选择。客户也可以选择个性化定制，这就意味着设计师也可以共享。在服务方面，瓦栏网在花型选购以及花型版权变更方面全程包办。在价格方面，因为利用共享经济，瓦栏网花型的价格较传统花型的价格便宜，同时还有质量保证。

（2）伙伴价值实现。企业与合作伙伴共同通过优化价值链来减少费用、提高运作效率以及共享增加的收益，这是伙伴价值得以实现的保障。瓦栏网的合作伙伴主要包括传化股份、平台所有设计师、南通家纺城、各印染厂等设备售卖商家等。

在花型交易的过程中，设计师可以通过三种方式获得收益，如图 5-4-5 所示。

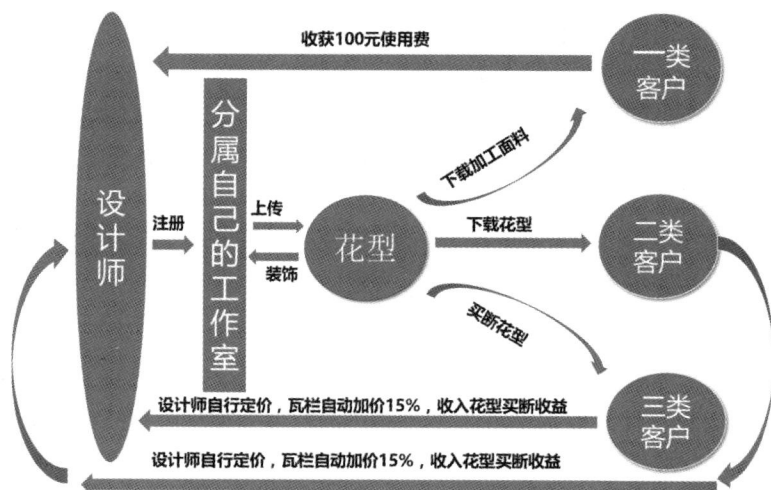

图 5-4-5　设计师价值实现

瓦栏网的诞生整合了印染行业产业链，把行业涉及的各方都汇集到同一个共享平台上，基于 O2O 的面料花型及印染加工公共服务平台对传统面料和印花行业进行了改革。把优秀的实体印花工厂以在线虚拟工厂的模式入驻瓦栏网，是网站创立之初的构想，而作为一个包容兼收的平台，也达到了共享瓦栏网资源的目的。最终，瓦栏网和印染厂以及设备售卖商实现了共赢。南通市文广新局(版权局)与瓦栏网强强联手，构建"画稿识别、作品登记、价值评估、线上交易"为一体的中国(南通)家纺花型互联网交易中心，实现了共赢。

（3）企业价值实现。企业价值的实现是企业盈利的最终价值体现。瓦栏网作为一家共享平台商，最关键的是招商，而正是因为瓦栏网创造的价值被市场所认可，为瓦栏网带来了收益。

在一个双边市场中，平台为双方提供服务时，既付出成本，也获得收入。在网络效应的作用下，平台对于网络中任何一个用户群体的价值在很大程度上取决于网络另一边用户的数量。平台对网络两边的用户需求匹配得越好，价值就越大。

从共享经济发展而来的平台效应表现为用户愿意为规模更大的共享平台支付更高的价格。因此，瓦栏网用户基数越高，平台的预期利润也越高，瓦栏网以这样的商业模式一步步成长至今。低成本和设计品多样使得一大批商家在瓦栏网下单，两边的客户量互相促进，逐渐增长。丰富的"供给端"使得"需求端"的体验更好，最后瓦栏网成长为全国最大的花型交易网站。

瓦栏网的盈利主要来自以下几个方面：

第一，佣金收入。设计师上传作品，瓦栏网会从中收取单向佣金。设计师上传设计作品到瓦栏网，瓦栏网经过审核通过后，设计师可以选择两种方式销售花型：一种是设计师作品授权三个顾客使用，顾客每次下载时就需要收取 15%的佣金；另一种是设计作品被一位客户买断，那么相应的花型也会下架，设计师也不得再擅自使用该花型，以确保花型的独创性。

第二，平台费用。瓦栏网平台平均每天的花型更新数量巨大，吸引了较多的染料公司、设备公司以及布料公司入驻。客户在瓦栏网上可以直接联系他需要的商户，这就产生了瓦栏网作为一家平台网站必有的平台费，而且每一家要入驻瓦栏网的公司都需要交一定的平台费用。

第三，会员费。瓦栏网进行 VIP 分级管理，在花型区上分为普通区、VIP 区和 SVIP 区。瓦栏网不仅意识到 VIP 客户的重要性，更认为 VIP 客户需要有层次之分，一般可以分为极其重要 VIP 客户、常规 VIP 客户和偶然性 VIP 客户，从中收取一定的 VIP 会员费。

第四，学院开课费。瓦栏网在线下创办了瓦栏学院，定期开课，培养更多更好的设计师，收取一定的学费。这样不仅利用了"闲散"设计师的投稿，同时帮助设计师成长进步，为商家提供源源不断的资源。

四个方面的盈利共同保障了瓦栏网在行业中稳步发展。

5.5　案例总结

瓦栏网顺应互联网时代发展潮流，采用信息型服务平台的经营模式，打造出首个纺织创意产品版权交易平台。瓦栏网为设计师和商家匹配资源，平衡花型供需关系，提供版权保护机制，为设计交易保驾护航。

1. 顺应平台经济潮流

瓦栏网集各类花型设计人才为客户提供更专业、更优质的花型作品。通过整合社会闲散资源，做到花型的展示、创意的共享、人才的交流以及文化推广，以顺应时代发展潮流，寻求创意创新，坚持可持续发展理念，才能屹立不倒，不断发展壮大。

2. 平衡花型供求关系

通过对瓦栏网经营模式的分析，我们可以看到瓦栏网作为连接设计师和花型需求者的桥梁，有效地解决了花型的供求关系，由此拥有广阔的市场前景。花型看似很小，但是对于面料开发商等厂家来说，其决定了能否研发出具有创意的产品，最终在激烈的市场竞争中脱颖而出。对于设计师，瓦栏网为其提供了实现自我价值的途径。

3. 为设计保驾护航

瓦栏网上的花型都是有版权的原创花型。设计师在瓦栏网上申请花型版权仅仅只需要几分钟和五个步骤，余下的工作全权由瓦栏进行操作。从这时起，瓦栏就在为设计保驾护航。

同时，当设计师想要在瓦栏网上进行花型售卖时，瓦栏网对设计的护航进一步展开。因为存在版权，所以花型一旦被抄袭就属于违法行为，瓦栏网可以拿起法律的武器进行维权。当设计师的设计被商家下载或者购买时，瓦栏网进行花型版权转让，以保护商家购买花型的独特性和合法性。

案例点评

本案例研究的对象具有数字时代的显著特征：数字经济特征、共享经济特征以及创意经济特征。首先，在数字经济特征体现上，由于数字经济依靠信息平台实现交易活动，而瓦栏网正是依托交易网站等信息平台实现产品交易的企业。其次，在共享经济特征体现上，由于共享经济是一种规模经济及节约型经济，而瓦栏网也致力于运用日益成熟与普及的数字技术，成功实现纺织花型创意的共享。最后，在创意经济特征体现上，由于创意经济本质上是创新经济，因此瓦栏网立足于为纺织企业提供个性化花型设计服务，肩负着推动传统产业转型升级的使命。

同时，案例选题抓住了数字时代的重要问题。首先，数字时代传统产业何去何从？随着社会经济发展，纺织产业正在经历转型升级变革。消费者对服装、家居纺织等产品从质量到审美提出更高要求，这就意味着，数字时代传统产业需要不断创新以满足消费者日益增长的个性化需要。其次，共享经济商业模式如何变革？互联网的发展与成熟为创意产品的共享提供了机遇，需要对相关产业、创意产品和设计人才等资源进行整合并构建有效的商业模式，发挥和利用设计人才在创意产业中的核心价值。再次，创意产业知识产权如何保护？由于版权保护在国内欠缺完善的制度支持，而纺织创意产业是以创新纺织产品的设计、生产、加工为核心，将创意与文化、经济相结合，因此需要建立线上知识产权保护的认证体系。

此外，本案例的研究结论为政府部门推动数字经济环境下知识产权保护提供可行方案，政府部门可通过推广运用数字加密、身份认证、数字水印等安全技术，加大相关立法和宣传，创造良好的知识产权保护环境，进而重塑知识产权认证，保护合法权利。对产业来说，可建立价值共创模式，实现多方共赢。瓦栏网作为连接花型设计师和纺织产业的桥梁企业，分析纺织花型供求对接平台功能，归纳多方共赢的商业模式，总结价值共创的实现途径，有助于为纺织产业转型升级提供参考借鉴。最后，本案例企业通过花型、创意、人才、文化的共享方式实现多方资源整合，启发数字平台类企业要善于抓住新的技术或政策风口下的商业机会。通过发挥数字信息的整合力量，对接供需双方的资源，为参与企业和个人提供安全可信任的服务产品，为客户创造不可替代的核心价值，企业才能立于不败之地。

点评人：丁志刚(绍兴文理学院商学院副教授)

案例六　口袋高校的四维流量管理矩阵模式①

随着互联网经济的快速发展，互联网媒体日益成为各行业创新驱动的先导力量。在短短两年内获得超过 662 万大学生群体粉丝的口袋高校，其流量管理成功的秘诀在于"四维"流量管理矩阵模型，即针对企业的用户、资源、服务、模式四个维度的管理能力。系统地分析一个企业的流量管理能力，帮助企业在竞争激烈的"流量时代"中稳步前行。从口袋高校焕发活力的现状来看，其流量管理体系值得许多深陷流量增长困扰、流量管理体系不完善的企业借鉴。

6.1 引　言

手机网民的迅速发展，为互联网信息传播提供了新的载体，人们获取信息的渠道更为多样。用户流量已成为互联网经济下企业的核心竞争力，而流量管理正是新时代互联网企业制胜的关键要素之一。

口袋高校是苏州扶摇信息科技有限公司推出的高校新媒体服务平台，针对高校新媒体运营难、盈利难等问题，通过技术支持、运营指导、资源对接等方式，服务广大高校的新媒体运营者。自口袋高校上线以来，短短两年时间，平台已经连接 2768 所高校，覆盖全国 90% 以上的大学；服务校园媒体 11 038 个，拥有超 662 万粉丝。其中，自营新媒体矩阵覆盖超过 70 多所高校，粉丝量突破 60 万，用户流量庞大。

通过对流量的长期运营管理，苏州扶摇信息科技有限公司已形成一套较完善的、具有良性循环能力的"四维"流量管理体系。运用该流量管理体系可在流量产生、增长和变现方面对用户、服务、资源、模式进行优化管理，让流量和企业间的联系更加密切和频繁。在竞争激烈的"流量时代"中抓住流量的同时，优化对流量的管理，企业才能更好地把握流量，从而创造更大的价值，让企业在流量时代中稳步前行。

---

① 该案例获得 2018 年浙江省大学生经济管理案例竞赛一等奖。作者：叶瑾。指导教师：王雷。

6.2　口袋高校介绍

6.2.1　概况

苏州扶摇信息科技有限公司是一家以服务高校新媒体产业创新性服务平台的创业公司，主要从事校园整合营销以及新媒体、技术开发、技术服务等业务，为高校新媒体提供运营指导、技术支持和资源对接等服务。口袋高校是由苏州扶摇信息科技有限公司开发的高校新媒体服务平台。

该公司旗下拥有 3 款月均数达百万 PV(页面浏览量)的校园公众号旗舰小程序应用，平台拥有口袋 xx 大学等 60 多个自营号。自建新媒体矩阵覆盖超过 70 所高校，同时拥有 2768 所高校新媒体社群资源，应用接入 14000+ 的校园新媒体，拥有 662 万大学生粉丝。公司致力于打造高校新媒体服务平台，引导高校新媒体稳定、蓬勃发展，其使命是让校园新媒体运营者重拾运营本身的乐趣，为公众提供可靠、值得信赖的产品和服务。

6.2.2　口袋高校的产品和业务

口袋高校扮演着高校新媒体 2.0 业态的倡导者和先行者角色，充当企业、学校、社团、学生的连接器，专注于高校新媒体领域、高校新媒体运营者群体，通过"技术支持"+"运营指导"+"资源对接"三款服务，让高校新媒体运营者更加便捷、高效地管理平台，在为广大学生提供优质服务的同时获得运营收益，打造高校新媒体产业良性生态圈。

1. 技术支持

自 2016 年以来，口袋高校团队已经开发并上线了多款校园公众号精品小程序应用，如表 6-2-1 所示。这些小程序应用都有着自己的"小程序应用增值"功能，为新媒体运营者提供新的盈利模式。高校新媒体运营者可以通过简单的"一键接入"使用这些精品小程序应用，为自己的公众号粉丝带去价值，提高粉丝活跃度，增加用户黏性，轻松解决其公众号的"拉新、促活、留存"等问题。

表 6-2-1　精品小程序应用范例

小程序应用	增值模式	运营规模
早起打卡 微校首款校园社交应用	在用户某天忘记打卡后，提供付费补打卡业务	接入公众号：7629 个 年页面浏览量：1825 万
卖室友 大学生习惯养成	在本人同意情况下，售卖联系方式，满足客户社交需求	接入公众号：4012 个 年页面浏览量：2400 万
四六级 四六级全方位服务管家	在遗忘准考证时，提供人工付费查询业务	接入公众号：1889 个 高峰日页面浏览量：50 万

2. 运营指导

口袋高校在特殊时间节点策划相关应景活动，与各个高校新媒体平台联合发起全国高校联动。对运营者而言，口袋高校提供全方位的运营指导，无须付出过多精力就能顺利举办，使其公众号粉丝参与到跨校、跨城、跨省的活动中，提高平台影响力，增强粉丝黏性。

3. 资源对接

口袋高校通过建设"高校新媒体人脉圈"，采用实名制认证加群，在圈内共享广告资源、业内人脉、运营技能，共同探讨高校新媒体的新可能。新媒圈还通过排名，激发群成员的讨论热情、公众号的运营热情，使运营者不再单打独斗，共同去创造高校新媒体的 2.0 业态。

6.2.3　口袋高校的发展历程

2014 年 11 月 4 日，口袋第一个创业项目"口袋大学"(主打生活服务的校园连锁微信公众平台矩阵)上线进入口袋大学 1.0 阶段，口袋梦正式启航。该项目定位为校园新媒体连锁矩阵，覆盖 23 所高校，全平台粉丝规模突破 13 万。

2015 年 5 月 14 日，口袋的前身——杭州杂丛科技有限公司注册成立，业务覆盖杭州下沙区 7 所本科高校。

2015 年 8 月 19 日，口袋大学举办的"浙江省 11 所高校校花校草大赛"闭幕，口袋大学完成 4 个城市 27 所高校的覆盖，全平台粉丝量突破 13 万。校园连锁矩阵已初见规模，自营矩阵达 60+，口袋大学 2.0 版本正式上线，为高校师生提供服务。

2015 年 11 月 2 日，口袋孵化出第二个创业项目——口袋公社，一个专注于食堂外卖的校园众包生活服务平台。同年 12 月 10 日，口袋公社食堂外卖功能正式上线。12 月 24 日，口袋公社签约高校食堂，20+ 档口全部上线，平安夜活动火爆开启，业务覆盖杭州、上海、南京、天津、武汉等 8 个城市，最高单日订单量突破 5000 单。

2016 年 8 月 16 日，成立口袋第三个创业项目——口袋高校，定位为高校新媒体产业创新服务平台。公司拥有早起打卡、卖室友、四六级等多款月均百万 PV 的校园公众号旗舰小程序应用，渠道生态平台超过 8000，已经与腾讯微校和青团社达成战略合作。

2016 年 9 月，苏州扶摇信息科技有限公司注册成立，获得苏大天宫两百万元投资，加大力度面向全国拓展业务。

2017 年 3 月 10 日，公司与腾讯微校联合举办的"寒假日记之全国百所高校早起打卡活动"圆满落幕。活动共有 1412 所高校的自媒体平台联动，2000 多位校园自媒体人全程加入其中，13.5 万大学生参与早起计划，共计完成 77.7 万次打卡，收到 21.7 万条心情日记，超过百余家媒体对活动进行报道。

2017 年 8 月 10 日，口袋高校与支付宝校园合作，开发新应用"找工作"，致力于服务高校应届毕业生，解决他们找工作的烦恼。

2017 年 8 月 29 日，由口袋团队与腾讯微校联合全国近 500 所高校的自媒体平台发起的第二届全国高校早起打卡活动之"暑期 21 天唤醒计划"于 8 月 28 日正式收官。活动相较第一届活动更加火爆，推出首日即有超过 7 万大学生参与打卡。

2018 年 1 月 10 日，口袋高校在应用"卖室友"的基础上开发分配对象，致力于解决高校"荷尔蒙"，自上线以来，参与活动报名人数超百万人。

6.3 案例主体——口袋高校平台运营模式探索

6.3.1 口袋高校的流量形成

1. 高校一体化服务体系形成坚实的流量基础

2014 年 11 月 4 日，口袋团队的第一个创业项目"口袋大学"(主打生活服务的校园连锁微信公众平台矩阵)上线，进入口袋大学 1.0 阶段，口袋梦正式启航。口袋大学在微信初兴时便率先建立起一个专门面向某校师生需求的服务型公众号，并在短时间内拓展到了杭州下沙区的多所高校，2015 年 5 月 14 日，口袋的前身——杭州杂丛科技有限公司注册成立完成，并覆盖到杭州下沙区 7 所本科高校。

2016 年 8 月至今，口袋高校转型成为为众多高校新媒体公众号提供服务的综合性高校新媒体服务平台，形成了坚实的用户流量基础，图 6-3-1 为口袋高校的运营成果。

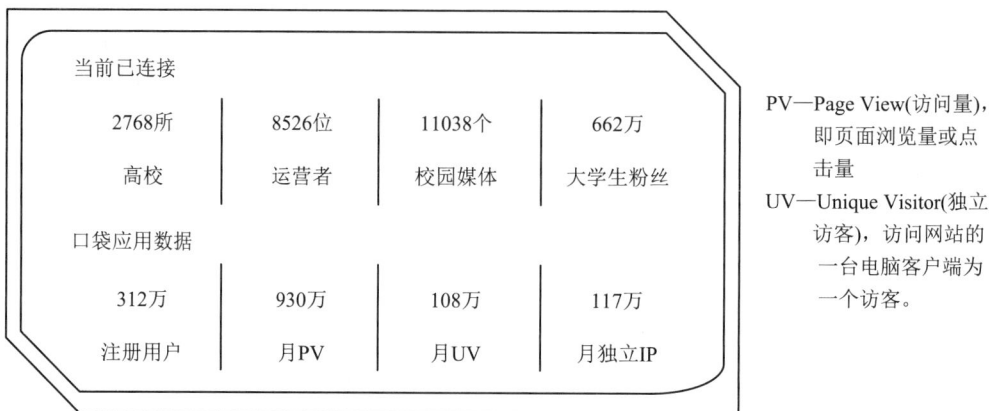

当前已连接				PV—Page View(访问量)，即页面浏览量或点击量
2768所高校	8526位运营者	11038个校园媒体	662万大学生粉丝	
口袋应用数据				UV—Unique Visitor(独立访客)，访问网站的一台电脑客户端为一个访客。
312万注册用户	930万月PV	108万月UV	117万月独立IP	

图 6-3-1 口袋高校的运营成果

2. "B2C 自营矩阵"建立种子用户群体

发展初期，口袋关注高校、大学生、社团运营者以及对高校资源有需求的企业，这些统称为"C 端"客户市场。通过"B2C 自营矩阵"模式，口袋直接面向高校学生市场，在企业、学校、社团之间构筑起可靠的联系，有效加强了四方之间的合作。

在项目前期"B2C 自营矩阵"模式下，口袋高校与平台使用用户(C 端)的关系为供需关系。在此关系水平上，企业需要投入较多的资源去维护客户关系，即平台提供给用户(大学生群体)真正需要的功能与服务，如校园基础应用——课程表、寝室刷电等。口袋还给予重点客户优惠政策，如对于卖室友等爆款小程序应用，部分用户通过付费可获得漂亮或帅气朋友的联系方式，为其深入交流提供机会，从而获得良好的用户体验。此外，口袋也不断创新带来产品迭代，提高用户满意度，产生用户黏性。这些服务在带给高校学生群体便利生活的同时，也为企业的盈利提供了基础，形成了忠实的种子用户群体，截至项目统计当年，全平台粉丝规模 662 多万(其中自营新媒体矩阵覆盖 70 多所高校，突破 60 多万粉丝)。

此外，口袋与企业精诚合作，为商家提供精准的广告推送通道，为学生推出高校周边的优质产品或服务，让商家的逐利需求与学生的购物需求完美契合。在该过程中，商家获取的效益远高于广告投放的成本，共赢效果明显，证实该模式是一种可持续发展模式，且可操作性较强，从而形成了 B 端合作的种子用户。

3. 早起打卡、卖室友等关键业务持续引流

作为综合性的高校新媒体服务平台，2017 年 9 月，口袋高校官方平台正式上线，运营者可在官方平台中享受如"一键生成推文""自动配置关键词""客服接口运用"等更加极致的服务。同时口袋高校免费对外开放三款精品小程序应用的接入，并针对不同平台用户的个性化需求推出小程序应用定制服务。

(1) 早起打卡。2016 年年末，口袋上线大学生正能量小程序应用——早起打卡，与腾讯微校开启战略合作，联合发起"全国百所高校寒假早起计划"。仅 3 天时间，就吸引来自近千所高校的 1200 多个高校自媒体平台加入活动。活动上线 4 天，小程序应用日均 PV 达 91 万多，且保持稳定上升趋势。其中内置心情日记模块给大学生提供了一片分享寒假生活的新天地，每天新增日记数达 5000 条以上。一时间，早起打卡上升为高校的热点话题，早起打卡写下心情日记成为大学生寒假早起做的第一件事情，成为高校新媒体领域现象级活动，一举树立口袋高校的行业品牌形象。截至 2018 年 9 月，该程序的公众号累计接入量达到 7629 个，日均 5 万多 PV、2 万多 UV，近百家媒体对打卡活动进行了报道。

(2) 卖室友。卖室友是校园付费社交精品小程序应用，经过一年多时间不断优化创新，已迭代更新至 4.2 版本。其上线以来，公众号累计接入量达到 4012 个，覆盖 1200 多所高校，累计"卖"出室友 10 万个(单身大学生)，日均 PV 55 000 多，日均 UV 8000 多，累计用户超过 30 万，成为了行业内活跃度最高的校园社交小程序应用之一。"双十一"前夕，卖室友 4.0 版本正式上线，尝试付费增值服务，一周内小程序应用累积充值费用超过 50000 元。

(3) 四六级管家。四六级管家是粉丝专属的四六级考试私人管家，帮助粉丝实时掌握四六级考试进度。例如：考试前可以预存准考证号，让准考证不再丢失；考试时提前通知考试时间，让考试不会再错过；出成绩后及时推送成绩单，粉丝不再排队查询。四六级管家还可以对粉丝的成绩进行分析，每个学校的数据会以图文的形式发给运营者，也支持分析数据一键导出。

(4) 小程序应用定制。在体育运动方面，口袋与校方联合开发体育约课系统，旨在服务该校学子，让学生能便捷地通过公众号进入系统，参与到学校组织的体育运动中。口袋还为旗下某高校的口袋公众号定制了刷水、刷电等常用生活服务，用户通过基本功能可以完成所有的校园生活服务。小程序以校园生活服务为切入口逐渐完善整个社群的闭环打造，通过各类活动、小程序应用提高用户的黏性，吸引用户对平台的关注，提升平台用户数量。

6.3.2　口袋高校的流量拓展

1. 流量进阶的关键——"大 B to 小 b"新模式

在发展期，口袋引入"大 B to 小 b"模式，该模式上游是口袋，称为"大 B"；下游

是高校新媒体运营者和高校，称为"小 b"，这是该阶段的主要用户。口袋为高校提供云端集体性大数据分析，分析在校学生学习情况及兴趣走向，为高校提供活动策划和学生学习兴趣培养方向建议。口袋为高校新媒体运营者提供技术支持和服务应用，通过高校新媒体平台获得大学生用户资源。通过小程序获得应用增值收入，与其进行利润分成，这样高校学生也就成为口袋的间接用户。随着各大高校新媒体服务平台流量的不断增加，口袋也实现了流量的进阶。

"大 B to 小 b"模式对用户流量的正面影响已经得到运营数据的印证。自 2015 年初创立至今，公司在浙江省范围内已发展 23 个以"口袋"冠名的自营公众号，通过这些自营矩阵公众号发展了大量客户。通过自营公众号的推广，各联合活动均已达到较大规模，实现了平台流量的进一步拓展。

2. 站在腾讯微校"流量大象"背上实现双赢

口袋高校与多家企业和高校新媒体运营者达成了合作伙伴关系，其中最具代表性的是腾讯微校。腾讯微校作为口袋的合作伙伴，口袋的小程序应用在腾讯微校平台上展示并提供接入。各高校新媒体运营者通过腾讯微校平台接入口袋的爆款小程序应用，这不仅大大增加了口袋的接入流量，也大大提高了口袋的行业知晓度，口袋也是在这时开始从"自营矩阵"模式向大 B to 小 b 模式转变的。

在腾讯微校这只流量大象的背上，口袋实现了质的飞跃，在短时间内成为腾讯微校的优质小程序应用供应商。腾讯微校也通过口袋等新媒体创新服务平台向全国各大高校渗透，腾讯微校由初创时的 3 万多校园公众号到现在 12 万多的接入量，基本实现中国高校学生信息的覆盖，这其中也有口袋的功劳，充分体现了"双赢模式"的优势。

3. 千号千元计划的发展校园合伙人

在口袋的短期规划中，2018 年到 2019 年口袋高校将推出 20 款全新热门小程序应用，并继续运营早起打卡、卖室友、四六级管家等月均百万 PV 的校园公众号旗舰小程序应用，提高生态平台规模，预计使用人数达到运营者社群人数的 2/3。在新推出的 20 款新小程序应用的基础上实现"千号千元"目标，通过发展口袋的校园合伙人，协助高校新媒体运营平台稳健可持续发展。"千号千元"即通过服务高校新媒体，帮助全国一千个公众号平台运营者实现每个月赚取一千元的目标，打造广阔的线上平台。

6.3.3 口袋高校的流量变现与增值服务

1. 让流量做高校的红娘——卖室友

恋爱交友一直是人们的热点话题，不同于中学时代的"早恋"，大学生中恋爱已然成为热点话题。但现今如"陌陌""探探"等交友平台用户成分复杂，充斥着各个年龄层次的交友用户。对于仍处于学生时期的大学生来说，如何为他们提供一个符合该年龄层次且满足"纯净"的校园恋爱氛围的交友途径？卖室友成为了口袋高校向"高校红娘"迈出的第一步，同时也成为口袋高校流量变现的新出口。

卖室友，顾名思义是由用户自愿上传个人联系方式、照片等信息，而平台作为展示窗口，为广大用户提供一个展示个人魅力的平台。用户成员均为在校大学生，以保证用户成分的"纯净"，用户可以在平台上付费获取中意的用户资料自行进行联系，而接受与否完全取决于用户自愿，极大地保障自主性。卖室友校园付费社交精品小程序应用经过一年多时间的不断优化创新，当前已迭代更新至4.2版本。上线以来公众号累计接入量达到4012个，累计"卖"出室友10万个(单身大学生)，累计用户超30万，成为行业内活跃度最高的校园社交小程序应用之一。

通过口袋高校庞大的流量积累，结合热点话题应用，将流量转变成企业现金流收入。在这一应用中，口袋高校是唯一的应用收益分享方，为广大在校大学生用户提供平台进行个人展示的方式，从而获得单方面净利润收入。该应用具有十分稳定且仍在不断增长的流量基础，交友话题具有极强的吸引力及持续性，这些能够为口袋高校不断带来流量变现流。

2. 变流量源为现金源——提供高校后台服务

自口袋高校上线以来，平台已经连接2768所高校，覆盖全国90%以上的大学，服务校园媒体11 038个，拥有662万粉丝。自营新媒体矩阵覆盖超过70多所高校，粉丝量突破60万。这使得口袋高校成为高校自媒体平台的后台服务大户，拥有庞大的流量基础与变现资本。

口袋高校为其他公众号平台提供技术支持和创立付费小程序应用，在这个过程中出现了一个新的收费模式——通过资源整合，口袋不直接向用户收费，而是通过在全国范围发放收费小程序应用，从中抽成分红达到盈利的目的。将流量源转变为现金源，这种盈利方式是渗透型的，通过小程序接入收费降低了一次性资金引进的门槛，更易于被接受，这样的收费方式更加细水长流，能够形成持续的资金收入来源，使流量与变现紧密相连，最终创造价值收益。具体方式为平台授权：通过向其他高校的创业团队授权使用平台和管理系统并收费，可以将平台接入到口袋高校，也可以作为独立平台，但相关数据则集中在口袋高校所使用的服务器上，这成为一个新的利润快速增长点。

3. 流量的伴侣——广告业务收入

广告收费即公司为广告商发布广告所获取的收益。可以说流量与广告之间有着密不可分的关系，流量是广告投放的基础，越是庞大的流量值越能够增加广告投放的受众覆盖群体，进而增加广告的有效力度，这是流量变现中最为简单却也是收入最为可观的一项。广告收入就像一个循环，只有平台流量达到一定的程度才可能吸引商家入驻投放广告，而不断增长的流量则会吸引更多广告订单，并成为公司最大的收入来源之一。

公司的广告形式主要为"软广+硬广"，提供头条/副条位置推送。口袋高校作为拥有大量高校资源的微信公众号平台，有着得天独厚的吸引广告商的能力。在以大数据为主的时代背景下，口袋高校也基于流量的不断增长启用大数据分析方式，通过后台建立数据库，收集整理相关数据并分析，从而实现广告的精准投放。

口袋高校的使用人群为在校大学生，这一群体恰恰是商家重点关注的对象。他们具有一定的自主选择消费能力，有着庞大且多样的产品需求，这意味着口袋高校可接收的商家广告众多。目前口袋高校承接的广告类型十分丰富，如美食店铺、企业招聘、产品推广等，2017年其广告收入达55.78万元。

6.4   口袋高校四维流量管理矩阵的案例分析

6.4.1   四维流量管理矩阵构架

口袋高校的流量管理模式使其获得了较为庞大的流量资源，在公司流量管理中最为关键的四个因素为用户、资源、模式(商业模式)及服务。

在公司运营过程中，口袋提出了四维流量管理矩阵(如图 6-4-1 所示)，针对公司的用户、资源、模式(商业模式)和服务四个方面的管理能力进行分析和评价，并提出指导性意见。每个因素所起到的作用将以口袋高校为案例，从流量的形成、拓展及变现三个阶段分别阐述。

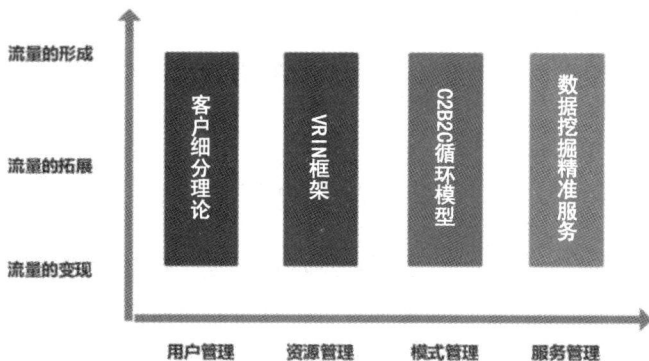

图 6-4-1   四维流量管理矩阵

1. 用户管理——客户细分理论

基于客户细分理论的用户管理可以得出，企业想要提升自身竞争优势，必须对用户需求进行充分研究，挖掘需求痛点，整合企业资源进行合理配置。

2. 资源管理——基于 VRIN 框架

当企业拥有符合 VRIN 框架的资源时，这些资源可以转变为企业的独特能力来源。互联网新业态下以小程序为依托的公司，流量就是企业发展壮大的一个决定性要素。对企业资源进行有效管理，是为了让其成为流量增长的动力，将资源独特能力集中于调动企业流量方面，是企业获得持久竞争优势的源泉。

3. 模式管理——C2B2C 顾客循环模型

成功的商业模式是形成流量的关键，基于口袋提出的 C2B2C 顾客循环模型(用户—服务—用户)，为用户提供服务来吸引用户，并根据使用情况不断优化商业模式及服务，以更好地满足用户需求，以此吸引更多消费者，形成流量增长的良性循环。

4. 服务管理——基于数据挖掘的精准服务策略

通过对用户数据挖掘分析，从而对用户进行精准营销，为其提供个性化服务和分级服务，在满足用户需求的同时，实现流量的盈利变现。

6.4.2　用户管理——基于客户细分理论

1. 对客户需求细分——流量形成

客户细分理论原理是：每类产品的用户群是一个群体，根据用户群的文化观念、消费收入、消费习俗、生活方式的不同细分新的类别，企业根据消费者的不同需求制定品牌推广战略和营销策略，将资源针对目标用户集中使用。图 6-4-2 为用户管理框架图。

图 6-4-2　用户管理框架图

从用户需求的角度来看，不同类型的用户需求是不同的，想让不同用户对企业感到满意，就要求企业提供有针对性且符合用户需求的产品和服务。企业为了满足这种多样化的异质性需求，需要体按照不同标准对用户群进行分析。

从用户价值的方面来看，不同用户能够为企业提供的价值是不同的，企业应该区分哪些是最有价值的用户、哪些是忠诚用户、哪些是企业的潜在用户、哪些用户的成长性最好以及哪些用户最容易流失等，意味着企业必须对自己的用户进行分析。

在流量的形成方面，口袋高校很好地分析了大学生群体的当下关注的热点，抓住高校大学生"交友"和"需要监督"的需求痛点，为用户提供了一个纯净的交友环境以及能够把大家聚集在一起进行相互监督的社群圈子，从而吸引用户的入驻。

(1) 热点一：更加"纯净"的交友环境。社交本就是一个热点话题，普通社交软件环境的复杂性更加凸显了口袋高校打造的高校大学生社交圈"纯净"的特点。口袋高校使拥有同样身份条件的用户群集聚，这些用户包括在校大学生及高校、校园新媒体平台，由此形成的社交网络大大减少了社交风险，提高了用户的舒适度，为流量的汇聚与稳定奠定了基础，满足了市场需求。

(2) 热点二：更加"有动力"的计划实行。在这个诱惑纷杂的社会，人们越来越依赖于借助外界的"监督"来完成自己的既定计划，有人做伴、有人见证的计划履行模式更加能够满足新时代互联网用户的应用需求。如今"打卡""Flag"等词汇热行网络，口袋高校抓住这些热点词汇推出了"打卡"系列活动。由于近在身边的人更具有监督性，用户在使用时会想要把身边的人邀请进来一起使用，这样就会带来更多的流量。

2. 挖掘用户深层需求——流量拓展

企业拥有稳定流量后，接下来要思考的就是如何使流量快速增长。而要使流量快速增长，必须挖掘用户更多的需求，提供更好的服务，所以流量增长的核心在于如何发掘更多的用户需求。对此，企业需要深入用户，分析用户行为特征、习惯等，只有充分了解用户，才能挖掘市场需求痛点。

在流量的拓展方面，口袋高校经过长期校园市场运营，充分了解大学生需求市场，主要推出三个精品应用，即早起打卡、卖室友和四六级管家，满足了大学生用户群体不同的需求。早起打卡更多的是满足用户的校园社交以及行为记录需求，用户通过打卡方式进行自我行为的监督和约束，同时也可以在社区圈中结交到更多朋友，从而满足社交需求。卖室友的使用者需求更为明显，可称之为交友需求，在这个应用中邂逅同样为大学生群体的异性朋友，有机会产生情感的碰撞。而四六级管家则满足了用户的查询需求，做到了管家式提示保存的服务，为"健忘族"提供信息保管服务。通过瞄准不同用户需求痛点，为企业拓展流量来源，从需求出发结合企业自身的资源优势，满足的需求越多，能够得到的流量也就越多。

3. 企业提供有效服务——流量变现

当流量形成以后，企业需要把流量资源转变为企业的价值，这要求企业提供的价值服务对等，并发掘流量中的目标用户。目标用户是指对企业的产品和服务有需求，并且有消费能力的用户。他们是市场工作的前端，只有确立了消费群体中的目标用户，才能展开有效且有针对性的流量变现业务。有价值的服务是指企业提供的产品和服务具有一定的市场，能解决用户的某一需求并为企业带来商业价值。

挖掘用户需求的工作做得越彻底，推出来的小程序越能使用户满意，这样的小程序就越能吸引其他的校园应用平台购买，进而更能增加口袋高校的小程序应用收入。口袋高校针对用户需求推出相应的业务程序，使用户产生黏性。在用户使用小程序时，口袋高校向引入该程序的校园平台收取应用费用来实现流量变现，由此形成一个正向循环的过程，而重点就在于企业是否能够意识到用户管理的重要性，并通过客户细分理论挖掘用户需求。

6.4.3　资源管理——基于 VRIN 框架

1. 充分利用资源的价值——流量形成

VRIN 是 Valuable-Rare、Imperfectly imitable、Non-substitutable 的首字母缩写。Valuable 即有价值的资源，它是公司构想和执行企业战略、提高效率和效能的基础。Rare 即稀缺的资源，当某一资源为大部分公司所拥有后，它将不能带来竞争优势或者可持续的竞争优势，因此具有市场上独特稀有的资源对企业来说至关重要。Imperfectly imitable 即无法仿制的资源。Non-substitutable 即难以替代的资源。图 6-4-3 为资源管理框架图。

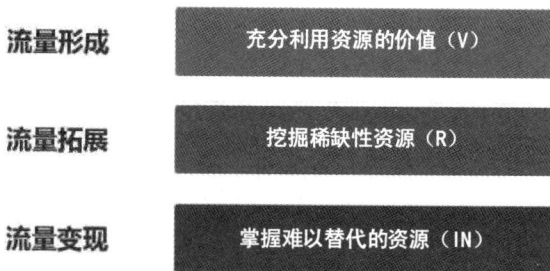

图 6-4-3　资源管理框架图

在 VRIN 框架资源管理的流量形成阶段，需要充分利用企业有价值的资源，通过与其有效对接，将自身作为"资源的桥梁"，为多方用户提供对接服务，以此形成流量的基础。

口袋高校作为连接高校、学生、社团和企业的桥梁，经营着为四者服务的企业平台业务。对企业来说，口袋高校拥有的高校、学生用户是其经营的市场，那么口袋高校就拥有了可以为企业服务的有价值的资源。对学生而言，口袋高校在此基础上联手的企业也能够吸引学生、高校用户群体，向他们提供就业、社交等有价值资源。所以口袋高校的资源是Valuable，即有价值的资源。

口袋高校借助这种优势，上游承接商家企业，下游连接各大高校的口袋运营者，建设"高校新媒体人脉圈"，在圈内共享广告资源、业内人脉、运营技能，共同探讨发展模式，形成了上下协同的资源获取形式。随着人脉圈的不断发展与壮大，其吸引企业和大学生、高校平台等流量入驻的能力也不断加强，同时起到了稳定现有流量资源的作用，为口袋高校内部其他应用程序及业务的运作提供了基础。

2. 挖掘稀缺性资源——流量拓展

流量的拓展可以理解为在原有稳定流量的基础上使流量进一步增长，那么口袋高校是如何利用其资源来完成的呢？这就不得不提到口袋高校拥有的资源性质，因为口袋高校的业务内容中，其拥有的双向资源是十分稀缺的，且可以同时为上下游提供对口资源。这就形成了 Rare，即稀缺的资源。

口袋高校充分挖掘了稀缺资源的可利用性，抓住企业与大学生群体之间的双向需求痛点——"人才需求"与"求职"，推出了"找工作"小程序应用。区别于市面上大多数以 B 端企业岗位为主的招聘平台，即主要靠展示岗位并由应聘者自行寻找岗位的方式，"找工作"小程序应用更多以 C 端学生(简历)为主，能够全方位、多角度推出有求职需要的应届生简历，并依据简历为学生匹配合适工作(人岗匹配)。通过这种方式，口袋高校相当于为原有流量的留存加了一层保险，充分利用企业与大学生用户资源，挖掘出两方面资源中的联系，使其成为企业流量增长的独特能力。

3. 掌握难以替代的资源——流量变现

自口袋高校上线以来，平台已经连接 2768 所高校，覆盖全国 90%以上的大学，服务校园媒体 11 038 个，拥有 662 万粉丝。自营新媒体矩阵覆盖超过 70 多所高校，粉丝量突破60 万。这使得口袋高校成为高校自媒体平台的后台服务大户，拥有庞大的流量基础与变现资本。于是，口袋高校就形成了 Imperfectly imitable(无法仿制的资源)和 Non-substitutable(难以替代的资源)。

口袋高校这一针对大学生用户群体的互联网应用产品，拥有着大多数同类企业梦寐以求的市场资源——庞大的大学生用户群体。它又是如何通过资源管理使流量变现的呢？答案就是广告。掌握了企业需求的用户资源后，口袋高校吸引了大量针对大学生群体的企业入驻，进而产生了广告投放。

6.4.4　模式管理——C2B2C 顾客循环模型

1. B2C 直接面向顾客引导流量——流量形成

商业模式是流量管理的关键一环，口袋提出的 C2B2C 顾客循环模型通过为用户提供服务来吸引用户，并根据使用情况不断优化改进商业模式及服务，以更好地满足用户需求并吸引更多的消费者，形成流量增长的良性循环。

图 6-4-4 所示为模式管理框架图。在 C2B2C 顾客循环模型下，开拓用户阶段就是汇集各种能力，创造关键产品，通过直接面向用户需求提供服务，形成坚实的流量基础。

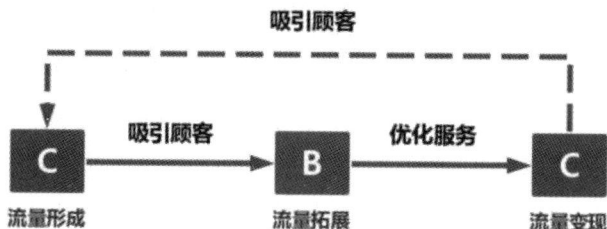

图 6-4-4   模式管理框架图

在流量形成期，口袋采用了"B2C 自营矩阵"模式来开拓用户流量，运用蓝海战略，采用差异化市场营销策略，直接面向高校学生市场，在企业、学校、社团之间构筑起可靠的联系，有效加强各方之间的合作。

在"B2C 自营矩阵"模式下，口袋直接面对作为消费者(C 端)的高校、学生、社团、企业，通过短渠道的优势集信息流、货币流于一体，没有中间商赚取差价，直接获得所提供商品和服务的收益。尽管口袋项目是由"B2C 自营矩阵"发展成长起来的，且如今口袋已转变项目初期的市场定位，但此模式依旧是口袋商业生态系统中不可忽视的一块，也是企业在流量形成期重要的利润来源。

2. 差异化服务拓展细分市场——流量拓展

在流量的拓展阶段，企业需要为用户提供差异化的服务，以此拓展不同区域、不同需求的细分市场。企业可通过扩展上下游合作伙伴，借助下游合作伙伴针对当地需求提供差异化服务，让产品更好地服务于不同细分市场，与合作伙伴实现互利共赢。

口袋高校通过"大 B to 小 B to C"模式(大 B 指口袋高校，小 B 指每所高校的高校合伙人)，借助小 B 的力量服务于每所高校这一细分市场，针对不同高校的需求提供差异化服务。

由"点"到"线"再到"面"拓展新媒体生态系统，重点打造上、下"发声轮"，提高在学生群体的渗透率，即拓展流量。"点"指各高校的口袋公众号；"线"指"口袋"自营的高校自媒体矩阵；"面"指以加盟形式连接全国高校。"口袋"对应的目标市场分别为杭州高校，杭州、苏州等使用口袋自营平台的高校新媒体圈，以及全国范围内的高校新媒体运营者。

口袋在这一阶段超越传统平台狭隘的用户定位，更多地将目光投放在新媒体运营者和 C 端的大学生用户个体上，巧妙地将两者的利益结合，构筑新的盈利点。口袋高校希望通过技术支持、运营指导、资源对接等多位一体的服务，推出精品小程序应用和服务平台，打造新媒体人脉圈，共享优质资源、交流新的运营理念，帮助高校新媒体运营者在本校建立、建设好新媒体平台，为广大高校新媒体运营者成长护航，使运营者自己获得成长和收益。

3. 面对终端用户需求的多样化业务拓展——流量变现

口袋成为覆盖全国高校新媒体运营群体的第一流创新服务平台，旨在打造高校服务生态圈，全方位服务高校师生，提供个性服务。在 C2B2C 顾客循环模型的流量变现阶段，口袋高校通过面向终端的用户需求，回到用户自身，为其提供多样化的服务，以此获取收益，从而实现流量的变现。

利用团队技术优势，全面推广小程序应用定制服务，精准服务各大高校，实现多样化盈利与功能。在原有服务基础上口袋高校制作一系列专业化运营培训视频，为高校新媒体运营者提供专业课程。口袋的主要发展方向为大数据业务和跨校联动服务，基于运营结构对用户技术进行数据捕捉、管理、处理和集合，利用流程优化能力，发挥用户数据的海量、高增长率和多样化特性，将新媒体平台中的非结构化数据与半结构化数据进行整合分析。其顺应大数据时代，利用云计算处理用户信息，进而使每一位用户得到个性化推送，使新媒体运营更加便捷，扩大受众，最终通过数据分析实现精准营销，覆盖全部 VIP 用户，为运营者的开发运营提供优质环境，促进整个新媒体运营行业形成公平规范、绿色发展的良好氛围。

6.4.5　服务管理——基于数据挖掘的精准服务策略

1. 数据分析不同客户的可盈利性——流量形成

在大数据时代，精准营销相对于粗放式的大众营销是一种精细化、准确化的营销方式。相对于大众群体而言，它针对的是大众群体中的分众群体，即一部分具有共同特征的消费群体。然而，随着消费者消费行为态度的改变，个性化需求变成了新常态，精准分众营销已不能满足消费者的要求。因此，在大数据时代，随着关于数据获取、数据存储以及数据处理与挖掘等技术的不断进步，在洞察消费者行为的基础上，企业开始追求比精准分众更为精准的精准个性营销，也就是所谓的"一对一"营销，即把以往传统的"将一个合适的产品提供给一些合适的客户"的营销思维转变成"将一些合适的产品提供给一个合适的客户"的营销思维，图 6-4-5 为服务管理框架图。

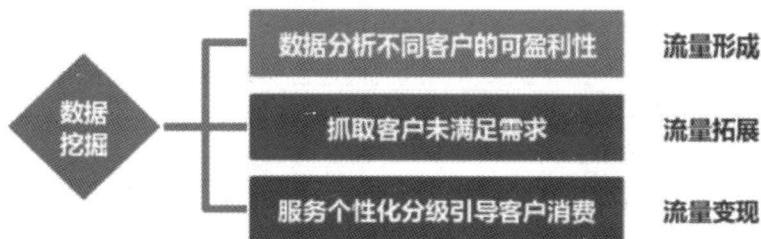

图 6-4-5　服务管理框架图

市场很大，消费者很多，但企业资源却是有限的，因此企业只能将有限的资源服务于部分消费者。而到底服务于哪一部分消费者，这就出现了企业对于目标客户选择的问题。在大数据时代之前，企业利用传统的诸如人口因素、地理因素等较为粗放的细分变量细分整个市场，进而选择其中一个或若干个市场作为目标市场，该市场里面的消费者也就是企业的目标客户。而在大数据时代，企业通过大数据挖掘洞察消费者行为，了解他们的差异化需求，进而将其划分为若干具有明显区别特征的群体，最后根据群体特征结合公司的产品定位选择一个或若干个目标群体。在此基础上，公司对目标群体中的消费者行为模式与价值进行判断，进一步细分，以客户的可盈利性区分优质客户与一般客户，最后为他们提供具有差异化的营销策略。因此，大数据挖掘能让目标客户选择更精准，让营销策略更有针对性。

2014 年，口袋高校的前身——口袋大学公众号成立。项目团队当时几乎都是在校大学生，他们很清晰地知道大学校园的服务需求，于是主打校园生活服务，先后开发了刷水、刷电、订餐等小应用，为大学生提供最基础的一些服务，当时的服务是不收费的，同学们每在公众号上订一份餐点、刷一桶水，团队都及时地送到学生寝室楼，提供最方便的服务。就这样，通过最基础、最真诚的服务，口袋积累了第一批基础用户；对于第一批用户，口袋不断提供更好的服务和优惠，逐渐形成了口袋的第一批稳定用户，从而形成了口袋的种子用户，再通过这些种子用户，挖掘其中可盈利性较高的优质用户。

2. 抓取客户未满足需求——流量拓展

在流量的增长阶段，需要抓住高价值的用户，并通过数据分析，找到其暂未被满足的需求，以此提供更多的产品及服务，进而快速拓展流量。

口袋高校是一家致力于满足高校师生需求的企业，有了稳定的用户基础，口袋接下来的目标便是让流量快速增长。为了达到这个目的，企业通过对用户的特征进行深入分析，在社交方面开发了卖室友、表白墙、分配对象等应用，以满足大学生的交友、恋爱需求；在学习方面，开发了四六级、早起打卡、查课表、约课等应用，服务大学生的学习需求，让同学们的学习更方便、高效；在生活娱乐方面，在原有刷水、刷电等应用的基础上定期举办校际活动或全国范围性活动，丰富大学生的校园生活；在工作方面，口袋不断把高校人才对接到企业，把企业需求、资源对接高校。针对不同客户需求提供相应的服务，逐渐形成了稳定、良好的用户需求服务链。就这样，深入大学生活校园的口袋高校团队不断向用户提供高校校园生活优质服务，让企业的流量源源不断增长。

3. 服务个性化分级引导客户消费——流量变现

流量变现是指将网站流量通过某些手段实现现金收益。在互联网行业，有这样一个公式：用户 = 流量 = 金钱。口袋"大 B to 小 b"的运营模式及本身的话题性决定了其最基本的用户数量，也就完成了公式的第一步，具备了客观的流量资源。而公式的第二步就是通过服务分级来引导客户消费。

对用户数据进行挖掘分析有助于对用户进行精准的营销，针对不同用户提供个性化的分级服务，将获得多样化的企业效益。针对口袋高校这一类互联网依托下的企业，企业效益往往与流量的产生与变现挂钩。通过不同类型的服务使流量的产生及变现能够获得更大程度的提升，能将企业资源与能动性发挥到最大限度，收获最有效率的企业价值。

口袋的服务分别针对高校新媒体运营者和学生个体用户两种。口袋直接对高校新媒体服务平台提供小程序服务，间接为在校大学生提供具体功能服务。高校新媒体运营平台使用口袋提供的小程序需要支付相应的费用，而用户使用高校新媒体平台提供的具体功能服务，则需根据服务的级别向平台支付相应的费用，口袋通过高校新媒体平台间接向在校学生提供服务并获取盈利。口袋的流量变现方式就是利用口袋和公众号的流量，通过两种不同的服务模式获取效益。

6.5　案例总结

目前，任何一家互联网公司都绕不开一个核心的需求——流量。只有拥有了流量，才能创造客户，才能创造价值，才能拥有一切。但在这样的时代却缺少对流量的管理方法和理论，导致大多数企业对流量的产生、增长以及变现管理无从下手，不仅浪费了流量资源还丢失了机遇。其中定位不清晰、内容同质化现象严重、缺乏与流量之间的互动性等是大多数该领域企业的共同症结所在。此外，由于受到利益腐蚀诱惑，个别企业、平台、个人开始向流量群体推送一些不符合社会主流价值的内容，以哗众取宠之势妄图骗取更多的流量，造成了不良社会影响。

本案例中的口袋高校以"技术支持"+"运营指导"+"资源对接"的高校一体化服务体系，让高校新媒体运营者更加便捷、高效地管理平台，在为广大学生提供优质内容的同时获得运营收益，打造高校新媒体产业良性生态圈，形成了坚实的用户流量基础。

同时，"大 B to 小 b"新模式是口袋高校流量进阶的关键。初期，口袋通过"B2C 自营矩阵"模式直接面向高校学生市场，在企业、学校、社团之间构筑起可靠的联系，实现第一批种子用户的积累。后期，口袋引入了"大 B to 小 b"模式，口袋为高校提供云端集体性大数据的支持，分析在校学生学习情况及兴趣走向，为各高校提供活动策划以及学生学习兴趣培养指导，为高校新媒体运营者提供技术支持和服务应用。与此同时，口袋通过高校新媒体平台获得大学生用户资源，并在此基础上获得小程序应用增值收入，与其进行利润分成，这样高校学生也就成了口袋的间接客户。随着各大高校新媒体服务平台流量的不断增加，口袋也在实现流量的进阶。

再者，口袋与腾讯微校携手实现双赢。腾讯微校作为口袋的合作伙伴，口袋的小程序应用在微校平台上展示并提供接入。各高校新媒体运营者通过腾讯微校平台接入口袋的爆款小程序应用，大大增加了口袋的接入流量，也大大提高了口袋的行业知晓度。口袋也是在这时开始从"自营矩阵"模式向"大 B to 小 b"模式转变。

最后，苏州扶摇信息科技有限公司在庞大的流量基础上，创造了它的流量价值。通过挖掘用户需求，推出能够满足用户需求的程序应用，实现应用增值；推出 VIP 服务和对接广告实现营收；收集大数据，对流量客户进行数据画像，实现精准营销，最终实现流量的变现。

� 案例点评

流量是互联网企业开展经营的基础，流量管理能力是互联网企业核心竞争力的重要影响因素，企业拥有流量才可能抓住顾客，从而挖掘到商机。

"口袋高校"是苏州扶摇信息科技有限公司推出的高校新媒体服务平台，拥有早起打卡、卖室友、四六级等多款月均百万 PV 的校园公众号旗舰小程序应用，并通过与腾讯微校、青团社等的战略合作加速形成综合性的高校新媒体服务平台。口袋高校作为企业、学校、社团、学生的连接器，依托"技术支持"＋"运营指导"＋"资源对接"的高校一体化服务体系，让高校新媒体运营者更加便捷、高效地开展互联网运营服务。在为广大学生提供优质内容的同时获得运营收益，打造高校新媒体产业良性生态圈，形成了坚实的用户流量基础。口袋高校上线以来，短短两年时间，平台已经连接 2768 所高校，覆盖全国 90% 以上的大学；服务校园媒体 11 038 个，拥有超 662 万粉丝，其中自营新媒体矩阵覆盖超过 70 多所高校，粉丝量突破 60 万，形成了庞大的用户流量。

结合口袋高校的运营，研究团队提出了"四维流量管理矩阵"，归纳总结出包括用户、资源、模式和服务四个方面的互联网流量管理模型。用户维度主要基于客户细分理论对用户需求进行充分研究，挖掘需求痛点，整合企业资源进行合理配置；资源维度立足 VRIN 框架，对企业资源进行有效管理，使其成为流量增长的主要动力；模式管理维度构建了 C2B2C 顾客循环模型，通过为用户提供优质服务来吸引更多用户，并不断优化商业模式及服务以吸引更多消费者，形成流量增长的良性循环；服务维度基于数据挖掘提供精准服务策略，在满足用户需求的同时，实现流量的盈利变现。

口袋高校针对高校新媒体运营难、盈利难等问题，依托"四维流量管理矩阵"，通过流量的形成、增长及增值变现三个阶段对互联网运营企业的流量管理进行分析和评价，形成了一套较为完善、具有良性循环能力的流量管理体系，对优化互联网企业的流量管理有很好的借鉴作用。

点评人：王雷(杭州电子科技大学教授)

案例七　濮院物流的"3＋5＋6"智慧物流平台业务协同模式①

现今，在"互联网+"、大数据的时代潮流下，物流信息平台的建设有助于提高企业的信息化水平，从而助力实现线上物流交易，提高物流服务质量。濮院物流基于协同理论下的运营模式，关注信息平台系统内部的关联与配合，进行供应链的协同，目标是有效地提升信息平台运行过程中的合作与协调，保证物流信息平台的高效运作。因此濮院物流在物流平台建设的时代潮流中，占据了一席之地。

7.1　引　　言

随着信息技术的飞速发展，在全球化市场下，多样化的客户需求结构使企业之间的竞争愈演愈烈。在物流行业链运行过程中，存在信息的不对等等问题，这导致行业间的利益链过长，物流成本居高不下，运营成本高昂，上下游企业衔接协调能力差。在如今的社会发展形势下，信息的集约化、对等化水平不断发展，旧的物流模式已经逐渐难以适应物流业务的发展。

2016 年 7 月，国务院常务会议部署推进"互联网+"高效物流，以现代信息技术为标志的智慧物流已成为物流业供给侧结构性改革的先行军。《2017 中国智慧物流大数据发展报告》指出，2016 年智慧物流指数全年均值为 40.9，尚处于快速安装阶段。其中，物流业务数据化程度相对较好，但数据基础设施还处于起步阶段，指数值为 18.8；物流协同化处于高速发展中期，基础协同相对成熟，2016 年 12 月末端协同率仅为 9.4。这意味着，智慧物流面临的瓶颈包括末端智能程度有待加强、数据基础设施建设仍是挑战。

"互联网+"物流是对以云计算、物联网技术、智能传感/大数据挖掘技术等为代表的

---

① 该案例获得 2019 年浙江省大学生经济管理案例竞赛一等奖。作者：于世缘、王晟、王燕炜、周釜葵。指导教师：彭勃。

新一代信息技术的有效集成与应用，真正解决的是物流环节中信息不对等以及利益链条过长的问题，并直接打通供给方与需求方之间的渠道，即解决影响供应链协同的不利因素。在此背景下，濮院物流园区发展有限公司运用供应链协同理论，研究企业自身的定位、平台的建设、技术的研发等，创新发展集贸易、物流、金融三位一体的智慧贸易物流公共信息平台，依此成功地与更多的企业达成合作，延伸了供应链价值。通过对濮院物流案例的分析，我们发现：供应链协同是企业进行协同创新、实现赶超的前提，运作方式协同是企业协同的基础，信息协同是企业实现同步运作的保障。

7.2 濮院物流公司介绍

7.2.1 濮院物流公司概况

濮院物流园区发展有限公司(简称"濮院物流")是一家以物流服务为主的企业，位于浙江省嘉兴市桐乡市濮院镇中兴南路 156 号，企业成立于 2003 年 12 月，主要经营范围为货物道路运输、仓库配送、线上平台服务等，涉及物流仓储、运输、信息处理以及其他增值物流功能等多个方面。

濮院物流注册资金为 3000 万人民币(2015 年重新注资，资金达 3025 万人民币)，物流基地(园区)占地 92 000 多平方米，下设物流仓库中心、卸载中心，营运网点遍布全国各地。园内日平均货运流量达 850 吨左右，全国总货运流量达 30 万吨。公司于 2009 年 6 月通过 ISO9001：2000 质量体系认证(现更新为 ISO9001：2008)，并于同年 12 月被中国物流与采购联合会评为 AAA 级物流企业，2015 年被评为 AAAA 级物流企业。

濮院物流内部根据职能划分部门，设有财务部、技术开发部、网络运营部、行政部、安全保卫部、运输部和电商仓储部。各部门都以"一流的物流效率、一流的服务质量、一流的管理效率、一流的公司信誉"为宗旨；企业以"选人要正、用人要公、育人要勤、管理要严"的态度管理员工；以"艰苦坚实、诚信承诺、实干实效"的口号要求员工；以"勇于拼搏、开拓创新"的精神激励员工。"信誉与创新"是该企业的灵魂，是企业的精神与价值观的体现，是企业生存发展的重要基石。

濮院物流在前期发展中重视物流的各个环节，集货运、仓储、卸货等多种经营于一体，并投入资金建设内部物流平台。在"互联网+"的时代号召下，2011 年，企业再次投入大量资金用于平台建设，将之前的内部物流系统平台升级为向产业集群、市场经销户、承运方、收货人提供互联互通的第三方物流交易信息服务平台。随着"互联网+"的不断发展，企业又进一步加强信息化和网络化的建设，将原有三方物流信息平台，扩建成为一个四方物流信息平台，形成了一个全新的"贸易、物流、金融"三合一智慧贸易物流公共信息平台。在此平台上，企业进一步整合涉船、涉路、涉车等数据资源，构建成聚联式物流贸易信息网络。

7.2.2　濮院物流公司产品和业务

高效的物流平台建设离不开专业的团队，这对企业行政管理层、技术开发团队、基层工作人员提出了更高的要求，濮院物流为此成立了专门的智慧物流平台项目开发团队。

濮院物流从 2014 年起开始建设智慧贸易物流公共信息平台(简称"智慧物流平台")，设立了专门的项目管理委员会。濮院物流高薪聘请专业人员组成平台建设组，并与掌握 J2EE、Spring MVC 等软件开发技术的嘉兴市梦兰电子科技有限公司合作，进行平台系统的开发、测试以及维护培训。同时，企业抽调濮院物流各部门骨干人员组成平台运营组，进行平台推广，招募会员，与桐乡市政府、货代、货主、运输车队等展开合作。为了使平台更加安全高效地运作，濮院物流还外聘多位专家组成顾问专家组，为平台运作提供支持。该项目的组织结构如图 7-2-1 所示。

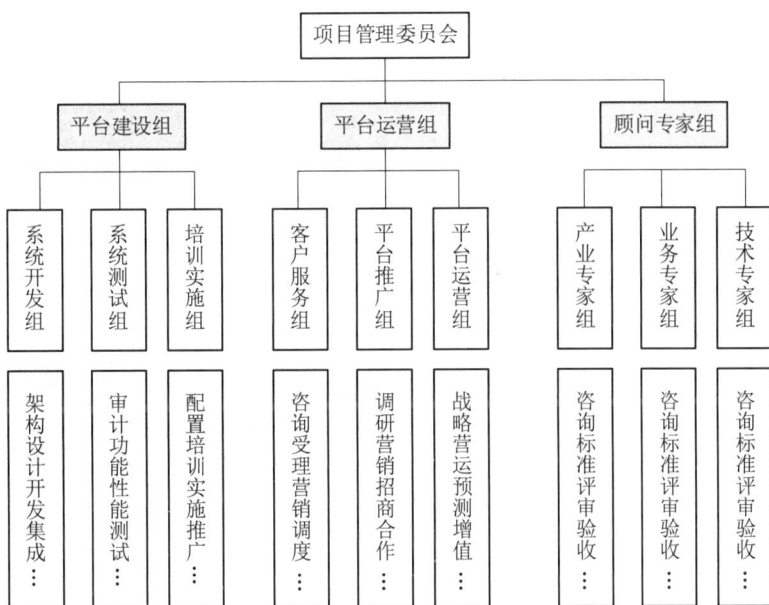

图 7-2-1　项目组织结构

智慧物流平台下设物流公共平台、物流陆路平台和金融服务平台三大平台，向商业、制造业、运输业等的活动提供物流服务，并把各个环节串联起来，成为一个信息交换的载体，使各个环节有机衔接，协调配合。这也加快了货运管理技术的推广及应用，将物流活动细分为货运计量、货运分类、货种标识、物流设备、信息系统和作业流程等各个环节，进行货运全程的量化监控和实时追踪，确保从货物交付到提取的各个环节的运输质量，使货运流程准确、高效地推进。

智慧物流平台是一个全面的物流信息网络。平台沟通政府部门、生产制造企业、运输企业、金融保险机构等，整合了各大机构、企业的信息系统，使数据透明化、科学化，加强了信息的交换，实现了资源的共享，打破了部门、企业、机构之间的信息壁垒，完成了多方面的跨行业合作。濮院物流准确把握行业的发展趋势，紧扣多方需求，使整个物流运作流程更加流畅，获得了很高的客户评价。

7.2.3 濮院物流公司发展历程

濮院物流企业的发展经历了三个阶段：艰苦的创业期、迷茫的转型期和信息化时期。濮院物流以突破传统物流行业的瓶颈为目标，在不断的发展中寻求创新点，从原有的三方物流信息系统逐渐升级成为一个全新的"贸易、物流、金融"合三为一的智慧贸易物流公共信息平台，构建了聚联式"物流贸易信息网络"，把物流与共享经济结合起来；它们将物流信息与技术结合大数据，使物流服务水平更上一层楼，形成了强大的企业竞争力。濮院物流先后获得嘉兴市十佳物流企业(2012)、浙江省物流行业骨干企业(2013)、嘉兴市交通重点扶持龙头企业(2014)、嘉兴市 AAAA 物流企业(2015)、浙江省十大仓储企业(2016)等荣誉称号。企业发展历程如图 7-2-2 所示。

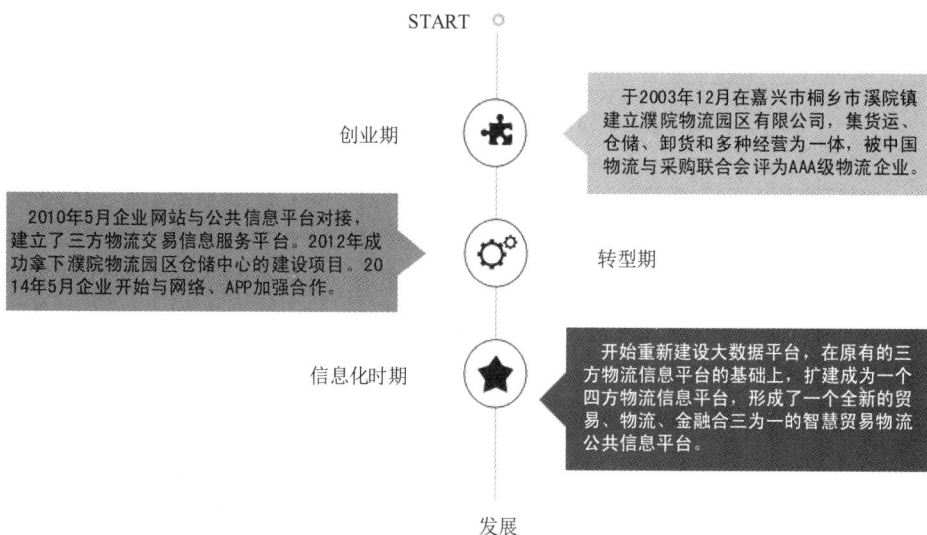

START

创业期

于2003年12月在嘉兴市桐乡市濮院镇建立濮院物流园区有限公司，集货运、仓储、卸货和多种经营为一体，被中国物流与采购联合会评为AAA级物流企业。

2010年5月企业网站与公共信息平台对接，建立了三方物流交易信息服务平台。2012年成功拿下濮院物流园区仓储中心的建设项目。2014年5月企业开始与网络、APP加强合作。

转型期

信息化时期

开始重新建设大数据平台，在原有的三方物流信息平台的基础上，扩建成为一个四方物流信息平台，形成了一个全新的贸易、物流、金融合三为一的智慧贸易物流公共信息平台。

发展

图 7-2-2   濮院物流企业发展历程

7.3   濮院物流平台运营模式探索

7.3.1   三大平台布局

濮院物流自主完成了智慧物流平台功能布局设计，旨在汇聚联合区域主要物流企业、政府资源，整合物流供应链，构建有监管机构的物流联盟，打造高端物流增值服务体系。

该智慧物流平台主要设有物流公共平台、物流陆路平台和金融服务平台三大功能平台，其结构如图 7-3-1 所示。

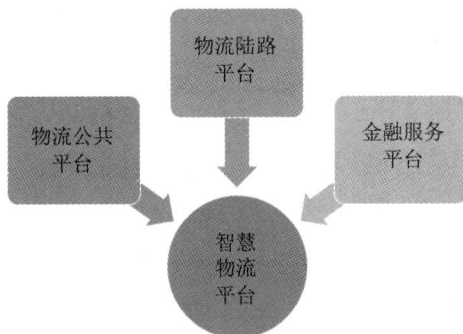

图 7-3-1　三大功能平台

1. 物流公共平台

桐乡市物流业涉及政府部门、生产制造企业、运输企业、商业外贸企业、金融保险机构等，各企业或机构具有各自的信息管理系统，但彼此间缺乏统一的信息交换渠道，特别是尚未建立数据交换与共享机制，这无形中提高了物流的时间成本和费用成本，也不利于政府管理活动和企业经营活动水平的进一步提高。我们的工作方向是：尽快建立统一的数据交换平台，不断完善数据交换与共享机制，打破部门、企业、机构、地域间的信息壁垒，实现上下游合作伙伴之间的合作，构建低成本的供应链体系。该物流公共平台主要为用户提供咨询中心、物流商城、公共查询等服务。

(1) 咨询中心。咨询中心可及时更新海运、陆运、空运资讯，物流相关的口岸信息、政务信息，行业动态新闻，以及最新物流相关政策法规信息等，为平台用户提供准确及时的物流信息。

(2) 物流商城。物流商城及时发布货物信息，更新货车信息，公布货运价格等，方便平台用户选择货运路线、物流公司、货运车队等。物流公司在平台上发布公路整车运输、公路零担或者集卡运输的运价信息，企业可通过平台查询相关信息，并提供在线预约服务，达成车货配载。仓库企业在平台上发布仓库信息及仓储报价，用户可通过平台查询相关信息，并在线预约洽谈。

(3) 公共查询。物流平台借助 GIS、GPS 等信息系统，实现货物与货车的定位，平台用户可通过网站实时追踪位置信息，同时为平台用户提供运输业户、货运的地理位置查询。

智慧物流平台公布注册的物流企业与机动车维修企业信息，定期更新货运车辆信息，公布货车违章记录等，并且定期考核注册物流企业，借助构建的大数据平台，进行物流企业的绩效考核，定期推荐优秀企业。

2. 物流陆路平台

濮院物流创造性地成功研发出陆路运输与交易平台，打破了传统运输业的管理模式，实现了公路运输的全程监控，促进了物流交易的达成。在降低货车空载率、增加司机的收入、增强货主对货物的管理、加强物流企业对车辆的监管能力等方面提升了企业的信息化水平；通过三网合一技术将车、货、人进行绑定，基于移动互联网获取实时数据，保障了数据的真实性；与多个省份的税务系统直接对接，实现了司机单车开具增值税发票，进而解决了公路运输行业营改增税费抵扣源头缺失的问题；帮助相关部门与公路运输企业规范税收，降低公路运输企业税负，为实现现金流、发票流、业务流三流合一提供了完整的解决方案。该平台的大数据架构如图 7-3-2 所示。

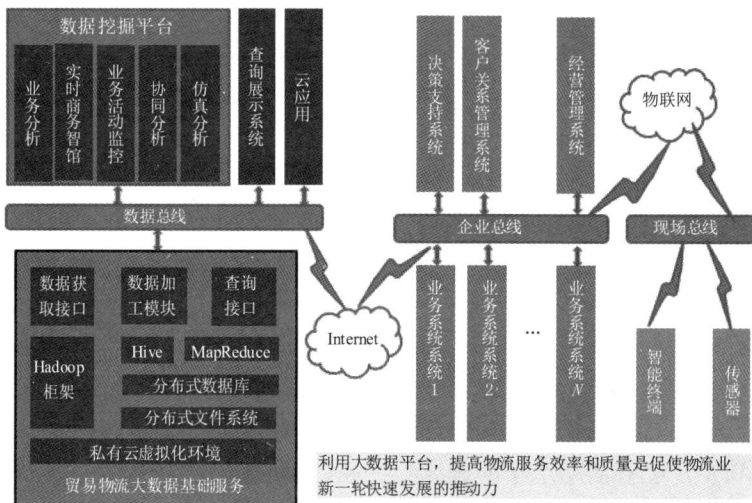

图 7-3-2　大数据架构

3. 金融服务平台

濮院物流的金融服务平台携手银行或优质金融机构为平台的注册会员提供一站式的供应链金融服务，主要为用户提供支付结算服务、融资服务以及票据服务。

(1) 支付结算服务。为了促进平台上信息流、资金流和货物流三者有效地结合，濮院物流与第三方支付结算平台对接。在中国人民银行桐乡市中心支行帮助下，濮院物流设计开发了 B2B 网上支付模式，为参与四方物流市场的企业提供便捷、安全、专业的网上结算支付服务，帮助企业节约了成本。目前公司已与中国农业银行、中国工商银行、中国银行、中国建设银行、中国交通银行、中国民生银行等 11 家银行开展了网上支付结算合作。

智慧物流平台电子支付结算系统通过第三方支付平台连接国内各主要银行，提供网上支付功能，并通过统一的结算系统对收退货款、返利和预付款等业务进行集中处理。该支付结算系统以 SSL 为协议接口，一次性接入费用为 2000 元，服务年费为 3000 元，注册公司需缴纳 30 000 元保证金，每笔交易扣率为 2%，到账日期一般为交易完成后一周。

(2) 融资服务。濮院物流智慧物流平台联合桐乡市主要商业银行、保险公司、担保公司、仓储物流企业为平台会员提供三类贸易融资服务：存货质押融资服务、应收账款融资服务、预付账款融资服务。智慧物流平台解决了物流融资过程中涉及的金融机构、融资企业、第三方监管单位等相关方信息不对称，物流动态信息获取难，以及相关方之间信息传递漏洞等问题。

(3) 票据服务。濮院智慧物流平台为会员提供承兑、贴现和票据抵押放款服务，联合专业的金融服务机构为会员提供最及时的报价、资讯服务，帮助会员完成票据买卖。此外，该平台也受理会员票据融资申请，降低会员融资成本，给企业带来融资便利。

7.3.2　五大功能设计

濮院物流自主研发了在线运营管理、在线运费结算、在线金融保险、在线交易撮合和在线税收管理五大功能，提高桐乡区域物流运营整体效率，有效降低物流企业经营风险。

一是在线运营管理。全程可视化监控运输过程，随时了解货物所处实际位置与运输状态，同时全部在线管理订单、货源、运单，打通内部管理与实际业务之间的障碍，提升运营效率。

二是在线运费结算。与实际运输业务进度联动，在线管理运费结算，并自动生成付款、收款、账单等财务报表，减轻财务工作负担，大大提升工作效率。

三是在线金融保险。平台为企业提供在线金融和保险解决方案，解决运输行业贷款难的问题，有效提升企业现金流管理水平，降低企业经营风险。

四是在线交易撮合。平台免费提供海量车辆的运力池，通过先进算法将货运信息推送给最合适的运力，大大降低了企业的找车成本，企业在使用社会运力池的同时，还可根据需要对自有车辆进行封闭管理。

五是在线税收管理。平台通过三网合一技术保障数据真实性，并通过与落地省份的税务直接对接，实现了司机单车开具增值税发票，进而解决了公路运输行业营改增税费抵扣源头缺失的问题。平台功能结构如图 7-3-3 所示。

图 7-3-3　平台功能结构

7.3.3　六大应用系统开发

濮院物流自主开发了数据采集、公共信息接口、数据交换、企业信用管理、电子支付结算以及 SaaS 服务六大智慧物流应用系统，有效地提升了智慧平台运行过程中的合作与协调能力，实现了供应链的协同。

1. 数据采集系统

(1) 定制功能。平台需要对接多种业务系统，并实时采集各种信息数据，所以数据采集系统需求容易发生变化，系统需要具备快速定制功能，尽量减少二次编码工作。在设计中，濮院物流充分考虑了系统的灵活性，设计和建设了灵活的定制工作平台进行业务采集，可以进行图形化分析报表定制、在线采集表单定制、采集报送工作流定制、离线采集定制、联网采集数据交换定制、数据中间表定制，可以很大程度上减少系统二次编码工作，并且能够适应不同类型的数据采集定制工作。

(2) 开放性。在线采集系统基于 J2EE 的 B/S 技术开发，外网数据上报用户和内网审核用户均可通过浏览器进行访问。离线采集系统具有适用于多种桌面操作系统的客户端，能够适应不同的计算机操作系统和网络环境，并与数据交换系统结合，实现数据的离线上报。联网采集完全基于数据交换平台，该平台完全采用开放式结构，适应各种计算机系统和复杂的网络环境。因此，采集系统能够适应多种网络环境和软硬件环境，能在任何操作系统平台上运行，能为任何数据库系统和应用系统提供数据访问和交换服务。

(3) 安全性。在数据采集过程中，通过数据报送流程监控、数据交换过程监控、数据预处理流程监控来保障数据采集的正常运行；同时数据传输机制高效、安全、可靠。

2. 公共信息接口系统

濮院智慧物流平台作为公共信息服务平台，设计标准接入规范，为企业的业务系统或其他需要获取信息的平台提供开发接口。该平台的公共信息接口系统的开发建设达到以下标准：

(1) 统一性。应用支撑平台统一规范、统一标准、统一接口，使用国际标准、国家标准，采用 J2EE 体系，支持业界公认的通用标准，如 TCP / IP、HTTP / HTTPS、XML / XSL、SMS 等；形成统一的开发手册或开发规范，符合国资委信息系统规范。

(2) 先进性。无论是对业务系统的开发，还是对信息系统和网络的开发，均采用国内外先进成熟的技术、手段、方法和设备。

(3) 高性能。应用支撑平台处理能力能够充分胜任智慧物流平台业务处理的要求，迎接信息量不断增长的挑战，数据处理快速，分析统计自动化。在大数据量、高反应速度条件下，满足各种应用支撑平台和硬件平台的高性能要求，并支持多机并行运行，性能线性增长。

(4) 保密性。对于信息系统中的业务信息、财务信息、信用信息、会员企业资料、各种统计分析报告和行业资料，有严格的管理措施和技术保护手段。

(5) 最高保护原则。系统中涉及的多种秘密等级的资源均按最高密级保护。

(6) 扩展性。应用支撑平台的设计充分体现发展需要，有良好的可扩展性和可升级性，易实施。

(7) 实用性。系统功能完备，操作简便。

(8) 安全性。建立可靠的安全体系，传输不间断、容错率高、可靠、可管理，可防止对信息系统的非法侵入和攻击，符合互联网安全体系的要求。

3. 数据交换系统

数据交换系统的核心功能是提供信息交换的通道和信息融合服务，其建设目的主要是解决网站信息共享的问题。通常不建议将数据库存在本地，而是通过数据交换接口直接对接各种信息系统，使数据在标准、规范的协议框架下发布。

智慧物流平台的数据交换平台采用面向服务的 SOA 架构，具有支持大型复杂分布式系统中松耦合的综合信息平台特征。安全性在整个架构所涉及的各个层面保证面向服务的 SOA 架构，同时也贯穿架构中所使用的参考模型。面向服务的 SOA 架构的安全保障体系通过实现环境安全、传输安全、数据安全和服务安全等几个方面的内容，为智慧物流平台的数据交换系统提供粗粒度和细粒度特征下的安全保障。

SOA 架构中的安全保障体系，不仅使用传统的数据加密、签名等较为成熟的基础信息安全策略，而且结合面向服务的 SOA 特点，充分考虑具体服务的高级安全性因素，包括：服务间单点登录的实现、用户角色的定义、授权模型、服务的访问控制等。单点登录时，用户登录一次便可获得对多个不同应用程序组件的访问权限，即该技术使组件可能各自具有不同的身份验证方案。例如，可以利用国家交通运输物流公共信息平台(LOGINK)和智慧物流平台身份认证建立统一的安全登录使用体系。该信息平台安全登录系统如图 7-3-4 所示。

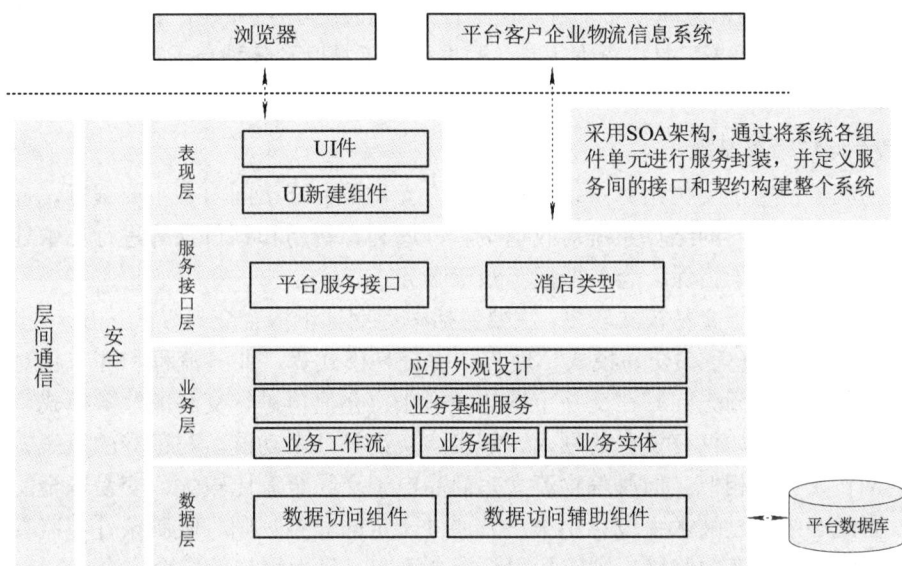

图 7-3-4　信息平台安全登录系统

4. 企业信用管理系统

物流企业信用体系建设是社会信用体系建设的重要组成部分，是发挥市场在物流资源配置中的决定性作用和强化市场监管的重要基础。利用信用记录建立企业分类监管制度，针对运输、仓储、代理等不同行业和不同运输方式分别制定信用考核标准，逐步综合行业管理部门和社会信用评价机构的标准，建立具有监督、申诉和复核机制的综合考核评价体系。根据信用评价结果的差别，对物流行业实行分类监管，有效建立警示企业预警机制、失信企业惩戒机制和严重失信企业淘汰机制。对守信企业实行"绿色通道"，将失信企业列为日常监督、重点监测或抽查的重点对象，增强监管的针对性和有效性，降低事中事后监管成本。

濮院物流选择冷链在物流、危险品物流等条件相对成熟的物流领域开展信用建设试点，探索信用信息采集分类、信息共享、联合惩戒、分类监管和行业诚信自律等模式，推行信用报告制度。通过专业物流领域的试点为全面推进物流信用体系建设积累经验，形成以点带面的示范效应。

物流企业信用管理系统的体系结构主要分为以下几个部分：

(1) 物流企业信用信息整合平台。这是一个数据搜集系统，将外部的物流企业信用信息数据的各类信息源整合在一起，并对不同格式的数据进行统一处理。

(2) 物流企业个人信用数据仓库。该仓库用于实现数据的存储与管理，是整个数据仓库系统的核心。在现有的基础上，对数据进行抽取、清理，并有效集成，并对其按照主题进行重新组织，最终确定数据仓库的物理存储结构，同时组织存储数据仓库元数据。

(3) 物流企业信用信息库应用平台。这是一个数据分析系统，该系统通过对信用评估进行建模，对数据仓库或数据集中的数据进行分层多维分析，提供高度交互的在线分析处理服务，可以即时进行反复分析、切片、钻取等操作，迅速获得所需的结果，同时还提供预定义的数据挖掘及数据查询服务。

(4) 物流企业信用信息库发布平台。该平台为一个数据应用系统，其前端工具主要包括各种数据分析工具、报表工具、查询工具、数据挖掘工具以及各种基于数据仓库或数据集开发的应用工具。

5. 电子支付结算系统

智慧物流平台电子支付结算系统通过第三方支付平台连接国内各主要银行，提供网上支付服务，并通过统一的结算系统对收退货款、返利、费用和预付款等进行集中处理，与银行合作开发提供电子担保、仓单抵押等融资服务。

大宗商品现货电子交易模式较多，主要包括中远期订单撮合交易模式、招标采购(竞卖)交易模式、电子拍卖(竞买)交易模式、现货挂牌交易模式等，业务流程和环节相对较为复杂。由于采用了交易商先向其在交易市场的虚拟账户充值再进行交易的业务模式，所以对于线上支付结算方面，仅有资金的划入、划出、查询等几个功能，与证券的第三方存管和期货的银期转账业务相似。但濮院物流大宗商品电子交易金额比较大，交易资金的监管更为重要，因此必须通过技术手段，由第三方通过一定的业务规则、限制条件、监管手段等措施对交易资金进行有效监管，锁定和跟踪资金流向，确保用户的资金安全。

(1) 系统核心。智慧物流平台的电子交易采用流行的清结算分离模式。即：采用清结算分离模式，这是由交易双方达成交易后，由智慧物流平台生成订单，并向第三方支付发出转账指令，再由第三方支付分别向交易双方发送二次确认信息，经双方个人账户确认之后，资金方可出账，完成交易。

(2) 系统安全。该平台采用企业网上银行与银企系统对接的方式，不涉及用户支付账户的任何信息，例如账号、密码等。在这种情况下，安全风险主要来自中间人攻击，即木马程序会截取支付结算系统发给银行系统的数据，并伪造数据发给银行系统，诱骗客户将钱付给非法的收款人。应对的措施是采用 PKI 安全加密体系；先对发送给银行系统的数据进行一次加密，然后用非对称加密算法的公钥对加密密钥进行加密保护，另外利用散列算法提取摘要值，用私钥进行加密，确认身份的合法性。账户、票据信息与查询密码也容易在网络传输中被窃取，智慧物流平台通过 SSL 保护数据传输的私密性。

6. 云计算服务系统

智慧物流平台可以为平台会员用户提供一系列的物流主要业务，包括仓储管理系统、车队管理系统、货代管理系统、危货管理系统等，并应用云计算服务模式。

云计算服务模式包括 SaaS、PaaS 和 IaaS。

SaaS 是 Software-as-a-Service(软件即服务)的简称，是随着互联网技术的发展和应用软件的成熟，在 21 世纪开始兴起的一种完全创新的软件应用模式。它与"On-demand Software"(按需软件)、The Application Service Provider(ASP，服务提供商)、Hosted Software(托管软件)具有相似的含义。这是一种通过 Internet 提供软件的模式，厂商将应用软件统一部署在自己的服务器上，客户可以根据自己的实际需要，通过互联网向厂商订购所需的应用软件服务，按订购的服务多少和时间长短向厂商支付费用，并通过互联网获得厂商提供的服务。用户不用再购买软件，而改用向厂商租用基于 Web 的软件来管理企业经营活动，且无须对软件进行维护。厂商会全权管理和维护软件。厂商在向客户提供互联网应用的同时，也提供软件的离线操作和本地数据存储，让用户随时随地可以使用其订购的软件和服务。对于许多小型企业来说，SaaS 是采用先进技术的最好途径，它避免了企业购买、构建和维护基础设施与应用程序的支出。

PaaS(Platform as a Service)指平台即服务，IaaS(Infrastructure as a Service)指基础设施即服务。

全面采用基于 AJAX 的网页技术，提供所有操作的可视化界面。例如，仓储管理系统可以实时查看仓库的存储状况，直接拖动货物放入仓库，或者从仓库中拖出货物来完成存储和取出操作。系统提供智能监控功能，可以在网页上显示地图和运输路线，实时反映货物所在位置。SaaS 服务结构如图 7-3-5 所示。

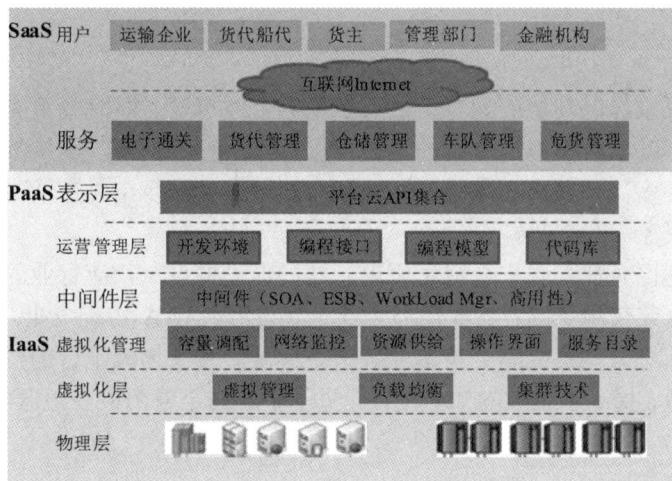

图 7-3-5　SaaS 服务结构

7.3.4　运营成果

智慧物流平台的建设运营顺应了大数据、"互联网+"的时代潮流，在实践中取得了一定的经济效益与社会效益。

1. 经济效益

平台将商流、物流、资金流有效整合，搭建全方位的"三位一体"智慧贸易物流服务体系，为客户提供了丰富且有价值的信息化物流服务；扩大业务范围，吸引了更多客户，改变了濮院传统的以货物运输为主的经营模式，大大提高了濮院物流的盈利能力。平台的利润来源主要为基本会员费、交易服务费、增值服务费、软件服务费、信息及广告服务费和其他盈利来源。平台盈利来源如图7-3-6所示。

图7-3-6　平台盈利来源

经过3年多的运营，智慧物流平台为企业带来了巨大的经济效益。企业的业务范围、业务量逐年增长，年平均税后利润为1600万元，平台的投资利润率为27.54%，投资利润税率为47.04%。

2. 社会效益

濮院物流在谋求经济利益的同时，热心于社会公益事业。濮院物流充分响应党和政府的号召，以实际行动支持桐乡市政府的号召，进行自主科技创新，支持教育事业，积极参加慈善捐款活动，多次荣获热心慈善、造福社会捐赠奖、桐乡市先进纳税单位等荣誉，建立了良好的社会形象。

濮院物流为地区企业入驻平台提供优惠，共同促进桐乡市物流行业的发展和地区经济的增长。濮院物流荣获桐乡市服务业优秀企业、嘉兴市AAAA物流企业、浙江省十大仓储企业、浙江省物流与采购协会副会长单位等荣誉称号。智慧物流平台的建立大大提高了濮院物流的服务质量，提高了企业的知名度，促进了企业乃至整个桐乡地区物流行业的发展。

7.4　基于协同理论的案例分析

现代物流系统的建设、发展与完善是推进物流业发展的重要因素。在物流业快速发展的过程中，如何使企业在纵向上进行配合与协作，缓解企业在横向上的相互竞争，协调企业内部各部门之间的工作，是物流平台建设的工作目标。

所谓协同，就是指协调两个或者两个以上的不同资源或者个体，使它们共同协作来完成某一目标的过程或能力。从系统学角度看，协同管理的目标是，对由若干子系统组成的系统进行时间、空间和功能结构上的重组，使其获得一种"竞争—合作—协调"的能力，该新系统的效应远远大于各子系统在新时间、空间和功能结构方面的效应之和。

通过调研发现，濮院物流初期建立的是面向下游企业的单向物流信息平台。由于该平台的服务范围窄小，数据链衔接不足，末端智能程度较低，缺乏服务主动性，导致物流信息匹配率低下，相关物流信息的交互非常困难，形成了很多"信息孤岛"，一定程度上使物流成本居高不下，物流效率无法得到有效的提升。经过调查发现，目前国内还没有很有影响力的、为大宗商品贸易提供专业物流服务的综合性平台，主要还是以大宗商品交易为主的电子交易所和电子商务平台为主，且国内很多平台上发布的信息都是二手的，即将向企业购买信息发布到电子商务平台上。大部分生产商和运输商还是按照原有的合作模式和渠道开展业务。

同时，濮院物流认识到，传统的分散化物流服务已经阻碍了企业的发展，不再适应个性化物流需求，现代物流企业仅仅外包某一物流功能服务已远远不够，应该寻求全方面发展之道。把"互联网+"融入企业的发展，这是濮院物流公司成为桐乡市乃至嘉兴市物流行业领头羊的关键原因。为此，濮院物流公司所实施的与其他物流企业合作展开外部协同和企业内部协同的融合互动，有助于实现供应链资源共享和利益共享。

7.4.1　外部协同

供应链中的上下游企业对整个供应链的发展均有重要的影响，供应链上各运作环节的"无缝对接"，上下游各节点企业之间的相互协调合作成为"协同关键"。

以濮院物流为核心的供应链外部协同主要指投资主体、目标、组织、资源、利益、管理以及技术等方面的协同，智慧物流平台通过大数据技术分析供应链中各企业的综合能力，倡导供应链多个战略层面的外部协同，主要包括投资协同、组织协同、利益协同、运作协同和技术协同。

1. 投资协同

智慧物流平台是由政府与企业共同出资运营的平台，以协同模式为运营方式。在平台建设之前，政府与企业调研了我国物流信息平台的现状：一是只靠政府投资，二是只靠企业投资，这两种模式下的平台运营效果都不尽如人意。而协同模式为中和这两种模式、趋利避害、实现物流信息平台的良性发展提供了可能。

2013年，嘉兴市政府积极响应国家发改委、商务部、工信部等十部门联合发布的《关于加强物流短板建设　促进有效投资和居民消费的若干意见》，旨在加快健全物流基础设施网络，构建物流信息平台，提高嘉兴市物流行业的服务质量与发展水平。嘉兴市政府于同年开始规划建设物流信息平台，并以向社会招标，濮院物流凭借其出色的项目规划方案在此次招标中成功中标。智慧物流平台建设一期工程共计投资5810万元人民币，濮院物流公司自筹1500万，其他资金由政府及社会人士投资。

智慧物流平台协同模式的创新之处在于，强调共同的建设主体，即政府与企业的共同设计开发，同时发挥其他主体如社会、市场环境的作用，并且明确划分各主体的职能角色，政府引领并带动平台的建设与监管，濮院物流负责平台的运营，各用户通过平台实现交易。

2. 组织协同

战略目标是企业追求、定位的体现。濮院物流所处的供应链将"高效、敏捷的物流服务"作为战略目标，形成了供应链总体战略，将目标具体分配给上下游各企业，明确各节点的分目标，使各企业为供应链整体目标而努力。

智慧物流平台的运作使供应链实现了组织协同，平台对供应链各节点企业实施信息监管，通过对上游供应商、下游客户的数据分析，判断供应链中是否存在垄断情况。实现组织的对等性，避免因垄断现象影响其他节点的利益。

濮院物流的智慧信息平台整合了公共信息接口系统、数据交换系统的信息资源，完成了各系统之间的数据交换，将平台面向的物流企业、物流企业客户、金融机构和政府部门集结在一起，打通了业务流程，构建了企业间开放式的信息环境。该平台提供了供应商、经销商之间的双向信息交互；实现了供应商管理库存，进行连续库存补充，减少供应商由于缺货而导致的产品订单交付延误、库存成本上升的现象；消除了不健康的库存，优化库存，及时准确地满足企业客户需求。濮院物流通过规划和建设区域物流公共信息平台，将所有的物流资源、物流需求以及物流业务数据存放到数据仓库中，利用数据挖掘技术和决策支持技术，进行物流资料统计分析、经济适应性分析、发展趋势预测等，为平台用户制定战略规划和决策提供科学依据，最终提高平台用户的整体竞争力。

3. 利益协同

濮院物流立足长三角地区，发展以大宗商品贸易为主的区域性智慧贸易服务平台，为货主、货运代理、船务代理公司、船舶公司、货运站、堆场、车队、企业、政府等平台用户提供专业的综合贸易服务，加强了信息交换，促进了资源共享，提高了物流服务的效率和水平。该平台将控制范围扩大到供应链上的所有节点企业，让企业及时获得供应链中的完整信息，如生产、运输以及能否按时到达等。同时，该平台力图以江海联运平台汇接国内其他的口岸城市，形成港口联盟，发展更多的地区企业用户。平台汇集港口、陆运、各个相关职能部门信息系统的相关数据以及船舶公司、船务代理公司、货运代理、车队、物流企业、货主的信息化系统对接的信息流数据，加上自身的海量交易数据、物流数据等，逐渐形成了港航大数据。通过平台增值的大数据分析决策服务，为平台用户提供更具有参考价值的信息。通过更广泛的贸易、物流、金融资源的有效整合，搭建全方位的"三位一体"智慧贸易物流服务体系，完善大宗商品供应链体系，从而为平台用户提供更丰富、更宽广、更有价值的信息化服务。

在整个供应链中，各节点企业有其独特的资源优势，上游制造商企业有技术优势，下游客户有资金等优势。智慧物流平台通过综合评估分析各企业的资源能力，倡导各节点提供互补性资源，并整合这些资源，通过建立供应链利益分配机制，实现供应链利益协同的整体目标。

濮院物流智慧信息平台运用大数据计算，合理控制上游供应商的产量和下游销售商的库存，让各企业利益分配合理化。同时，制定利益分配原则，避免供应链各节点利益分配不均的问题。在公平分配、合作共赢、协商让利、透明公开的原则下，通过信息协同的收益共享协议，保证收益分配公平；在平台吸引更多用户、获得更大的收益的前提下，相对应的信息协同收益分配更加考虑用户的需求，具有网络经济的互利优势；同时，平台用户在会员制的基础上具有收益分配中的"话语权"，可以对平台信息协同收益分配提出合理建议；而在平台用户管理模块上，运维人员对信息协同收益分配所作的更改对所有平台用户可见，有效避免了因信息协同收益分配不透明而造成的管理维护混乱和用户纠纷等问题，从而使平台和用户在有效的信息协同中获得合理公平的收益。

4. 运作协同

濮院物流把发展重心放在物流平台上,智慧物流平台则把供应链与物流平台相结合,通过一个平台把濮院物流的上下游客户、投资方、政府监管等联系起来,使物流、信息、监管做到透明化、可视化,简化工作程序,方便服务,节约了人力、物力、财力。

智慧物流平台的建设是一个庞大的系统工程,其庞大和复杂在于它不单单须构建一个工程、一个物流信息平台,还须构建若干个子系统。濮院智慧物流平台主要包括物流公共平台、物流陆路平台和金融服务平台,运输、信息管理和增值物流业务等服务被整合到一个大系统之中,该平台成为濮院物流新的核心竞争力。

濮院物流平台通过计算机互联通信,减少了数据差错,提高了供应链的整体处理速度。濮院物流平台中的船期、箱源、货运信息等对接各个政府部门相关系统或船公司、货代与船代系统、货主 ERP 等,然后汇集整理,开放公共查询接口,为平台用户提供实时、有效、高价值的商业信息服务。而且,平台具有先导作用,可实现零散订单合成与批量化作业,这解决了目前同一个购物平台下单,多家配送公司送货,浪费物流资源的情况。同时,利用其先进的 EDI 技术实现企业间及企业内部各种不同的单据格式交换及处理的完全自动化、高效和零差错,提高了信息传递的及时性、准确性和可靠性。

濮院物流负责智慧物流平台的运营工作,为了保证供应链的长久合作和智慧物流平台的正常运作,濮院物流出面制定了供应链企业必须遵守的信息管理规范——《智慧物流平台信息管理规范》,包括供应链内各企业信息传递、数据库访问权限分配、数据安全管理规范等制度。

嘉兴市政府对智慧物流平台有监督与规范职责,市政府及行业主管部门也针对智慧物流平台制定了相应的政策与管理制度,如公平的信息认证机制、信息安全保护立法、信息市场交易的规范等。供应链企业都必须遵守平台的政策与规范,链内企业积极建立公平互利的信用机制与双赢合作关系,保证每个企业随时了解合作者的情况,及时发现和解决合作过程中的困难和问题。同时,良好的信用机制和合作范围将各成员利益目标协调起来,能够减少信息管理中遇到的难题。

5. 技术协同

濮院物流的智慧物流平台统一设计系统结构,各项技术遵循国际标准、国家标准、行业和相关规范,如 J2EE、XML、JDBC 等业界主流标准。而且,该平台运用基于先进的面向服务的 SOA 架构方法,提出了由数据层、业务层、服务接口层、表现层组成的平台构架。

濮院物流应用 DSM 结构设计矩阵,通过业务建模和服务聚类,设计服务接口层的服务模块;设计了数据采集系统、公共信息接口系统、数据交换系统、企业信用管理系统、电子支付结算系统和 SaaS 服务系统,无缝采集相关企业和部门的信息流;运用电子数据交换技术、云计算技术、数据挖掘技术、数据仓库技术等,对海量信息进行储存、管理,并利用虚拟化技术、分布式处理技术、实时流数据处理、智能分析技术等,为大数据信息的分析挖掘提供快速强大的技术支持。

濮院物流的智慧物流平台采用多层次的安全控制机制,并使用网络防火墙(firewall)隔绝外部的非法端口访问,正确地配置操作系统自身的安全机制,对远程传输的数据使用加密机制，正确配置应用系统中的权限分配机制等手段，多层次地保证数据访问的安全性，从而使各平台用户企业放心信任地采用智慧物流平台上的信息并与平台用户进行深入合作。同时，平台和长三角江海联运的口岸、政府管理部门以及优质贸易、物流、金融企业结成策略联盟体，通过信息安全体系认证、服务器托管等技术控制信息协同的风险。打破了各部门、企业、机构等之间的信息壁垒，在有效促进平台成员间业务无缝对接的基础上，加强了企业间合作的紧密性。

7.4.2 内部协同

1. 功能协同

濮院物流一直保持着传统物流的仓储、运输、装卸搬运、分拣、配送等物流基础功能，由运输部门和电商仓储部门管理以上业务。

仓储和运输是物流的两大基础业务，濮院物流在基础运输业务方面已经发展了十几年，在仓储和运输两个方面的发展思路清晰，不需要其他指令就能自动组织工作，物流流程运行有序，这成为企业发展的基本驱动力。同时，物流流程间的协同效应使企业的发展更加顺畅。

濮院物流的智慧物流平台不断提高信息管理和增值物流服务水平。均可以通过平台查询仓储和运输的数据，数据的公开化使用户更加便利地选择需要办理的业务，为电子商务企业等用户提供在线交易服务，为企业内部的运输和仓储等提供信息资源整合服务，把实体物流服务和虚拟数据、增值服务联系起来，通过共享资源，降低了各业务环节的成本。同时，物流系统的各个功能既分离又串联，不同物流子系统间有清晰明确的区分与联系，即各个物流子系统设有独立运行的系统。这促进了物流系统各功能的协同发展，提高了资源利用率，获得了更大更快的发展动力。

2. 部门协同

濮院物流的企业组织结构划分为六大部门，包括技术部、财务部、行政部、安全保卫部、运输部和电商仓储部。如果把各个分散的活动单元协同起来，就能创造出大于各部门简单加和的企业价值，使企业真正在较高层次上成为一个整体。

为了开发管理好智慧物流平台这一项目，濮院物流采用了矩阵制组织模型，专门建立了相关的项目组来落实平台的建设发展。矩阵制组织模型在平台项目管理过程中，帮助濮院物流平衡时间、成本和绩效。

由于平台项目的目的性强，机动灵活，为了完成既定的任务企业内部创建了一个高效率且非常精干的新组织——技术项目小组，此项目组的成员是从财务部、行政部等各部门抽调出的精英，他们既同原职能部门保持组织与业务上的联系，又参加技术项目小组这一临时性组织(项目管理委员会)的工作。项目管理委员会下设平台建设、平台运营、专家顾问三个小组。平台建设组负责建设和设计平台，并进行平台测试推广；平台运营组负责维护平台运营和反馈平台问题，并进行平台营销和招商；专家顾问组受理咨询，审核和验收平台建设成果。这种组织结构有利于信息的无障碍交流，增加了各部门人员互相学习并协同合作的机会，提高了专业管理水平，很好地解决了原本采用直线职能制而造成的企业内部组织横向联系差的问题，做到条块结合，从而促进濮院物流的智慧物流平台的完善。

掌握物流专业知识的管理人员可对营销人员和技术人员进行有效的管理,使这些人员最大程度地发挥效用,使资源得到最佳配置。技术人才作为濮院物流的新兴力量,与各部门精英进行新老碰撞,使新的技术力量和原生的意识基础结合,拓展出更大的可开发的空间,弥补了技术人员在经营战略方面的不足,也解决了管理人员和营销人员在技术上的缺陷,使得技术部得到了完备的、全方位的准备基础与能力提升。

通过不断巩固智慧物流平台的地位,加强技术开发和网络运营与运输仓储等业务人员的合作。最终,项目组与相应职能部门的相互交错,所形成一种矩阵制结构组织,加强了各个部门的协同关系,提高了企业的运作效率,降低了企业运营成本。

7.4.3　物流平台实现路径

1. 资金筹备

与任何一个平台的建设相同,智慧物流平台在建设过程中面临建设期长、投资额庞大、回收周期长等问题,这些问题都需要强大的资金后援与理性的融资战略。显然,仅仅依靠濮院物流是不能解决这些问题的,故智慧物流平台是由桐乡市政府与濮院物流共同出资建设运营的平台。

智慧物流平台工程分两期建设,一期时间为2014—2015年,总投资5810万元人民币。二期时间为2016—2019年,总投资4140万元人民币。一期项目工程总投资中濮院物流自筹1500万元,其余部分资金来自桐乡市政府及社会机构。在智慧物流平台建设中,桐乡市政府充分发挥了"牵头人"的作用,为平台建设提供财政资金支持,给予企业税收优惠。同时,政府积极发挥协调作用,利用现有资源,引导社会资金投资智慧物流平台的建设,为企业解决资金问题。

2. 市场推广

智慧物流平台以嘉兴桐乡为实施对象,将航运、陆路及与贸易物流相关的管理部门的信息系统对接,主要获取与通关、外贸、港航、陆运等服务有关的数据信息,然后通过公共服务平台为当地的企业提供贸易物流综合配套服务。在提供线上服务的同时,组建线下专业服务团队,为平台会员提供增值服务,通过区域性的推广方式,快速形成物流综合公共信息服务平台。

(1) 第一阶段:重点用户选择。

认真选择市场中的重点用户,以加强市场推广工作的针对性和有效性。

(2) 第二阶段:建立互信阶段。

加强服务工作,开展平台宣传,借助呼叫中心平台发展客户,让其成为平台的会员,多为会员用户推送有价值的针对性信息,提升用户的好感和信任。

(3) 第三阶段:促进用户实际使用阶段。

对已注册为平台用户的会员,通过分析他们在平台的行为,优化网站的用户体验,同时通过各种手段来增加活跃用户的黏性,并积极调研不活跃用户的需求,并通过激励手段让其来试用平台的应用。

(4) 第四阶段:提高服务级别,深化对用户的服务。

通过线下服务团队的专业培训,力争为客户提供卓越的优质服务,深化用户的服务体验，通过良好的口碑效应，使平台运营进入良性发展轨道。

7.5 案例总结

本案例利用协同理论来进行濮院物流的智慧物流平台建设研究工作，研究发现，在"互联网+"背景下，聚集物流服务资源，形成专业化分工与合作局面。企业夯实全方位的服务功能，进而为物流的区域化和网络化运作创造良好的条件，打造一个完整的物流信息平台，创新企业发展道路，为企业找到新的经济增长点。大数据、信息化已经成为一种发展潮流，利用大数据进行资源整合会给企业带来新的生命力。

案例围绕经济社会的"互联网+"发展趋势、市场竞争和政府的支持等方面，分析了濮院物流建设智慧物流平台的必要性和可行性，并提出了一个完整的物流服务的平台框架，以"提高物流服务信息化、促进物流信息交流与共享、提高政府监管与决策能力"为基点，提出物流平台应具有在线运营管理、在线运费结算、在线金融保险、在线交易撮合、在线税收管理五大功能；按照功能把智慧物流平台划分为物流公共平台、物流陆路平台、金融服务平台这三大板块，提供咨询、运输与仓储、支付结算等服务，提高客户的物流服务体验；濮院物流在自筹资金的同时，也获得了政府的扶持与社会资金的大量投入，保证了平台的开发与运行稳定，最终赢得了经济利益与社会利益的双丰收。

在此基础上，团队提出了濮院物流的协同发展模型，并论证了模型的可行性和科学性，进一步总结出，协同贯穿于企业的整个发展过程。同时指出了企业的外部协同和内部协同方式，通过智慧物流平台，拉近了上下游客户的联系，并打通企业内部的信息互通网络，通过共享物流信息，及时反映用户需求，提高了用户的价值感，增加了物流服务的匹配率。

本团队认为濮院物流的智慧物流平台顺应社会的发展，为物流行业的发展提供了新思路，并且对物流服务的用户体验进行强化。濮院物流在严峻的市场竞争中生存下来，得益于企业能够不断勇于创新、与时俱进。就濮院物流的现状而言，智慧物流平台已经为企业赢得了强大的竞争优势，赢得了市场用户的认可，企业的未来发展趋势不可小觑。

本团队认为濮院物流的发展对桐乡市乃至全省的物流业发展具有启示和借鉴作用，主要表现为三点：一是有助于提高区域物流相关服务的企业信息化水平；二是有益于促进区域内各方物流信息的交流与共享；三是有利于帮助提高政府对物流市场的监管与决策能力。

案例点评

案例围绕经济社会的"互联网+"发展趋势、市场竞争和政府的支持等方面，分析了濮院物流建设平台的必要性和可行性，并提出了一个完整的物流服务平台框架，以"提高物流服务信息化、促进物流信息交流与共享、提高政府监管与决策能力"为基本假设，提出物流平台应具有在线运营管理、在线运费结算、在线金融保险、在线交易撮合、在线税收管理这五大功能；按照功能把物流信息平台划分为物流公共平台、物流陆路平台、金融服务平台这三大板块，提供咨询、运输与仓储、支付结算等服务，提高客户的物流服务体验；濮院物流在自筹资金的同时，也获得了政府的扶持与社会资金的大量投入，得到了大量的技术支持，保证了平台的开发与运行，最终为企业赢得了经济利益与社会利益的双丰收。

　　本案例利用协同理论研究濮院物流智慧物流平台建设，发现大数据、信息化已成为一种发展潮流，利用大数据进行资源整合会给企业带来新的发展力和生命力。在"互联网＋"背景下，物流企业只有进行服务资源的聚集，打造一个完整的物流信息平台，形成专业化分工与合作局面，夯实全方位的服务功能，为物流的区域化和网络化运作创造良好的条件，才能创新企业发展道路，挖掘更多潜在客户，找到企业的新的经济增长点，建立企业发展优势。濮院物流的发展对桐乡市乃至浙江省的物流业发展具有启示和借鉴作用，希望通过分析濮院物流，为全国物流业提供发展新思路。

点评人：彭勃(浙江海洋大学教授)

案例八　嘉科的智慧养老服务模式①

在新时代信息技术快速发展的背景下，传统的养老服务模式如何整合先进科技和养老产业资源，加快转型升级是一个非常重要的议题。通过研究嘉科智慧养老云平台及养老服务各参与主体相互之间的作用，结合生态圈理论，分析嘉科如何借助云平台重塑养老服务生态圈，针对养老企业转型、改革等议题，为嘉科智慧养老云平台完善自身的构架提供改进意见。智慧养老把现代科技手段和养老产业中的创新应用结合，在促进养老服务创新驱动发展中具有积极意义。

8.1　引　　言

随着人口老龄化过程的不断发展，传统养老服务模式弊端凸显，养老将可能成为社会难题。由于我国人口老龄化具有基数大、增速快、高龄化三大特征，如何解决我国养老问题已经成为政府改善民生、提升人民幸福感的重要任务。随着老年人口的增多，老人个性化、多元化的需求也不断增加，养老健康服务业市场巨大。

近年来，国家关于倡导智慧养老的政策密集出台，鼓励实施"智慧养老""医养结合"等养老服务新模式。企业一方面不断完善智慧健康养老产品和服务标准；另一方面，对落实智慧养老发展提出了具体要求(示范企业、示范乡镇、示范基地)。《"健康中国 2030"规划纲要》《"十三五"国家老龄事业发展和养老体系建设规划》《智慧健康养老产业发展行动计划 2017—2020 年》《"十三五"健康老龄化规划》等一系列政策都指出：实施"互联网+"养老工程，推进信息技术支撑健康养老发展，发展智慧健康养老新业态。

在这样的背景下，一种利用计算机网络技术、物联网信息技术等新兴现代科技，将老年人在日常生活中的各个方面紧密结合，为每一位老年人提供诸如生活长期护理照料、健康管理照护等多种养老服务的移动互联网时代智慧养老综合服务云技术在我国迅速兴起。该技术主要应用于居家老年人和社区养老机构，并在全国各地试点探索并逐步推进。智慧养老带来的服务模式、服务产品的转变促使传统养老模式的变革，使大多数老年人能享受到多样化、人性化、高效化的养老服务。

---

① 该案例获得 2020 年浙江省大学生经济管理案例竞赛一等奖。作者：李鑫、朱方圆、傅雅楠、杨杰、周涵。指导教师：丁志刚。

浙江嘉科智慧养老服务有限公司积极响应国家政策，依托软件信息系统和智能硬件设施，推出一站式智慧养老服务生态系统——嘉科智慧养老云平台。嘉科致力于构建"于智慧养老、结合长期护理保险，提供社区居家养老、机构养老、医养结合服务"的智慧养老生态模式，以互联网技术为手段，整合多方服务资源，提供区域协同的移动智慧养老服务。

本文以嘉科智慧养老云平台为例，运用生态圈理论，对养老服务生态圈内老年人、智慧养老企业、第三方机构、政府等主体进行分析。探索嘉科如何借助智慧养老云平台，重塑传统养老服务生态圈，使养老服务生态圈内各利益相关者联系更加紧密，从而整合资源，实现合作共赢，有效应对传统养老服务供给与老年人实际需求不平衡的问题，为老年人提供专业化、标准化、高质量的养老服务。

8.2　浙江嘉科智慧养老服务有限公司介绍

8.2.1　概况

浙江嘉科智慧养老服务有限公司(以下简称"嘉科")，隶属于中国电子科技集团有限公司。公司于 2016 年成立，主要从事智慧健康养老平台建设运营、居家和机构养老服务、长期护理保险业务和企事业单位职工健康养老服务。公司以平台为基础，依托专业的医疗康复护理和技能培训团队，为政企客户提供全面的智慧养老和长期护理保险管理与运营方案，同时向老年用户提供全面的"安全、健康、生活和精神"服务，积极创建嘉科智慧养老模式。

嘉科肩负"智慧养老、服务可及"的企业使命，践行热情仁善、专业专注的核心价值观，树立成为智慧养老品牌企业的企业愿景，专注智慧养老服务的普及，并为形成可持续、可复制的成熟智慧养老模式而努力。公司积极履行央企社会责任，致力于创建"基于智慧养老、结合长期护理保险，提供社区居家养老、机构养老、医养结合服务"的智慧养老生态模式，打造行业知名品牌。

8.2.2　产品与业务

目前嘉科已成功完成智慧养老云平台的开发并投入运营，建立了 113 个社区居家养老服务中心，其中 10 个为示范型；建立公建养老院 2 个。通过健康管理、居家养老等智慧健康养老服务的实施，养老服务质量、效率显著提升。接下来的重点任务会在突破关键核心技术，丰富智能健康养老服务产品供给，发展健康养老数据管理与服务系统上。

嘉科的研发团队由中国电科三十六研究所牵头，中国工程院院士、中国电科集团首席科学家杨小牛挂帅，组建了具有专业实力的近 20 人技术开发团队，团队成员覆盖软件开发的各个工作，从项目管理、UI 设计、服务器后台开发到前端开发、App、微信等，并已获得近 20 项软件著作权专利。

嘉科与中国电信、中国移动等系统集成商达成合作，为养老服务平台运营提供帮助；与数字电视传媒企业华数合作，实现养老服务优质资源的传播与共享；与网络技术提供商海康威视合作，研发养老监控产品如摄像机等；在养老助餐方面，与一些餐饮企业如五芳斋签订配餐合同，在长期护理保险业务方面与保险公司达成合作，为失能老年人提供参保，等等。

8.3 案例主体——嘉科智慧养老服务模式探索

8.3.1 传统养老服务面临的供需失衡问题

1. 服务内容与老年人个性需求不匹配

一方面，缺乏医疗健康服务。在养老设施硬件方面，较少考虑老年人在医疗、健康等方面的需求。同时养老机构医疗功能欠缺，老年人患病后，由于多种原因不能及时就医。

另一方面，缺乏精神关爱类服务。现有的社区养老服务，大多数停留在对老年人身体的照料，对于精神情感上的照顾和慰藉较少。即便是受过专业训练的人员在上门提供服务的时候，也仅仅是为老年人提供洗衣、做饭等简单的生活料理。很少有人会关注老年人的心理状况，例如是否对现状感到满意、是否希望有人陪伴、是否希望能够与子女进行更多的沟通等。因此，在现有的社区养老服务中，能够提供的服务类型还比较有限，不能够满足老年人的精神需求。

2. 床位提供与实际入住需求不匹配

一方面，养老机构多数是公办性质，民办较少，在机构数和床位数方面，民办和公办都存在很大的差距。民办养老机构设备建设较完善，从业人员较专业，能够提供的服务方式较多元化，所以民办养老机构较受欢迎，经常会有一床难求的情况。公办养老机构拥有较大的资源优势和政策支持，覆盖面广，但是公办养老机构存在着片面强调机构建设、增加床位、过于关注高端机构养老项目等弊端，导致入住比例普遍不高。而家庭养老和社区养老投入较为薄弱。加之家庭养老和社区养老点多面广、服务分散，显性效果差，往往不受重视，供给不足。

另一方面，对于养老群体的入住需求，缺乏市场细分，入住养老机构的养老群体多为自理老年人，养老机构服务内容趋同，普通床位过剩。由于资金投入大、专业技能要求高、养老服务存在风险以及失能老年人支付能力弱等原因，导致具有一定医疗服务的"医"和专业护理服务的"护"等刚性养老需求短期内难以得到有效满足，专业化机构和护理床位缺失严重。

3. 人才供给与服务质量需求不匹配

(1) 养老服务人才极度短缺。第一，养老服务专业人才缺乏相应的福利，许多学校设立了养老服务专业但生源困难。第二，养老服务工作压力大、工作辛苦，所以许多人不愿从事该行业。第三，政府和各服务机构对于专业人员的培养还局限于应急式的规模化教育，造成队伍的规范、制度落后，导致培养出来的人员专业意识和服务意识欠缺，整体素质不高。目前养老服务人员专业能力较弱，只会做一些简单的家政服务和日常护理，对老年人身体和精神关爱不到位，不能满足老年人多样化的需求。

(2) 相关专业学生不愿意从事养老服务。第一，政府和相关养老服务机构对于养老人才的支持力度小，政府目前出台的老年事业发展文件中对于养老服务从业人员人才的培养几乎没有，因此无法从法律上对养老服务人才的专业培养及应有的社会经济地位进行保障；而养老服务人员的工资待遇、职业晋升等激励保障也没有具体规定。第二，养老服务的人才培养也面临着学生流失率高的问题，越临近毕业，相关专业的大学生从事本行业工作的意愿越小，创业的意愿也持续降低。毕业后从事对口服务工作的学生也很少，即使有也会很快流失到其他行业。所以，最根本的激励措施是：转变社会观念，使这一职业受人尊重、受人认可和理解，需要加大社会的宣传，也可以通过政策引导，制定学费减免、岗位补贴等激励政策。

8.3.2　嘉科智慧养老服务模式的做法

嘉科在中国电科集团首席科学家杨小牛院士提出的"互联网＋医养护"社区居家养老项目的基础上，深刻理解国家政策和养老服务体系特点，针对养老服务供需不平衡这一问题，结合不同老年人群体的切实需求，运用物联网、互联网、人工智能、云计算等先进技术，成功研发出智慧养老云平台，创建"系统＋服务＋老人＋终端"的智慧养老服务模式。

嘉科自主研发的智慧养老云平台为主管部门建立养老动态数据库，实现养老服务监管，推动养老服务体系建设，让老年人更快捷高效地获取养老服务，提升老年人的获得感、幸福感。

目前公司已完成智慧养老云平台的开发，如图 8-3-1 所示。智慧养老服务云平台和系列前端应用已在浙江省嘉兴市本级(即南湖区、秀洲区两区)和海盐县、海宁市等地开展运营，运营业务拓展到了青海省、重庆市等地；智慧养老平台监管系统服务于医保、民政等相关监管部门及平台运营者。

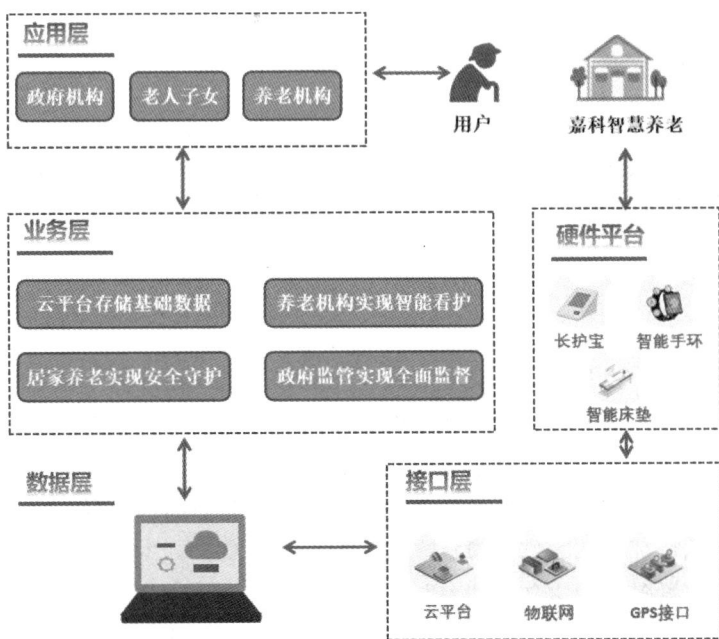

图 8-3-1　嘉科智慧养老云平台架构

1. 智慧"云"——搭建平台，提供技术支撑

嘉科运用互联网、物联网、云计算等技术，成功研发出智慧养老云平台。云平台的架构包含硬件平台、接口层、数据层、业务层和应用层。具体来说，其系统架构是基于智慧养老平台，利用长护宝、智能手环等智能硬件产品，通过产品移动接口把数据传输到公共数据库和嘉科智慧养老云平台，云平台再通过各个业务层支撑起各种应用，通过软硬件结合形成落地服务，更好地服务于老年人。

智能硬件设备是获取部分数据的渠道。通过智能硬件设备的监测以及移动接口的数据传送，软件信息系统才能更好地发挥作用。嘉科目前正在使用的智能设备主要有 H66 手表和智能床垫等，嘉科通过这些智能硬件设备将与老年人有关的数据及时地上传至平台，当专业人员发现数据异常时，可以立即采取措施，充分发挥智能硬件设备的智能化、精准化作用，更好地服务老年人。智能硬件设备功能及作用介绍如表 8-3-1 所示。

表 8-3-1　智能硬件设备功能及作用介绍

智能硬件设备	功能及作用介绍
■ H66 手表	H66 手表旨在缩短老年人与子女、医护人员、社区的距离，一键解决老年人需求。设备端集成健康传感器、GPS 定位模块、数据传输模块和音频组件，通过通信模块和后台管理系统交互信息。当老年人按下按键时，云平台会收到老年人的需求，及时与老年人取得联系，解决老年人生活难题。利用互联网技术，实现健康数据采集并实时上传至管理平台
■ 智能床垫	智能床垫旨在规避老年人夜间风险。老年人夜间风险防控系统整合智能设备、人工智能、大数据等技术，降低老年人夜间安全意外事件的发生概率。将老年人睡眠监测仪放置于床垫上，老年人夜间睡眠数据与生命体征数据即可实时传输至云端，通过健康云平台进行分析与处理，实时同步至客户端，方便站点机构管理与服务

云平台主要结合了大数据、移动互联网、物联网技术，建立属于嘉科自身的老年人数据库。一方面，从公共数据平台如老年人的医疗数据库、历年体检报告中导入老年人的静态数据，发现老年人以往存在的问题或安全隐患。另一方面，利用嘉科的线下服务，在实施服务的过程中运用长护宝、智能手环等智能设备，实时更新并且导入老年人的基本信息以及动态身体指标特征。基本信息包括老年人的人脸信息，动态身体指标包括老年人的血压、心率、BMI 指数等。对老年人进行持续的身体看护，实现养老服务监管。

数据库中心首先录入个人信息，并有效记录老年人需求层次分析、服务内容等方面的信息。同时，嘉科借助于大数据进行信息收集、信息存储和信息整合，再借助移动终端采集日常行为、收集老年人多个维度的健康信息与养老服务需求，为养老服务平台合理地配置养老服务资源提供数据支持。对于养老服务的供给方，基于互联网、大数据、移动终端的相关技术，能够实时收集、整理和分析老年人的养老服务数据，做到统一收集、处理数据，统一发布服务指令，从而能够为老年人提供个性化、多元化的养老服务。

嘉科还开发了以下三个系统作为业务层的主要应用。

(1) 社区居家养老服务中心运营系统。"乐慧嘉定"作为运营系统，以家庭为核心，以社区为依托，视老年人群为服务对象，设居家养老服务(照料)中心为网点，以信息化平台为支撑，以专业化服务为依靠。积极发挥政府监管作用，广泛动员社会力量，充分利用社区资源为居家的老年人提供生活照料、医疗护理和文化娱乐、精神慰藉等方面的服务，并借助智能硬件设备，为老年人提供全方位无感知的安全看护。

该系统整合社会公共资源，打造为老年人服务的云平台。为老年人提供方便的购物、订餐、家政、医护等服务。同时利用现代物联网技术，为居家的老年人提供定位、健康监测、精神关怀等在内的实时化服务。通过手机端应用，实现老年人用户之间的互相关注、下单等功能，形成"亲情圈"。

(2) 智慧养老院系统。嘉科的智慧养老院系统是为养老机构量身开发的产品，包含了基本的亲情探视、安全监管、健康检测、服务监管功能，囊括健康上报、床位监管、预约探视、老年人监管、老年人动态等小功能模块，如图 8-3-2 所示，涵盖了从预约到退住的严谨完善、操作简单的全流程。

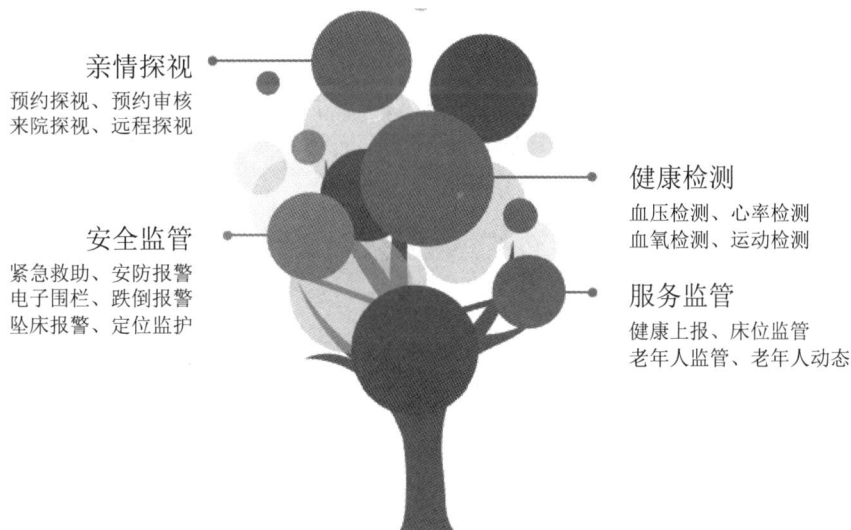

图 8-3-2　智慧养老院系统

① 亲情探视。传统的养老院探视给老年人家属带来了很大的不便，嘉科的智慧养老系统从人性化的角度出发，通过技术实现便捷的远程探视应用，以减少家属的多次往返奔波，提高探视效率。嘉科智慧养老院系统以其先进的技术、科学的管理方式和服务于民的设计理念开创了现代亲情探视的新模式。这种创新的探视系统对加强政府的便民服务、创新社会化管理模式、实施养老院改造工作等都具有重要意义。

② 安全监管。这是对老年人在养老院日常生活的安全守护，对老年人安全健康实现了全方位的监管。比如，利用智能床垫，可以及时发现老年人夜间坠床状况，并及时进行报警；利用智能手表，可以对老年人不慎跌倒以及检测值超出电子围栏规定范围的情况进行报警。

③ 健康检测。利用十二合——体机、智能血压测量仪等智能化产品，对老年人的日常身体健康状况进行快速检测，如血压、血氧等身体状况指标；利用智能手环对老年人的运动数据进行记录，并实时查看老年人运动时的心率，若发生异常，则会报警。

④ 服务监管。利用物联设备，如智能手表和手环，为老年人提供日常生活中的安全看护，并在异常情况下提供自动报警和紧急求助服务。针对老年人的具体情况，把床位分为普通照料、医护型、失智照护型三种，老年人及家属根据自身需求和其他用户评价，在填写居住时间以及个人信息后，进行线上养老院床位预定，入住类型可以选择单人或者夫妻型，房间标准有双人标准间、双人标准套房、大床房等。

(3) 养老服务监管系统。养老服务监管系统为政府监管养老服务市场运营提供支撑，为智慧城市大数据中心提供数据支撑，包括老年人基础数据统计、失能人员数据统计、站点及养老机构统计、服务商统计、床位统计、智能设备报警及数量统计、养老服务补助发放及使用统计等。提供完善的服务评价及考核机制，提供用户监督及反馈通道，实现养老服务市场的全流程闭环管理。借助该智能监管系统，嘉科能够将老年人健康监管、政府监管、服务监管融为一体，为搭建智慧养老服务平台提供科技支撑，提升养老服务质量效率和水平。

2. 服务"端"——推出应用，形成无缝对接

目前，智慧养老云平台建有四类服务终端应用，分别是长者端、商户端、客服端、监管端，形成了一个以老年人为中心、养老服务信息资源共享、老年人需求与供给无缝对接的闭环智慧养老服务模式，如图 8-3-3 所示。

图 8-3-3　云平台的四大用户端

(1) 长者端——提升养老服务体验。"乐慧嘉定长者端"应用拥有自助购物下单、家政服务预约下单、医护服务预约下单和代下单的功能。本款应用除实现医、食、住、行、乐等常规功能外，在老年人绑定智能硬件并将应用和亲友账号关联后，即可实现数据共享，子女可实时获取老年人身体数据、地理位置等信息，还可帮助老年人点餐、提醒吃药、发出警报等。

通过手机应用与物联网健康体检设备连接，对老年人进行健康监测，可提供基础健康数据解读、健康数据实时展示、消息推送等医护服务。

子女可以辅助老年人进行信息录入、下单等操作，方便子女远程为老年人提供贴心关怀。为老年人提供足不出户的居家养老服务，不仅体现在便捷、安全的生活服务方面，同时注重老年人的精神健康，给予老年人无时无刻的关怀慰藉。在提高当代老年人居家养老生活服务质量的同时，逐步改善当代老年人的生活习惯，从"治末病"逐步向"治未病"转变。

(2) 商户端——扩大养老服务覆盖范围。"乐慧嘉定商户端"是嘉科智慧养老平台的商户应用，可实现商户注册、登录、接单、提醒以及相关资金提现、数据分析等功能。

各行业商户通过入驻平台，获得经营权限，即可轻松使用经营管理、商品管理、快速接单、流程化操作、订单管理、满意度调查、收入统计等功能。商户们的入驻延伸了养老服务的边界，扩大了养老服务覆盖范围，让老年人享受到多样化的养老服务。

(3) 客服端——突破养老服务营销方式。"乐慧嘉定客服端"可实现客服抢单、处理报警来电等功能。客服通过应用可以快速处理紧急情况，更好地服务老年人，避免了服务地理位置的局限性。客服端与商户端口相互配合，实时监控商户在该平台提供的各项服务情况，实现订单管理、工单管理、入驻服务人员管理等。

客服端突破传统居家养老服务营销方式，通过交互网络进行品牌传播和营销，提高养老服务水平和服务质量。

(4) 监管端——改善养老服务完成情况。"乐慧嘉定监管端"主要为政府或机构服务人员提供手持端操作，进行服务签到、服务完成情况提醒以及服务前信息录入、服务中信息保存、服务后服务记录查看。同时，该端口应用还能查看养老服务新闻、护工培训资料。

该系统提供完善的防作弊功能，突破时间、空间的束缚，可以实时监管服务人员的位置和服务情况，借助长护宝设备进行录音，为老年人提供服务监管保障，让老年人子女安心、放心。

3. 康养"点"——设立站点，实现服务落地

嘉科采用线上线下相结合的模式，在线下开设康养"点"，实现养老服务的落地，为供需平衡提供基础保障。

自2018年10月嘉科养老智慧云平台上线，公司智慧养老平台业务已在青海省、浙江省海宁市、上海市嘉定区开展。社区居家养老服务业务拓展到嘉兴市五县两区及浙江省安吉县等地，总数量达到113个，注册老年用户突破10万，服务健康老年人50万人次/年，服务失能老年人2万人次/年，开展活动1000余场。建立了嘉兴市新嘉街道居家养老服务中心、海宁市斜桥镇居家养老服务中心等10个示范型居家养老服务中心；取得20余个社区居家养老服务中心运营管理服务资质，签约养老院突破100家，取得市级地方标准立项。下面介绍两种有特色的康养服务站点。

(1) 社区居家养老服务中心。嘉科开设的社区居家养老服务中心站点认真贯彻公司的

决策部署，按照"嘉科养老，智慧可及"的目标，牢固树立"创公司良好形象，展嘉科服务风采"的理念，采取"边协调边进入，边服务边磨合，边学习边创新"的工作思路，让居家养老服务工作呈现了良好的发展态势。服务中心针对不同的老年群体需求，通过信息技术实现智能化、高品质养老服务，利用云平台提供安全监护、生活照料、健康护理、精神关爱四大服务，为老年人提升获得感、幸福感和安全感，从各个方面帮助老年人更好地生活。

① 安全监护服务。为老年人配备的智能监测设备将自动采集老年人的动态安全数据并上传至云平台，对老年人生命体征进行实时监测，并在检测出异常时报警。嘉科的智能手表、床垫等设备都起到了监护作用，可实时反映老年人的心率、呼吸、在床或离床状态，能够应对突发状况。通过智能手表中的定位卡以及电子围栏功能，能够精准定位老年人位置，防止老年人走失。这在一定程度上对老年人的日常生活起到安全监护的作用，让在外的子女更加安心。

② 生活照料服务。鉴于大多数老年人的子女出门在外不方便照顾老人，老人可以通过云平台和呼叫中心直接拨打电话，或者在小程序上下单来获取生活照料服务。嘉科在收到相关服务咨询后，会派养老护理员或家政服务员持证上门为老年人提供日常护理、家政服务、家电维修、免费理发、日常购物等服务，老年人可根据自身实际需求灵活选择每次服务的内容。服务结束后，通过智慧养老服务平台或相应程序进行结算，使老年人足不出户即可享受到快捷便利的服务，真正实现养老服务的网络化、便利化、零距离。

③ 健康护理服务。嘉科的社区居家养老服务中心签约具有专业资质的康复医师，开展特色康复理疗服务。康复医师会对老年人进行首次康复评定，制订康复治疗计划，确定治疗方案、近期目标和远期目标。由治疗师根据治疗计划为老年人实施一对一康复治疗。一方面，对于一些患脑卒中、帕金森综合征、长期卧病等失能老年人的护理，采用国际普遍的护理理念和护理方案，提供专业化生活护理及医疗护理服务。另一方面，针对一些病症较轻、常年服药的老年人，可以通过云平台，根据个人不同的服药需求设定人性化的用药提醒和专业的指导服务，保证老年人能够按照正确的时间合理地服药。同时，嘉科云平台的专业服务人员还可陪同、协助老年人进行就医配药。

④ 精神关爱服务。老年人除了对日常的生活照料服务和医疗护理服务有需求外，其对精神上的关爱服务也是十分迫切的。很多老年人在心理上会发生一系列的变化，容易产生消极情绪甚至发生感情失控情况，因此，嘉科提供独特的精神关爱服务，主要包括文化娱乐服务、大型节庆活动和心理疏导。在养老服务中心设立棋牌室、阅览室、书画室、手工制作室，丰富老年人的娱乐生活。

(2) 医养结合机构。嘉科养老海宁市斜桥镇居家养老服务中心是集医疗和养老于一体的医养结合机构。该中心设置在斜桥中心卫生院内，充分整合养老资源与卫生院资源，拥有一支由医师、护士、药剂师、康复师等组成的专业医护团队。护工为老年人提供日常护理及康复护理，并将护理中发现的异常及时反馈给护士及医生，突出"家庭化、亲情化、人性化"服务，充分展现医养结合模式的优势。

8.3.3 嘉科智慧养老服务模式的成效

1. 智慧"云"——增强供需匹配的契合度

嘉科智慧"云"利用数据中心的信息技术共享、信息交换、综合分析等功能，通过老年人及其家属前期填写的老年人养老服务需求以及其他基本资料，对老年人的养老服务需求进行进一步分析，并为其规划详细的养老服务方案，从而为提高社区养老资源设施的利用率提供理论依据和支撑，实现养老服务的高效性和精准性。智慧"云"还通过数据处理和分析功能，提升原有的服务效率，解决以往养老服务中所不能解决的问题，更好地服务于老年人，让家属感受到新型养老服务的灵活性，放心地将老年人托付给社区养老服务机构，从而改善养老服务供需双方的关系。

智慧养老云平台通过跨终端的数据互联及同步，连通各部门及角色，形成一个完整的智慧管理闭环，实现老年人与子女、服务机构、医护人员的信息交互。对老年人的身体状态、安全情况和日常活动进行有效监控，及时满足老年人在生活、健康、安全、娱乐等方面的需求。

2. 服务"端"——增强供需匹配的功效性

智慧养老云平台对养老服务资源进行统筹收集、整合管理，协调资源分配，促进供需信息有效对接。同时，平台上第三方服务商的加盟使养老服务范围扩大，延伸了养老服务的边界，如一些餐饮、家政行业的加入，为老年人提供多样化的服务，丰富养老服务内容，满足老年人的个性化养老需求。这样一来，针对老年人的不同需求就能提供所需要的服务，养老服务内容由单一化向系列化、量体裁衣式转变，并根据老年人的不同需求，提供多样化的服务，满足服务需求的个性化。

基于智慧养老服务平台和呼叫中心，老年人或子女可以通过手机 App 或微信小程序进行日常用品、智能设备和服务下单；服务人员接到订单后，上门为老年人服务。服务结束后，老年人或子女直接在智慧养老服务用户端进行支付结算，节省了时间和精力，使老年人足不出户也能享受到便捷、优质的服务。通过养老服务终端，老年人在家不仅能享受到生活照料等服务，还能得到一定的医疗照护；老年人可以使用终端发出方便快捷的服务请求，这样其既可以得到有偿、低偿或无偿的上门服务，又可以逐渐实现移动医疗保健。移动医疗保健可让少量服务人员服务更多的老年人，推动实现养老服务对象的"全员覆盖"、服务需求的"无缝对接"和服务时间的"全天候"。

3. 康养"点"——增强供需匹配的可持续性

智慧养老云平台与城市的各项规划进行对接，从多方面完善各养老机构的服务质量，大力推进养老服务设施的建设，提升服务能力和水平，让辖区内的老年人就近享受到快捷、专业的服务。云平台结合大数据、移动互联网、物联网等技术，建立老年人数据库，积极推动居民小区配套建设养老服务设施，实现对老年人口信息查询、房屋信息查询、家庭信息查询、养老机构精准定位、区域老年人口及养老资源的分析统计等。

智慧养老云平台通过云平台整合社区、养老院、卫生所等资源，加强信息互联互通，促进养老服务的高质量发展。云平台借助大数据、物联网等信息技术，分析老年人的养老需求。各级社区、养老院、卫生所相互协作，通过资源优化、科学分工，组织护理人员、志愿者以及医护人员为老年人提供全面的精细化养老服务，定期进行资源整合、信息更新工作；同时，各机构分享养老服务经验以共同进步，打造区域协同一体化的智慧养老服务共享平台，比如，嘉科数据库中收集整理的信息资源可通过平台共享给医院、家政、餐饮、保险等第三方服务机构，为老年用户提供更专业更方便的购物、订餐、家政、医护等服务。

8.4　嘉科智慧养老服务生态圈的案例分析

8.4.1　生态圈理论的适用性分析

1. 分析对象的适用性：以生态圈理论分析智慧养老

生态圈理论认为，企业运营本质上是实现资源在加工或转化过程中的价值增值。但这一活动的开展要通过物资流、能量流和信息流的流动来实现，资源在获得价值增值的同时必然在一定程度上需要企业之间、各利益相关者主体之间的相互协作。

将生态圈的概念运用于智慧养老领域后，通过智慧养老企业搭建的一个多边共赢的平台，使得老年人、智慧养老企业、第三方机构、政府等利益相关者强强联手，组建和谐共生、互联互通、相互支撑、相互作用的生态圈。他们都有各自的职责，同时嘉科鼓励各个主体之间的相互交流、相互协作、相互依赖，这将在智慧养老服务生态圈中发挥着不同的作用，共同探索智慧养老服务体系的创新。

2. 分析角色的适用性：以生态圈理论分析利益相关者角色

生态圈中最重要的部分就是在其中生存发展的生物个体和群体，这对应智慧养老服务生态圈中的各个利益相关者，主要有老年人、智慧养老企业、第三方机构和政府。智慧养老服务的发展离不开各利益相关者的参与和投入，各利益相关者在智慧养老服务生态圈中担任着不同的角色。

老年人是智慧养老服务生态圈中的服务对象，平台的创建、第三方机构的加盟、政府制定的政策措施及监管都应为养老服务提供保障。智慧养老企业则是运营管理者，在遵守行业规范的同时，也在积极履行着相应的社会责任。他们正在探索用打造智慧平台的方式连接各个利益相关者、整合多方资源，形成开放共享的信息圈并服务老年人的智慧养老体系。第三方机构是服务的主要提供者，为养老服务贡献着自己的力量，拓展了养老服务的范围。政府是智慧养老行业的规范者、支持者和监督者，对于智慧养老的发展方向和规划起到了上传下达的作用。

3. 分析智慧养老的特征：智慧养老服务发展符合生态圈可持续发展的特征

智慧养老企业、第三方机构和政府的相互协作实现了智慧养老服务生态圈的良性可持续发展。任何一个主体的发展都离不开生态圈内各利益相关者的投入，养老服务体系应追求整体利益，而不仅仅是各自的利益。在一定的区域内，养老服务生态圈内的各主体通过信息交流、数据共享、服务分配形成了一个相对稳定、高效的养老生态体系，为老年群体提供更全面、优质的一体化服务。

就智慧养老服务体系而言，和谐可持续发展的生态圈应该遵循开放、有序、合作、共赢的原则，为养老服务的发展创造更好的生态环境，让身处其中的各成员共存共荣，最终实现整个链条及系统的和谐发展。

8.4.2　智慧养老服务生态圈内各利益相关者

养老服务生态圈要和谐发展，必然要考虑到养老服务生态圈内的利益相关者，包括老年人、智慧养老企业、第三方机构、政府等主体，这些利益相关者与养老体系的生存和发展密切相关，他们要共同为养老服务生态圈的和谐发展出力。

1. 服务对象——老年人

(1) 角色定位。世界卫生组织将老年人定义为 60 周岁以上的人群。老年人大致分为自理型老年人、介助型老年人和介护型老年人三种。自理型老年人是指日常生活行为基本可以独立进行，不依赖他人护理的老年人；介助型老年人是指日常生活行为需依赖他人和扶助设施帮助的老年人，主要指半失能老年人；介护型老年人是指日常生活行为需依赖他人护理的老年人，主要指失智或失能老年人。在养老服务生态圈里，服务对象是老年人。

(2) 自身利益。生命安全是老年人最重要的需求，由于老年人的生理特征和反应能力等特点，老年人的生命安全常常得不到保障，容易发生意外事故。生活物资供应是老年人日常生活的另一个重要需求，指向一些行动不方便的老年人提供足不出户买到新鲜蔬菜、肉类蛋白质和其他日常生活用品的服务。日常生活帮助也是老年人日常生活中不可缺少的需求，主要指一些家政服务和助餐等服务。随着老年人年龄的增长，相应的慢性疾病患病率也会提高，医疗健康日益成为老年人更高层次的养老需求。老年人的精神问题也不可忽略，随着信息技术的增长，老年人常常会感到焦虑与孤独，因此老年人需要精神慰藉来缓解他们的焦虑。

2. 运营管理者——智慧养老企业

(1) 角色界定。智慧养老企业在养老服务生态圈中担任着运营管理者的角色，通过搭建云平台的方式有效运营管理养老服务的良性发展。智慧养老企业是一种处于非营利组织和商业企业之间的特殊企业形式，能够收获社会价值利益和经济价值利益。

(2) 自身利益。智慧养老企业兼具社会价值属性，很多该类企业都隶属于国企名下。他们的首要目的是解决当前传统养老的各种突出问题，在一定程度上缓解养老资源短缺的压力，从而使中国的养老事业朝着智慧化、精准化、标准化、可推广的方向健康发展。智慧养老是一种具有公益性质的事业，是一个涉及人民幸福和社会和谐的民生工程。智慧养老企业在运营管理整个养老服务的过程中，肩负着社会责任感，一方面，在政府的大力支持和各种优惠政策措施下，将各种补助发放给老年人，以低价甚至是免费的形式服务于老年人，让老年人有能力享受到方便快捷的服务；另一方面，在服务老年人的同时，提升自我的品牌形象与社会形象，收获社会价值。

智慧养老企业在实现社会价值的同时，也能够获得一定的经济利益。智慧养老企业之所以能够提供高效率高质量的养老服务，很大程度上与政府的支持力度有关。他们除了从政府得到维持自身发展的相关必须经济来源和其他资源外，当社会养老目标取得成效的时候，也能得到相应的经济价值回报。同时，养老服务智慧化很大程度上提高了智慧养老企业的运行效率、降低了成本，从而使企业在服务中获得相应的经济利益。而且智慧养老企业通过平台进行养老服务的市场化运营，使得多个主体参与到养老服务中来，大家一起发展，共同受益。

3. 服务提供者——第三方机构

(1) 角色界定。第三方机构在生态圈中扮演着服务提供者的角色。第三方机构主要是各类服务企业、服务运营商，他们纯粹是从商业角度出发，以市场拓展和盈利为目的，投身到养老服务市场的某一细分领域。有些实力较强的企业则会横跨多个领域，并在不同地区开展养老服务业务。智慧养老企业分别与中国电信、中国移动等系统集成商达成合作；和物业公司、地产公司在建设社区养老服务站点和开发养老服务中心，建立合作关系；与一些企业如五芳斋达成合作；在长期护理保险业务方面，与保险公司达成合作。

(2) 自身利益。一方面，第三方机构需要扩大市场。市场的发展是迅速且不可预测的，企业如果想要在不断发展的市场大潮中拥有自己的一席之地，就必须积极主动地收集和分析市场发展信息，根据市场需要来创新，跟随市场发展的步伐带动自身的发展。第三方机构通过与智慧养老企业进行合作，扩大了自身的市场，拥有了大量的老年群体，从而提高企业自身的竞争力，促进企业自身的成长与发展。

另一方面，第三方机构需要树立企业形象。对于企业来说，良好的企业声誉和企业形象对其发展具有不可忽视的重要作用。树立起良好的企业形象可以更好地帮助市场用户了解企业，开拓更加广阔的市场，拥有更多用户群，扩大企业的业务影响力。第三方企业通过为老年人提供服务，担当起了社会的责任，树立起了一个良好的企业形象，更能够突出企业的责任与担当意识，为企业赢得更多的商誉。

4. 市场监督者——政府

(1) 角色界定。政府在智慧养老服务生态圈中扮演着市场监督者的角色。政府主要是指市级或区县级的民政局、卫健委，他们的目标是建设具有一定公益性质的、覆盖本地区综合性养老服务的健康体系，同时兼顾商业和市场化，侧重于体系建设、市场监管。政府作为国家权力的代言人、公共利益的代表者和维护者，为社会共同体谋利益是其职责，而政府作为"经济人"时，又存在着自身的利益。

(2) 自身利益。政府的社会利益主要体现为使政府的职能效用得到发挥，使民生得到改善和保障。"为百姓谋福利""以人民为中心"本就是政府所肩负的责任，所以智慧养老服务生态圈的重塑如果能够最终解决养老难题，有助于提高民众对于政府执政的信心，增加公众对于政府的美誉度，提升老百姓对于政府管理能力的信赖度，这样一来百姓的幸福度也提高了，政府养老等其他相关政策的实施效率也将大大提高。

8.4.3　智慧养老服务生态圈内各主体间相互协作

1. 集零为整——智慧养老企业的管理

如图 8-4-1 所示，智慧养老企业为养老服务提供平台，首先是作为连接各利益相关者、整合资源的枢纽。其次，云平台实现服务信息的互联互通、开放共享，通过对信息的整合、加工和处理，将老年人信息传达给第三方机构，让老年人服务需求真正落地。同时政府和社会组织也通过平台共享信息、履行职责、加强监督，促进服务质量转型升级。

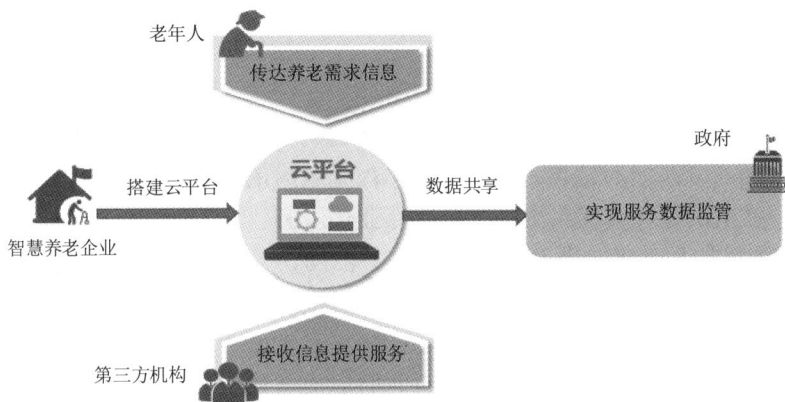

图 8-4-1　智慧养老企业的管理

(1) 创建智慧平台连接利益相关者。在"互联网+"时代背景下，为了更好地利用社会资源，连接与养老服务有关的各个利益相关者，智慧养老企业搭建了智慧养老云平台。通过平台能够有效连接老年人、智慧养老企业、第三方机构和政府等其他主体，推动养老服务的多元化发展，促进各主体之间的协同发展，增强合作交流，实现和谐共生，形成一个相互衔接的养老服务生态圈。基于云平台，智慧养老企业从老年人实际需求和社会经济发展出发，为老年人提供优质、便捷、高效的服务，从而为政府、企业和老年人提供一站式的居家养老服务解决方案。

(2) 利用平台整合信息实现共享。智慧养老云平台是养老信息的加工厂与中转站。它能够有效整合来自老年人、服务人员、第三方机构、政府等不同渠道的信息，利用大数据、云计算等信息技术对其进行加工处理、开放共享，最终将信息传达给有需求的参与主体。智慧养老云平台基于互联网信息化成本低、建设周期短、扩展性好、覆盖面广等特性，助推传统养老企业的互联网转型，突出系统化的集成和数据信息的开放共享，为实现数据统一管理、健康信息共享提供有效的解决手段。云平台为传统养老机构向智慧养老企业转型提供桥梁，让"互联网＋养老"行动战略真正助推传统养老企业的信息化转型升级。

(3) 传达需求信息，实现服务落地。智慧养老企业所创建的云平台是老年人需求信息传达的媒介。老年人通过硬件设备或者手机 App 端，将个人的需求信息传至云平台，云平台通过整合加工处理，将老年人需求大致分为生活照料需求、健康护理需求、安全监护需求、精神关爱需求四类，然后将这些需求信息传达给第三方机构。第三方机构在接收到信息后能够迅速响应，为老年人提供对应的服务，满足老年人多元化的养老需求。平台使得第三方养老服务商陆续加入进来，促进养老服务的融合发展，形成以老年人为中心的养老服务体系，实现智慧养老的落地。

(4) 联通数据便于政府社会监管。智慧养老云平台将老年人的健康动态数据、医疗卫生数据、养老服务数据、第三方机构信息数据都汇集到平台上，利用云平台中的数据挖掘与分析技术，可以展现出不同维度、不同类型的数据信息，最终通过可视化的形式呈现出来。通过云平台，这些数据以公开透明的方式传达给政府和社会组织，让他们能够及时发现问题、反馈问题，从而加大政府部门和社会组织的监管力度，提高了他们科学的决策能力，反过来促进智慧养老服务的健康发展。

2. 锦上添花——第三方机构的配合

第三方机构一方面针对智慧养老云平台所传递的老年人需求提供相对应的服务，达到供给端与需求端高度匹配的效果。另一方面，根据政府的委托和信息反馈，进一步改善服务质量，在一次次的循环中提供更加优质的专业化服务。

(1) 第三方机构与养老企业合作，拓展服务范围。云平台的建立打破了资源壁垒，实现了信息互联互通，让养老服务企业与第三方服务商的合作势不可挡。以云平台为桥梁、大数据为支撑，实现养老信息的整合与联动，拓展养老服务企业除线下基本护理照料之外的服务，如慢病管理、膳食指导、医疗问诊、智能设备购买、长护险评估等。不同资源的整合延伸了养老服务边界，使得养老服务体系更加完善，满足老年人个性化养老需求，对于促进我国养老产业的丰富和发展具有重大意义。

(2) 第三方机构利用云平台实现医养结合。以云平台为基础，各大医院协同合作，及时更新老年人的健康档案，并定期陪同有需求的老年人前往就医，在扩大养老服务范围的同时，也将有助于解决医养结合的难点堵点问题，提升老年人的幸福指数，最终推动医养结合业态创新以及健康养老产业升级，助力健康中国建设。医养结合的智慧养老服务模式可以让养老服务呈现出全方位与多层次的特点。信息化技术与医养服务模式的融合，有利于打造具有成长活力的养老服务生态圈，为养老生态环境提供医疗保障。

(3) 第三方机构协同政府提高服务质量。由于服务面向的对象是老年群体，需要细致的服务，如果没有完善的客户意见反馈系统，第三方机构就没有办法得知员工在提供服务中面临的问题以及用户的满意度。政府将云平台上老年人的反馈意见传递给第三方机构，第三方机构；根据这些反馈意见改善自身的服务；老年人体验完改善后的服务之后，再给出新的反馈意见；如此循环下去，每一次循环，都会让服务质量更上一层楼。

第三方机构在扩大养老服务范围的同时，也为自己开拓了市场，从而拥有庞大的老年人消费群体，增强了市场竞争力，促进了企业的发展。企业在改善服务质量、承担社会养老责任的同时，获得更好的口碑，树立起高质量、有责任、有担当的企业形象，最终赢得更多的商誉。

3. 统筹大局——各级政府的监督

由于老年群体警惕性不高、易受诱惑，导致上当受骗等事件时有发生。所以智慧养老服务离不开政府的全程监管，政府通过对老年群体的回访以及对第三方机构的信息反馈，辅以智慧养老云平台的信息传递，最终实现全程监管。图8-4-2为政府监督的过程。

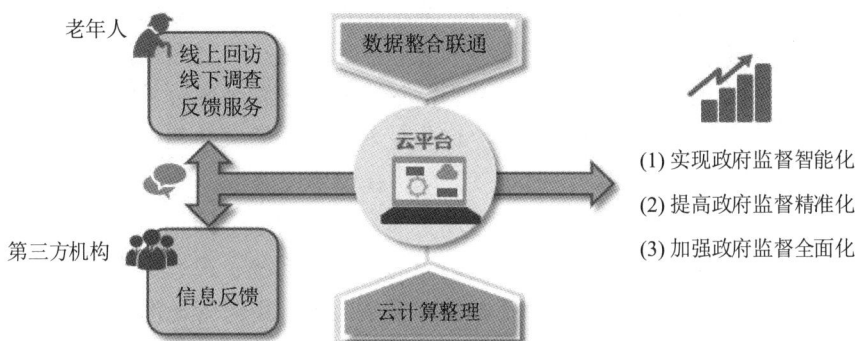

图 8-4-2　政府监督过程

(1) 云平台信息传递，实现政府监督智能化。基于智慧养老云平台的数据交换等相关业务，政府实时获取运营机构的管理数据和整个养老服务体系、第三方机构养老服务过程中的业务数据和信息。

通过数据联通实现政府对老年人和第三方机构的实时监护。老年人通过云平台获取服务信息、预约服务和身体健康检测的数据，这些数据被有效存储在云平台系统中。第三方机构的门店信息、服务提供状况、用户体验度和满意度也都能在云平台上展示。政府通过对这些数据信息的筛选、分析、比对，对业务流程、收费、满意度、合规性进行预警和监管，并整合企业、个人的资质信息、培训信息、评价信息、奖惩信息等各类数据，形成养老服务信用管理体系，并对外公示。

云平台整合信息能有效提高政府监督的效率，云平台和政府信息共享也让政府能够监管到养老服务的状态，打破服务监管的时间、空间限制，最终全面监管第三方机构为老年人提供的服务。

(2) 对老年人回访，提高政府监督精准化。由于智慧养老服务面向的对象主要是老年群体，需要细致的服务。如果没有完善的用户意见反馈系统，政府就没有办法得知养老服务机构在提供服务当中面临的问题以及机构提供服务的质量好坏。根据传统养老机构的反馈机制，员工和管理者只能将反馈信息记录到记事簿中，政府难以精准全面获取相关信息。而在智慧养老企业的反馈机制下，政府可以通过线上回访，对老年人的"服务获得感"进行"面对面"的虚拟零距离沟通，得到第一手的真实数据，并运用 IBM SPSS 统计系统对数据进行记录、分析和监督。根据回访的结果，政府能够及时明确养老服务所面临的问题，并督促养老服务企业尽快解决。

"服务—监督—反馈—优化—服务"的监督循环有助于养老服务企业从各个方面不断改进计划和目标。同时，政府的监督目标也给各大养老机构指明了发展方向。

(3) 第三方机构反馈信息，加强政府监督全面化。养老服务行业是一个综合性的服务行业。市场主体种类繁多，既有提供各类上门服务的养老服务商，也有负责提供居家、社区养老服务的运营公司，还有养老院、福利院、敬老院等养老机构，提供医疗健康服务的医疗介护机构，以及涉老产品的生产厂和经销商等。这些都是监管范畴内的市场主体。

对市场主体监督的重点是信用体系建设。以各类市场主体、产品为核心，将它们的资质、能力、服务、质量、收费、评价、运营、奖励、处罚等一系列要素综合起来，并与市场监督、质量监管、安全、消防等政府部门的有关信息综合，将静态信息与动态数据相结合，运用多渠道多要素信息相结合的联动机制，形成本地区养老服务领域的信用体系、评价体系、评级体系、奖惩机制和退出机制，这些是养老服务领域的基础要素。据此，净化市场环境，营造公平的竞争氛围，督促第三方机构提供优质服务。

政府通过智慧养老云平台，对不同的市场主体、不同的服务项目、不同的监管对象，制定相应的监管标准和监管要求，具体措施是，运用业务系统、视频探头、服务人员的手机应用，将各种需要监管的要素信息、基础数据采集上来，用监管标准和监管要求作为衡量的尺度，用人工智能、大数据等技术手段进行分拣、筛选、比对和分析，过滤掉正常运行的信息，从而将真正的问题暴露出来，形成监管预警和重点排查对象，再由政府监管人员进行线下实地调查、处理，真正将政府监管工作做到实处。

8.4.4　各主体相互协作

智慧养老服务生态圈中的各利益相关者利用智慧养老平台和智能硬件设施，打破传统的养老服务模式弊端，实现各个接口端的资源信息共享、需求供给匹配，提高养老服务的效率和质量。老年人、智慧养老企业、第三方机构和政府等多个参与主体相互协作，使智慧养老服务生态圈形成稳定上升的发展态势、可持续发展、可推广的养老服务模式。智慧养老服务生态圈的良性发展，使老年人群享受更专业、精准、高质量、高效率的服务。

传统养老服务满足不了老年人日益多元化的养老需求，因此在"互联网+"的背景下，推动养老服务供给侧结构性改革迫在眉睫。传统养老服务企业逐渐向智慧养老服务企业转型，搭建智慧养老服务平台，搜集老年人信息，整合多方资源，有助于催生出老年人新的养老消费需求，促进了养老服务业范围的延伸，使得更多的第三方机构参与养老服务业的发展。

基于马斯洛需求理论和智慧养老背景，老年人的养老需求自下而上分为五种，即老年人日常安全监护、日常生活资源供应、日常生活帮助、医疗健康服务以及精神慰藉的需求。根据这五种养老需求，智慧养老服务平台不断完善功能，激发老年人的养老消费需求。

1. 推出智能产品实现安全监护

在日常安全监护方面，对于一些空巢老人和子女工作繁忙的老年人，智慧养老平台将提供远程安全监护服务，能够实时关注老年人的动态，检测异常情况，及时告知相关人员，降低老年人生命安全风险。

安全监护实施图如图 8-4-3 所示，通过远程监控技术，可以监控独居老年人的生活起居，有效规避老年人发生意外时无人知晓、不能得到及时救助情况的发生。可随时监测老年人的健康指标，还可以监测老年人摔倒等意外情况，及时通过云平台发出报警信号或者通知老年人的子女。配合移动设备，如智能手表以及无线互联网、GPS 定位等信息科技手段，还可对老年人实行户外远程安全监控，在节省了服务资源的同时，也满足了老年人在安全监护方面的需求。

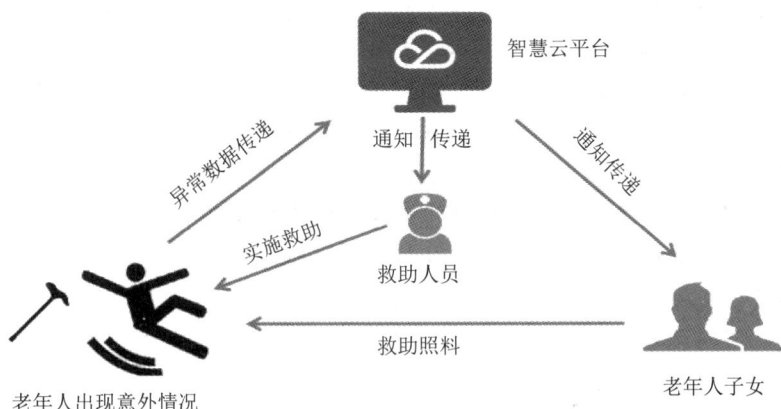

图 8-4-3　安全监护实施图

2. 对接线上线下实现资源供应

在日常生活资源供应方面，这里的生活资源具体指吃和住两大方面，资源供应实现图如图 8-4-4 所示，智慧养老企业通过云平台将自己的智能手环、血压计、移动终端、智能床垫、体温计、血糖仪等科技产品的数据库，以及 GPS 接口、物联网、支付接口、医保接口、大数据等的接口层与用户对接，将用户的信息反映在数据库里，经过数据库分析后反映到业务层，业务层里有基础数据、居家养老数据、养老机构数据和民政监管数据，通过数据分析选出与用户相匹配的类型(老年人需要的是哪种养老服务，如机构养老、居家养老或简单护理)，最后与应用层对接。同时，通过平台用户端口，将老年人、老年人子女、社区、养老院、养老服务志愿者、政府养老管理部门人员等所有与养老有关的人员都通过一个平台联系起来，为老年用户提供购物、订餐、家政、医护等服务。

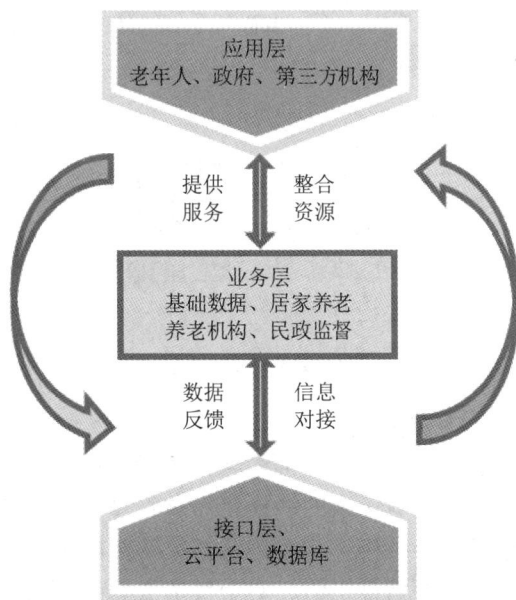

图 8-4-4　资源供应实现图

这种对接线上线下提供资源的做法，实现了精准化施策。智慧养老企业打造的云平台，面对失能老年人，可以根据老年人的意愿并结合实际情况为他们提供居家的长期护理服务或者养老机构服务。面对需要精神关爱的空巢老人，系统会将其与志愿者以及老年人子女对接，让志愿者经常陪老年人说话，陪老年人散步，子女通过这个平台也能为老年人办理长护险等，下设的社区定点机构也会定期为老年人提供做灯笼、包粽子等个性化服务。面对普通的社区居家老年人，智慧养老企业将送餐系统和亲情端口相连，对于不会使用智能手机的老年人，其监护人可以根据第三方机构提供的营养菜谱进行网上订餐。这种云平台和第三方机构的合作，不仅确保了养老服务的落地，还实现了对不同类型老年人的精准化施策。这种线上线下一体化的模式，可以解决老年人对于健康饮食的需求，以及失能、介助、介护老年人对于住院疗养的需求。

3. 匹配第三方提供日常生活帮助

如图 8-4-5 所示，在日常生活帮助方面，智慧养老平台会根据老年人在 App 上进行的服务预约情况匹配第三方机构，服务结束后邀请老年人将反馈意见记录在平台上。平台根据老年人的评价考核第三方机构的服务质量，以此来考量是否进行长期合作。通过老年人的反馈来提高智慧云平台的运作效率，以及第三方机构的服务质量。比如针对老年人的家政服务需求，智慧养老企业与第三方机构如家政公司合作，老年人就可以在家预约并享受服务。服务的质量以及服务人员的服务态度等都可以直接反馈到智慧养老企业的帮助中心，中心的管理者根据反馈情况选择优质的家政公司形成长期固定的合作。

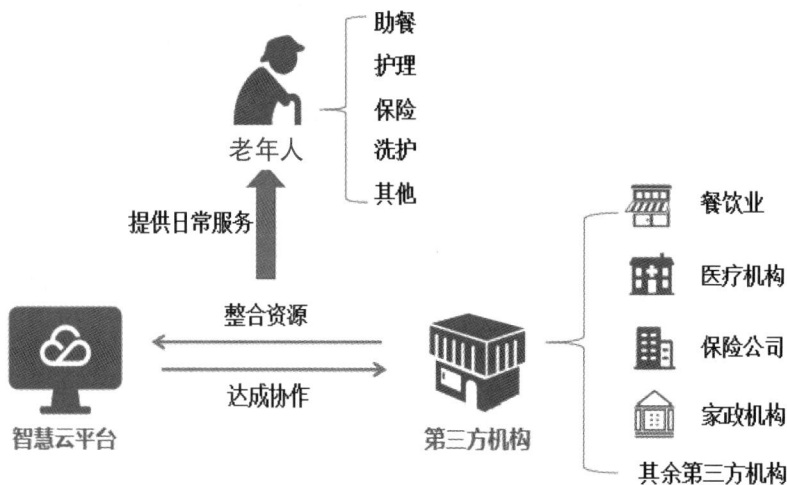

图 8-4-5　日常生活帮助实现图

4. 联动多方机构提供医疗服务

如图 8-4-6 所示，在医疗健康服务方面，智慧养老企业联动多方机构为不同类型的老年人提供个性化的服务，以满足老年人的多样化需求。对于生活能自理的老年人，智慧养老机构将其安排居住在颐养中心机构，或者邀请其定期参加居家养老服务中心提供的各种活动，这能够大大丰富老年人的精神生活。对于日常生活需要他人照料的介助型老年人，将其安排在居住康复中心，由社区照料中心进行看护，大大减轻了老年人的经济负担，便利了老年人的生活。对于生活完全不能自理、需要 24 小时专业护士照料的介护型老年人，安排其长期居住在护理中心或居家，由专业人员上门提供照料服务，解决老年人需求和服务供给不匹配的问题。

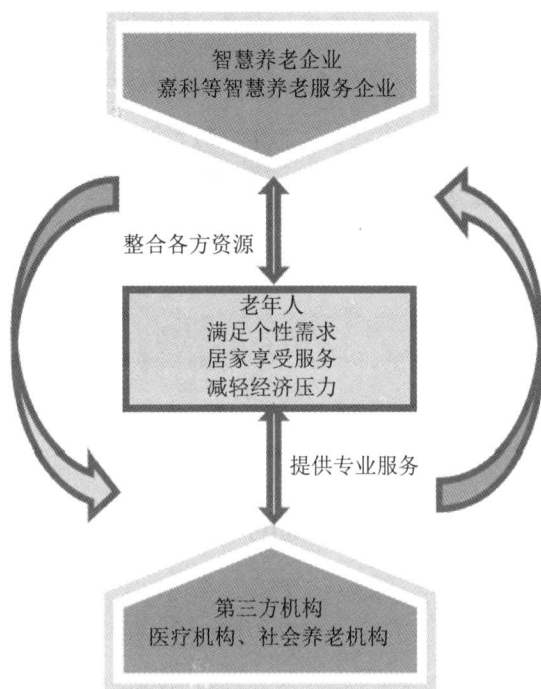

图 8-4-6　医疗服务实现图

　　智慧养老云平台还可以建立老年人健康档案，分析老年人的健康状况，提出相应的医疗对策，为老年人提供全方位、多层次的服务。在互联网技术的作用下，该云平台可以与地区医院、基层卫生服务中心、社区护理机构、社会养老机构等公共服务资源实现有效对接，打破时空局限，为老年人提供居家社区护理与医疗服务。

5. 引入社会资源实现精神慰藉

　　如图 8-4-7 所示，在精神慰藉方面，智慧养老企业通过前期调研、需求评估、引入社会资源开展工作的方式，引入社会资源解决老年人的负面情绪问题。通过智慧养老服务平台可以及时了解老年人在心理方面的需求，为老年人匹配相应的精神文化活动，实现线上线下的互动对接。首先，平台建立的系统能够引入社会资源，招募志愿者登门探访老年人，与其进行日常交流，提供心理疏导服务。同时，老年人也可以利用平台查看社会时事新闻或者与平台上的其他老年人交友。其次，各个社区养老服务中心或者养老机构也会借助社工团队或者招募心理咨询专家，不定期地进行专业的心理护理和治疗，记录老年人服务后的心理变化并上传至平台进行整理分析，了解老年人心理上和精神上的需求特征，从而给老年人带去更多的关心爱护和理解支持。

　　智慧养老云平台的服务呈现出多元化的发展态势。通过引入社会资源，不仅仅满足了老年人的物质需求，还满足了老年人精神上的需求。同时借助信息科技的力量实现绿色养老、健康养老，真正解决老年人心理上的慰藉需求，让老年人享受到健康、便捷、愉快的晚年生活。

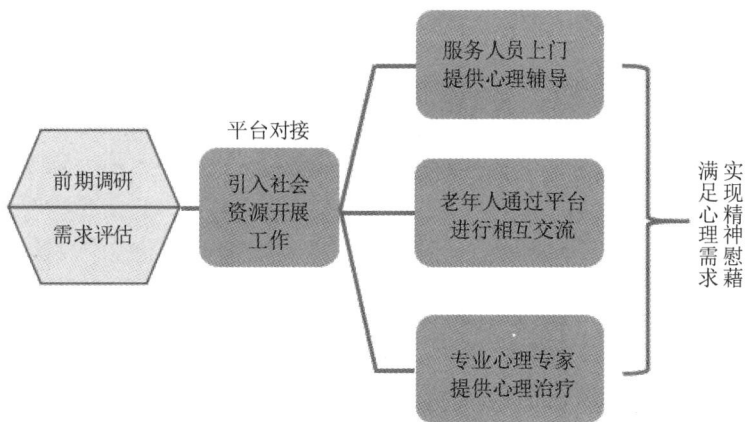

图 8-4-7　精神慰藉实现图

8.4.5　基于云平台重塑养老服务生态圈的成效

1. 云平台整合多方资源

智慧养老云平台将养老服务与居家养老服务中心、社区养老服务中心、站点机构等有效结合起来，依靠云平台整合第三方服务资源，降低服务过程中的各种成本，提供方便快捷的落地服务。加之随着现阶段养老保险和长期护理保险的发展，使老年人获得一定的养老保障，老年人群对养老服务的支付能力得到提升。

以云平台为基础提供多方机构相互协作的智慧养老服务模式有效解决了养老服务内容模式与老年人实际需求不匹配的问题，能够合理根据老年人的身体状况和自理能力进行服务匹配。云平台通过整合社会资源，高效利用养老医疗服务和护理服务，解决了服务分散、质量不高的问题。对自理型老年人、介助型老年人和介护型老年人提供相对应的养老服务，有效提高了资源利用效率和养老服务质量，实现养老资源供给和老年人实际需求之间的平衡。不仅提升了老年群体的服务体验质量，还逐渐完善了养老服务模式，推动了养老服务的可持续发展。

2. 养老服务生态圈和谐共生

随着中国老龄化程度的加重以及"互联网+"智慧养老模式的出现，国家不断出台智慧养老政策。以老年人为中心的智慧养老服务模式逐步改善，智慧养老服务生态圈成为当下的热点话题。智慧养老服务生态圈通过云平台整合社会资源，使得养老信息互联互通，各主体之间联系更加紧密，实现居家、社区和机构养老融合发展，服务供给多元化发展。

智慧养老平台依托软件信息系统和智能硬件设施，将生态圈中主要的四类角色——老年人、智慧养老企业、第三方机构和政府联系起来，提供四大类养老服务。老年人可以利用平台选择生活照料服务、健康护理服务、安全监护服务、精神关爱服务，同时各参与主体能够快速响应，使老年人享受到全方位一体化的落地服务。

在信息化快速发展的时代背景下，发展智慧养老既能显著提高养老服务效率，又能保证老年人不与子女、熟悉的社区环境相脱离。从最初致力于解决老年人的身体照护，很快拓展到医疗、精神等更广阔的范围。依托互联网大数据的发展，智慧养老解决了以往养老模式中信息孤岛、供需不平衡等问题，为养老服务带来了很大程度的改变，服务效率大幅提升，养老成本大大降低，员工考核更加方便，家庭负担得以减轻，等等。基于平台构建的智慧养老服务生态圈，让养老服务的各参与主体融合发展，共同协作以促进智慧养老服务的和谐发展。

8.5　案　例　总　结

本案例以嘉科智慧养老服务有限公司为例，针对我国目前养老供需失衡问题，综合分析嘉科搭建云平台的背景、做法和成效。从智慧养老云平台整合社会多方资源、实现信息共享、提供智慧服务出发，展现养老服务生态圈各主体相互作用相互影响的理论化过程，全面剖析智慧养老的运营模式，归纳出智慧养老模式对养老行业发展的借鉴意义，具体如下。

8.5.1　总结

1. 形成以老年人为中心的服务体系

智慧养老的服务对象是老年人，智慧养老企业对养老服务需求与资源供给进行合理配置，实现了居家养老、社区养老与机构养老的有机结合。通过软件信息系统和智能硬件设备将老年人的信息收集整理，根据老年人实际需求为其提供方便的四大类服务。通过与餐饮、家政、志愿者等第三方机构的合作，有效整合资源，从而解决养老供需失衡问题，为老年人提供更全面周到的服务。通过服务过程中的反馈机制以及政府的监管不断提升服务质量，满足了老年人的实际养老服务需求和体验。

2. 科技赋能打造智慧养老服务模式

首先，智慧养老企业凭借"互联网+"、大数据、物联网等一系列的信息化技术建立智慧养老云平台，实现信息整合和共享，同时利用数据挖掘分析提取所需信息，分析老年人个性化特征和实际需求，为老年人提供相对合理的针对性服务。其次，利用各种智能设备，记录老年人的身体指标特征，响应老年人服务需求，记录监管服务过程，保障健康安全，进行紧急情况处理等。再者，云平台真正连接了老年人、智慧养老企业、第三方机构和政府，进而打破原有利益相关者之间的孤立状态，减少了不必要的服务流程，打通服务全过程，降低了服务成本，提高了服务质量和效率，促进了智慧养老体系的建设与完善。

3. 各主体相互协作促进养老服务发展

智慧养老平台借助互联网技术，围绕老年人的需求，将生态圈中的智慧养老企业、第三方机构和政府联系起来，形成了一个完整的智慧养老生态体系；借此打破信息障碍、供需障碍、技术障碍，提高了资源的利用效率。老年人将个人需求传至智慧养老企业搭建的平台上，平台又将这些信息传递给第三方机构和政府，第三方机构提供全方位落地服务，政府对服务过程实施监督,实现了各主体之间的无障碍交流,使各主体之间相互协调、相互协作,共同促进养老服务的发展。

8.5.2　启示

1. 养老企业应加强智慧化转型

(1) 传统养老企业要加快转型升级。我国的传统养老企业应该顺应当下大数据时代的潮流,向智慧养老企业靠拢,进行转型升级。传统养老企业有着坚实的客户基础,也拥有全面的服务经验和管理经验,更能够针对自身的服务效率低、协同性不足、床位缺乏等痛点问题进行逐一改革。所以,对于传统的养老企业来说,要加快向智慧养老企业方向的转型升级;同时,让智慧养老企业带动传统养老企业的改革发展,为老年人提供更好的服务,提升老年人的幸福感,增加老年人对养老服务企业、对社会、对国家的制度自信。

(2) 加强智慧养老云平台建设。智慧养老云平台目前主要以软件信息系统和智能硬件设备为依托,通过多种渠道向老年人提供多元服务,有效整合社会资源,实现资源的高效利用,提高服务质量。但在平台建设上,智慧养老云平台还有许多地方需要不断改进完善:需要不断提升平台内部各个系统的运行效率,提高综合运用各种资源的能力,提高大数据挖掘与分析的能力,不断优化各主体的联系以提高信息共享能力,通过平台加强老年人、智慧养老企业、第三方机构和政府之间的联系;进一步完善平台上的智能应用软件,创建统一规范、互联互通的智慧养老数据中心和管理应用平台;通过平台扩大合作伙伴,广泛吸收社会资源,增加服务供应商,提高平台对各种数据信息、老年人用户、企业员工、服务机构、反馈机制等的管理能力,提高养老服务的质量。

(3) 加强智能设备的研发力度。智慧养老服务模式离不开智能设备的辅助。养老服务企业目前已研发出手表、床带、十二合一一体机等智能设备,还有一系列的适老化产品。这些智能硬件都有待完善升级,比如,如何增加智能手表的使用时间、加强智能设备的人性化开发、加强设备间的智能联动等。未来,硬件研发可围绕芯片、传感器、显示屏、人机交互进行,重点关注低耗能、小体积、高效能的芯片;重点研发智能化的新型传感器,更好帮助老年人身体指标的检测及安全监测;制造可穿戴的柔性显示屏和用于智能居家的大中型显示屏;在人机交互上重点发展语音识别、语义理解、语音合成等技术,为老年人及其子女提供人机交互的在线咨询、订购、呼叫等服务。通过智能设备的不断提升,使智慧养老触手可及。

(4) 加强养老服务人员队伍建设。随着智慧养老服务事业的快速发展,服务人员队伍建设和自身能力素质提升得到社会各界的关注。为保证养老服务人员队伍建设,需要整合社会人力资源,建设养老志愿服务体系,加大与社会各界的合作交流,广泛吸收来自社会慈善组织、高校学生会组织、社会青协组织等的志愿者,不断弥补当前养老服务人员的缺乏。对于服务人员能力素质建设,可分级分类组织养老服务管理人员、护理员、助老员、志愿者开展岗前培训和入职培训,通过学习借鉴、意见反馈等活动不断提升养老服务人员的综合素质和专业技能。对服务人员的培养,不仅要注重专业知识的积累,还要加强人性化服务能力,不断完善云平台对各类服务人员的管理。

(5) 增加服务内容,提高服务质量,扩大服务范围。当前阶段的智慧养老以平台为支撑，提供生活照料服务、健康护理服务、安全监护服务、精神关爱服务。在现有服务的基础上，可适当增加一些人性化特色服务，使服务更加具体多样，以适应老年人的物质需求和精神需求。应提升养老服务质量，推进医养深度融合，发展"互联网＋养老"，完善关爱老年人的服务体系，通过反馈监管机制的良性循环追求更高质量的服务。以嘉科为代表的智慧养老服务企业，应该将服务范围扩展到全国各地，将触角延伸到千家万户，为更多的老年人带来高效便捷的智慧养老服务，为中国的养老服务贡献自己的力量。

2. 第三方机构应加强互联互通

(1) 加强联系提高服务质量。第三方机构作为面向老年人服务的提供方，其提供的服务质量是最为重要的，对此，必须加强第三方机构和政府及老年人之间的相互交流联系。通过平台接受政府对服务过程的监管和信息反馈，发现自身需要改进的地方，从而提升服务质量。同时需要完善老年人用户反馈系统，加强与老年人之间的交流，直接获取老年人的意见，为提高服务质量和效率提供第一手信息数据来源。

(2) 提高服务与需求的匹配度。第三方机构提供的服务与老年人实际需求的匹配也是至关重要的。因此第三方机构必须要明确老年人的具体需求，提供高度匹配的养老服务。当老年人需要日常生活照料服务时，第三方机构需要通过平台确定老年人所需要的具体服务内容，从而做到精准对接；当老年人需要健康护理服务时，第三方服务机构针对老年人在医疗护理、陪护就医等方面提供相对应的服务，真正做到医养结合；在精神慰藉等其他服务方面也是如此。第三方机构需要不断提高服务内容与老年人实际需求的精准对接程度，让养老服务落到实处。

(3) 推动我国中小企业的发展。第三方机构除了包括医疗机构，还包括我国广大的中小型企业或新兴产业。比如，为老年人提供膳食的餐厅，开发方便老年人日常生活的企业，等等，这类企业由于限定了服务对象或者产品的供应对象，所以获利面较窄，单靠自身无法很好地存活下去。所以，第三方机构间的合作、第三方机构和智慧养老企业的合作能够拓宽他们的获利渠道，推动我国广大中小企业的发展，为社会提供更多的就业机会，塑造稳定的社会经济环境。

3. 政府应加强监管与保障力度

(1) 规范智慧养老服务建设标准。发展智慧养老服务必须以规范的行业标准和完善的智慧养老制度作为保障。我国智慧养老始于 2012 年，目前还处于发展初级阶段，相应的智慧养老制度建设不够完善，智慧养老模式还不成熟，体系不健全，技术也有待提高。智慧养老作为新兴行业，标准的制定尤为重要，必须要规范行业标准，规避服务水平参差不齐、市场价格机制混乱、资源浪费等现象。

(2) 完善智慧养老扶持政策机制。在"互联网＋养老"的模式下，政府应当发挥政策支持作用，完善智慧养老政策制度建设。首先，政府应通过加大行业投入、提升设施和科技水平，吸引社会力量加入智慧养老服务行业，提供各种经济及税收补助措施，为智慧养老提供制度保障。其次，政府应对发展相对落后的地区给予一定的帮助。最后，政府还应完善养老保险、长期护理保险等政策，减轻老年人养老的经济负担，从而促进智慧养老服务的发展。

(3) 加大智慧养老服务监管力度。智慧养老服务的发展仍处于初级阶段，需要在政府的主导下，加大监管力度，确保其健康发展。首先，要形成以各级政府为主体的监管部门，对养老服务的过程进行全程监管。其次，通过平台监督智慧养老企业的运营管理效率，根据评价标准采取奖惩措施；基于平台监管第三方机构的服务质量，严格把控服务资质和质量；借助平台对服务人员进行服务评价，征求老年人对服务的满意度或意见，通过自上而下的一系列监管措施逐步提高养老服务质量。

案例点评

首先，本案例研究具有如下两个特征：

一是选取的案例企业是智慧养老领域的先行者。嘉科公司成立于2016年，隶属于中国电子科技集团。公司从事智慧养老云平台建设运营，向老年人提供全面的智慧养老服务，打造社区居家养老、机构养老、医养结合的智慧养老服务模式。嘉科在中国电科首席科学家杨小牛院士的带领下，拥有一支专业技术研发团队，开展智能设备研发，获得近20项软件著作专利权。

二是智慧养老服务模式依靠"云""端""点"协同。嘉科养老服务模式主要包括三方面：首先是智慧"云"，嘉科以智慧云平台作为技术支撑，利用长护宝、智能手表等智能设备，通过移动接口把数据传输到公共数据平台，通过业务层支撑起终端应用，软硬件结合形成落地服务；其次是服务"端"，老年人根据需求通过长者端下单，第三方服务机构入驻商户端接单并提供服务，后台通过客服端对订单和入驻商户进行管理，政府和机构管理人员通过监管端对智慧养老服务的全过程进行监督；最后是康养"点"，线下开设社区居家养老服务中心和医养结合机构，针对老年人不同需求，提供生活照料、健康护理、安全监护、精神关爱四大服务。

此外，本案例研究还具有如下两点价值：

一是为老龄化社会的养老问题探索破解路径。一方面形成以老年人为中心的服务体系，围绕老年人需求，整合第三方养老资源服务老年人。另一方面利用数字赋能打造智慧养老模式，利用智能设备和信息技术，实现养老服务信息的开放共享，打通养老服务全过程，实现智慧化养老。此外，通过各主体间的相互协作促进养老服务的发展：智慧养老企业搭建平台整合信息，传递给第三方养老机构和政府，第三方养老机构提供服务，政府实施监督，实现各主体之间协同合作，促进养老服务的发展。

二是为养老机构和政府部门提供了参考。对于传统养老企业来说，需要进行转型升级，向智慧养老企业靠拢，加强云平台建设、智能设备研发、服务人员队伍建设以及服务内容完善，推动养老服务智慧化升级。对于第三方养老机构来说，则要重视平台信息反馈，提高服务与老年人需求的匹配度，提升服务质量和客户满意度。而对于政府来说，应完善智慧养老扶持政策，规范智慧养老服务标准，加大资源投入，减轻社会养老压力，加大监管力度，推动智慧养老服务健康快速发展。

点评人：丁志刚(绍兴文理学院商学院副教授)